스무살아이쿱

협동하는 사람들의 가치와 실천

스무 살 아이쿱

초판 1쇄 발행 2018년 3월 20일
초판 2쇄 발행 2018년 8월 16일

엮은이   (재)아이쿱협동조합연구소
펴낸이   윤유진

펴낸곳   (재)아이쿱협동조합연구소
출판등록 2010년 12월 20일 제25100-2010-000062호
주소   07317 서울 영등포구 영등포로62길 1 아이쿱신길센터 1층
전화   02-2060-1373
팩스   02-6499-1372
이메일   icoop-institute@daum.net
홈페이지   www.icoop.re.kr

ⓒ (재)아이쿱협동조합연구소, 2018, Printed in Korea

편집·디자인 잇다
제작 아람P&B

ISBN 978-89-98642-36-5 03300
값 15,000원

스무살 아이쿱

협동하는
사람들의
가치와
실천

(재)아이쿱협동조합연구소 엮음

**여는
글**

_____

박인자
2기 아이쿱소비자활동연합회
회장

스무 살
아이쿱생협에게

2017년은 아이쿱소비자생활협동조합이 스무 살 되는 해였습니다. 한 사람의 인생으로 치자면 자신을 세우고 미래를 그리며 건너가는 성장통의 시기라고 할 수 있습니다. 생활협동조합의 역사를 먼저 걸었던 선배 활동가들의 헌신 위에 아이쿱생협의 모험을 시작할 수 있었습니다. 실패에 대한 두려움과 현실적 어려움이 앞을 가늠할 수 없었지만 협동 말고는 할 수 있는 일이 없었습니다. 생산자, 직원, 소비자 조합원의 협동이 세 바퀴 자전거처럼 상생하자던 약속은 이제 각자의 아름다운 집을 짓는 협동조합 네트워크를 실현하고 있습니다. 포기하지 않고 길을 찾으며 스스로의 가능성을 펼치고 있는 스무 살 아이쿱생협에게 박수를 보내고 싶습니다.

어느 때보다 협동조합의 역할과 발전에 대한 기대가 높은 2018년을 맞으며, 지난해에 우리는 '함께 만드는 미래 아이쿱'을 새로운 사명으로 세웠습니다. 더 나은 미래에서는 먹을거리를 넘어 안전한 삶이 국민의 기본 권리로 실현되어야 합니다. 일하는 사람들이 책임 있는 주인으로서 서로의 삶을 지탱하며 협동조합의 중심에 서도록 하는 것이 아이쿱의 비전입니다. 조합원들은 협동조합 가치를 내면화하여 자원봉사 활동으로 협동조합 사업에 참여하자는 것입니다. 뚜벅뚜벅 걸어왔던 지난날처럼 서로에 대한 신뢰를 놓지 않고 앞으로도 함께할 아이쿱의 생산자, 직원, 조합원들에게 응원의 박수를 보내고 싶습니다.

아이쿱 20년은 우리에게 뿌듯함과 기쁨의 시간입니다. 보태어 20년을 의미 있게 만드는 여러 사람의 수고가 감동을 더해줄 것이라 기대하고 있습니다. 아이쿱 20년사를 준비한 아이쿱협동조합연구소 김형미 소장님과 여러 선생님들께 고마운 마음입니다. 아이쿱 10년 포럼에서 처음 만난 염찬희 선생님은 그 이후 10년 동안 우리와 함께하며 아이쿱을 속속들이 정리해주는 수고로움을 마다하지 않으셨습니다. 김현주, 허준기, 김아영, 지민진, 박종현 선생님이 쓰시는 아이쿱 이야기들은 옆을 돌아보지 못하는 우리의 발걸음에 아름다운 색을 입히는 마술처럼 다가옵니다. 소소하지만 결코 작지 않은 조합원 운동을 자신들의 일기로 들려주는 백은숙, 김미라, 정설경 활동가의 글은 아마 조합원들에게 가장 따뜻한 위로가 될 것 같습니다. 그리고 20년 동안 아이쿱의 실험을 한국 협동조합운동의 화두로 만들고 있는 신성식 대표의 고단함에 위로를 전하며, 그 열정과 헌신에 조합원을 대표하여 감사의 인사를 드립니다.

수고 많았어요. 아이쿱! 스무 살을 축하합니다.

iCOOP
아이쿱생협 20
1997 2017

1부

협동조합 생태계를 향해

아이쿱생협의 정착 시기
: 1997년부터 2007년까지[1]

염찬희

1. 작은 지역생협들의 연대

지역주민운동으로 출발한 부평생협, 한국 생협연대의 모태가 되다

사회 개혁을 꿈꾸며 노동운동을 하던 사람들이 '푸른부평을 위한 시민모임'을 중심으로 모여서 뜻을 같이하는 사람들과 함께 1992년 11월 부평생협을 설립했다. 부평은 노동운동이 활발했던 지역이었고, 시기적으로는 노동운동의 역량을 정치적으로 제도화하려는 시도가 이어지고 실패가 연속되던 때였다. 현실 사회주의권이 몰락하면서 노동운동의 사회적 기반이 약해져가던 상황에서 노동운동가들은 사회 변화를 위한 새로운 운동 방식으로 생협을 선택했던 것이다.

그러나 부평생협 설립 6개월 만에 실무 책임자가 포기를 선언할 정

---

1 이 글은 염찬희, 「iCOOP생협 10년의 역사와 활동」(iCOOP생협연대, 『협동, 생활의 윤리』, 2008, 17~115쪽)을 요약한 것이다.

도로 운영은 어려움에 봉착한다. 돌파구는 이 지역 '생농회(농촌을 살리는 모임)'에서 또 다른 생협 설립을 준비 중이던 신성식[2]의 구상에서 나왔다. 그는 생농회와 부평생협을 통합하여 어려움을 해소하고자 했다. 그리고 인근 부천 지역에서 새롭게 조직된 생협들이 통합하여 설립한 부천생협과 부평생협의 조직적 연대를 추진했다. 생농회(1990)—부평생협(1992)—부천생협(1994)의 연결(network)은 이후 경인 지역에서 생협 활동의 방향을 잡는 데 중요한 축이 되었다. 부천과 부평 두 생협은 뒤에 출범하는 생협연대가 초반에 새로운 제도를 시범적으로 실시하는 실험대 역할을 자처하기도 했다. 부평생협은 부천생협과 함께 '21세기생협연대'를 탄생시킨 모태라고 할 수 있다.

수도권 생협들, 사업 연합을 필요로 하다

부평생협이나 부천생협 등 지역생협들은 독자적인 행보를 취하기보다는 함께 활동하고자 했기에 전국 규모의 생협 연합조직인 생협중앙회(옛 소비자협동조합중앙회)에 가입했다.

생협중앙회는 1993년 4월부터 수도권 지역생협들을 대상으로 물류 사업을 시작했는데 갈수록 적자가 늘어났다. 게다가 1994년 8월부터 시작한 우리밀 공급 대행 사업은 적자의 폭을 더욱 크게 만들었다. 생협중앙회의 우리밀 공급 대행 사업은 중앙회와 지역생협의 관계를 악화시키는 부작용도 초래했다. 물류 연합으로서의 한계를 보였다는 점에 지역조합들의 많은 이들이 공감하면서, 지역조합이 주체가 된 사업 연합의 필요성이 제기되었다.

---

2 2007년 당시 자연드림 대표. 1990년대 초반 인천에서 노동운동을 하던 중 '농촌을 살리는 모임' 회원들과 쌀 직거래 경험을 한 것이 계기가 되어 1992년 부평생협을 만들면서 생협운동을 시작했다.

1996년 1월부터 시작하여 1년 넘게 사업 연합에 대한 논의가 이루어졌지만, 회원 조합 전체가 참여하는 합의를 도출하지 못했다. 그러던 중 1997년 7월 수도권에서 비교적 규모가 크고 상대적으로 안정된 생협들을 중심으로 '생협수도권사업연합회'가 창립되었다.

한편, 생협수도권사업연합회에 참여하지 못하게 된 규모가 작은 부천, 부평, 안산, 수원생협과 한밭, 별내생협 등 여섯 개 생협은 생협중앙회의 사업이 끝나는 1997년 8월 말 이후 조합원들에게 물품을 공급하는 일에 차질을 빚게 되었다. 이들은 8월 27일 '경인지역생협연대 준비위원회'를 출범하고[3] 9월 1일부터 물류 사업을 시작하기로 한다. 9월 생협연대 대표자회의에서 경인지역생협연대를 '21세기생협연대'로 명칭을 변경하기로 한다.

21세기생협연대가 탄생하다

1998년 3월 21일 '21세기생협연대'(이하 생협연대)는 7개 회원조합과 4개 준회원조합이 모여 창립총회를 연다. 생협연대는 회원 조합의 독립성은 최대한 보장하면서도 물류를 연대 사업으로 통합하는 방식을 취했다. 사업의 집중과 조직의 분화라는 경영 목표에 회원조합들은 합의하고 구매대행 제도(이하 조합비제도)를 시행했다. 역사가 오래되었지만 적자에 시달려왔던 회원 생협들이 조합비제도를 도입하면서 흑자 경영으로 전환되는 경험을 하게 되면서, 조합비제도에 대한 신뢰가 축적되었다.

---

3 예장생협, 한두레생협, 감리교농도공동체(준)은 준비위원회에는 참여했으나 1998년 3월 출범에는 빠짐.

2. 생협연대의 재탄생 : 더불어 사는 삶

생산자와 소비자가 함께 간다

: 사단법인 한국생협연대 출범

1999년 11월 생산자와 소비자의 '공동물류센터 준비위원회'가 생협연대, 여성민우회생협, 호저생협, 풀무생협의 참여로 구성되었다. 생산자와 함께 전국 물류망을 구축하게 된 것이다. 2000년 2월에 생산약정서를 체결했는데, 이것은 한국 생협운동 역사에서 처음으로 체계적인 계약 생산의 시작을 의미한다. 계약 생산이 기대하는 바는 생협 직거래사업에서 소비자 집단의 책임을 크게 하는 동시에 안정적인 공급으로 인한 편익 확보이다.

2000년 6월 농림부로부터 사단법인 설립 허가를 받으면서 생협연대는 법인의 옷을 입을 수 있었다. 이어 2001년 6월 공동물류센터가 출범하면서 원주생협, 풀무생협 등의 생산자 조직 12개가 참여하는, 명실공이 생산자와 소비자의 연대 조직인 '한국생협연대'로 재탄생한다.

물류센터 화재를 겪으며 신뢰를 이루다

2000년 12월, 물류센터(시흥 소재)에 화재가 나는 큰 시련이 닥친다. 피해액은 공식 집계 1억 7,000만 원이었다. 12월 30일 소집된 임시 이사회에서는 복구 자금 마련을 위해 조합원, 임직원, 생산자를 대상으로 차입 운동을 벌이기로 의결했다. 차입금 외에 관련 단체가 보내준

성금까지 복구 자금 이상인 2억 8,000여만 원이 모금되었다. 화재의 시련을 극복하는 과정은 조합원, 직원, 생산자들이 서로를 믿고 자랑스러워하는 행복한 기억을 만드는 계기가 되었고, 다양한 조직 활동에 믿음을 가져다주었다. 후일 CMS 결제 방식을 조합원들이 어렵지 않게 동의하고 참여해준 것도 그때 구축된 신뢰 덕이었다고 할 수 있다.

생협과 거래하는 1차 농산물 생산자, 유통업자, 가공생산자들 사이에 신뢰에 금이 가는 사건들이 발생할 때마다—2002년 의성 생산자의 양파 혼입 사건과 2003년 원주의 잡곡 혼입 사건, 그리고 2004년 더불어식품의 원부재료 부정 혼입 사건 등—생협연대는 조합원들에게 진실을 공개하고 사과하는 원칙을 고수하여 신뢰를 유지했다. 불미스런 사건들을 접하면서 생협연대는 생산에만 집중하고 있는 현행 인증제도에서 나아가 혼입을 막을 수 있는 유통인증제를 개발하기로 한다. 유통인증제는 정보 시스템을 기반으로 하여 유통되는 총 물량을 검증하는 방식으로, 생산에서부터 최종 구매자에 이르기까지 출하 생산자의 이력, 출하물량, 유통 경로 등의 모든 정보를 투명하게 관리할 수 있다.

공생 시스템을 모색하다
: 상조회 구성

2002년 3월 조합원, 직원, 생산자 60여 명은 쌈짓돈을 모아 좋은 일은 함께 기뻐하고 어려운 일은 함께 해결하는 것을 목적으로 '상조회'를 결성했다. 조합비제도가 상조회 구성을 가능하도록 기여했다는 것이 중론이다. 조합비제도로 조합 운영에 안정적인 토대가 마련되었고 조합원이 주체적으로 활동할 수 있게 되어 생활 전반에 대한 협동운동이 다양하게 전개될 수 있었다는 것이다. 상조회는 상호부조와 우리 농업 보호를 주요 활동으로 삼는다. 자연재해가 발생했을 때 피해를 입은 이들을 지원하고, 조합원의 애경사를 살핀다. 우리 농업을 보호하기 위해서 생산자 소득 보장의 일환으로 계약 재배와 계약 생산을 확산시키는 데 노력하고 있다.

주문과 결제 시스템을 정착시키다
: 인터넷 주문, CMS 결제

생협연대는 1999년 9월에 인터넷 홈페이지(www.coop.co.kr)를 개설하고 인터넷 주문을 시작했다. 연대 초기 조합원이 원하는 물품을 지역조합에 전화로 주문하면, 지역조합이 생협연대에 팩스나 전화를 통해 수합 품목과 물량을 발주하던 것에서 발전한 것이다. 2000년 9월에 인터넷 시스템을 발전시켜 지역조합을 거치지 않고 조합원과 생협연대 사이에서 물품의 주문과 공급이 이루어질 수 있게 되었다. 인터넷 주문은 2001년 말에 조합원의 76%가 이용하고 있는데, 근무시간에만 주문할 수 있었던 기존의 전화 주문과 달리 24시간 주문이 가능하다는 장점도 급증의 요인이다. 2007년 현재는 거의 대부분의 조합원이 인터넷으로 주문을 하고 있다.

생협연대 초기에 지역조합의 공급자는 대금 회수 업무가 주요 업무였다. 대부분이 현금 결제였기 때문이다. 공급자와 조합원이 만나지 못하는 경우에는 무통장 입금 방식을 써야 했는데, 수수료 문제가 발생했다. 대안으로 지로 입금 방식이 도입되었는데, 이 방식은 조합원에게는 은행에 가야 하는 번거로움을, 조합은 조합대로 자금 회수 기간이 3주로 늘어난다는 점 등의 불편을 겪어야 했다. 그래서 2000년 10월부터 신용카드를 이용한 결제 방식을 도입하게 된다. 조합원과 조합 모두에게 편리했지만, 이 방식은 조합의 규모가 커지면서 신용보증을 해결하기 쉽지 않다는 문제가 있었다. 2001년 5월에 자동이체 서비스(CMS)를 도입했는데, 이것은 조합원이 조합에 대한 신뢰가 있지 않다면 불가능한 방식이다. 시행 7개월만인 2001년 12월에 조합원의 85%가 이용하면서 정착에 성공했다. 2007년 말 현재 조합원 결제는 95%가 CMS로, 나머지가 현금이나 신용카드를 통해서 이루어지고 있다.

3. 조직의 분화 : 상생의 몸짓

사업과 운동의 조화로 참다운 생협운동을 추구하다
: 한국생협연합회 출범

지역생협의 연합조직으로 물류사업과 생협의 정책 기능을 하던 한국생협연대를 물류사업과 생협 관련 정책으로 분리하여 전문화하자는 주장이 내부에서 제기되었다. 2002년 6월 '한국생협연합회 창립 준비위원회'를 세워 새로운 조직 설립을 위한 준비 끝에, 2002년 11월

16일 '한국생협연합회' 창립총회를 열었다.[4] 한국생협연합회는 생협 활동과 관련된 정책을 개발하고, 회원 조합의 활동을 지원하고, 조합의 설립을 돕고, 국내외 연대를 통한 의미 있는 생협 활동을 벌이는 것을 설립 목표로 삼았다.

친환경농산물 공급에 힘쓰다
: 유기농산물 도매시장, 자연드림

2004년 9월 6일 홍성풀무생협 등의 16개 생산자 단체, 소비자 단체, 그리고 한국생협연대가 힘을 모아 주식회사 한국유기농산물도매시장을 만들었다. 주주는 개인이 아닌 단체로 제한했다. 이 회사의 주요 사업은 친환경유기식품 전문 도매시장을 개설하여 친환경농산물의 수급 안정과 안정적인 소비시장을 마련하는 사업, 친환경유기식품의 유통 투명성을 확보하기 위한 제도적 장치인 유통인증제 시행 사업, 친환경유기식품의 전문점 가맹 사업 등이다. 한국유기농산물도매시장은 2006년 2월 4일 씨알살림축산, 청암농산 등과 함께 친환경농업의 지속적 발전과 소비 확산에 기여할 목적으로 '자연드림'을 설립했다. 자연드림은 베이커리, 외식, 매장 프랜차이즈 세 분야의 사업을 계획했다. 베이커리 사업의 경우, 2006년 1호점인 일산후곡점을 시작으로 양천구청점, 목동점, 천안점, 순천점 등이 속속 개장을 했고, 2007년 8월에 성공회대점을 개장하면서 전국에 모두 22개의 매장을 갖추었다.

외식사업은 2006년 3월 일산에 고깃집 '한우예찬'을, 인천에 채식

---

4 창립 당시 1년 후인 2003년에는 법인으로 인가받는 것을 전제로 하여 '법인 창립총회'라는 이름으로 총회를 열었으나, 정부로부터 설립 인가를 받지 못하여 2007년 말 현재까지 임의단체로 남아있다.

뷔페 '산들바람'을, 순천에 한식점 '행복한 밥상'을, 2007년 4월 인천에 돼지고깃집 '소담' 등을 열어 운영했다.

생협 관련 연구와 교육의 중심을 잡다
: 한국생협연구소

2004년과 2005년 한국생협연합회 총회에서 생협운동의 활성화와 대중화를 위해 생협운동에 대한 정책 연구와 각종 조사 등을 진행할 연구소의 필요성을 보고하고 연구소 설립을 채택했다. 2005년 8월에 건립 준비위원회를 구성하고 9월부터 6개월 동안 준비하여 2006년 3월 한국생협연대 정기총회의 승인을 받았다. 이에 따라 2006년 5월 25일 '한국생협연구소'가 성공회대학교에 공간을 빌려 개소식을 가졌다. 한국생협연대와 한국생협연합회의 공동 부설인 한국생협연구소는 생협운동이 확산되고 생협이 대안이 될 수 있도록 실천 방법을 찾아 나가는 역할을 맡았다. 개소식에 앞서 2006년 4월에 생협연대·연합회의 활동가와 직원을 대상으로 '1회 생협아카데미 교육'을 시작했다. 이후 2~3개월에 한 번씩 포럼이나 심포지엄을 지속적으로 실시하고 있고, 2007년 말까지 일곱 차례의 포럼을 개최했고, 3기 생협아카데미를 마쳤다.

4. 활동과 교육

협동체를 구상하다
: 마을모임, 동아리 활동

한 동네에 사는 조합원들은 삼삼오오 마을모임을 조직했다. 낮 시간에 여유가 없는 직장인 조합원들은 같은 직장에 조합원이 있는 경우에 직장을 마을로 삼아 모임을 조직하기도 했다. 마을모임에 참여하는 조합원들은 친교하면서, 사는 지역 혹은 일하는 지역에 대해서 이야기하고, 생협의 정책을 공유하고 비판하며 학습한다.

지리적으로 근접한 위치에 사는 조합원들끼리 마을모임을 통해 모인다면, 같은 취미나 비슷한 관심을 가진 조합원들은 동아리를 통해 활동한다. 1999년부터 조합원들은 다양한 동아리 활동을 통해 "생활 속에서 협동하는 일상적인 운동"을 경험할 수 있었으며, 시간이 흐를수록 동아리의 성격과 내용이 다양해지고 있다. 조합원이면 누구나 서넛 이상 모여서 원하는 동아리를 만들 수 있으며, 그럴 때 동아리가 어떤 의제를 갖든 어떤 취미를 추구하든 제한은 없다. 조합원이 아닌 사람도 동아리에 참여할 수 있다. 명상춤 동아리, 직영급식전환을 위한 학부모 모임, 독서 동아리, 환경 동아리, 사물놀이 동아리, 아토피를 앓는 아이를 둔 엄마들의 동아리, 영어 동아리 등 다양한 동아리 모임이 운영되고 있다. 마을모임과 동아리 활동에 필요한 경비의 일정 부분을 생협연합회에서 지원한다.

생협을 이해하고 활동하도록 교육에 힘쓰다[5]

생협은 조합원 스스로 운영하는 자치 조직이다. 그러므로 총회와 이사회로부터 사업과 활동에 대한 집행 권한을 위임받은 조합원들이 지역생협 살림살이와 활동을 이끌고 있다.[6] 이들을 '활동가'[7]라고 부른다. 한국생협연합회는 조합원 교육과 함께 활동가 육성을 중요한 목표로 삼고 있다.

협동조합은 출발할 때부터 조합원 교육을 핵심 원칙 가운데 하나로 세웠다. 그러므로 연합회나 지역생협도 조합원들이 교육에 참여하는 것을 원칙으로 삼고 있고, 조직이 주최하거나 권하는 교육에 성실히 참여하는 조합원에게는 별도의 혜택이 주어지기도 한다. 지역생협의 교육 활동이 주로 신입 조합원 교육, 식품 안전 교육, 물품 소개 교육 등으로 조합원에 집중하고 있다면, 연합조직인 생협연합회에서는 활동가 교육을 주로 하고 있다. 활동가 교육은 위원회가 지역, 권역, 전국 생협에서 활동하는 데 도움이 되도록 하고 생협에 관한 전반적인 이해와 운영을 위해 초급, 중급, 중견, 아카데미로 단계를 두어 교육을 한다.

위원회를 통해 생협 활동에 다가가다

1999년에 지역생협에서 운영위원회가, 생협연대에서는 조직사업위원회와 물품개발위원회, 홍보편집위원회가 활성화되었다. 이들 위원회를 통해 조합원을 중심에 세우는 사업의 기초가 마련되었다. 조직

---

5 이 부분은 정원각의 「소외된 작은 생협들이 모여 시작한 iCOOP 생협」(『생협평론』 준비호, 2008)에서 옮겨왔다.

6 지역조합을 활동가가 아닌 직원이 중심이 되어 운영하는 생협도 있지만, 한국생협연합회 소속 지역생협은 거의 대부분 조합원들이 지역생협을 운영하고 있다.

7 다른 생협에서는 직원 활동가, 조합원 활동가로 구분해서 부르기도 한다.

사업위원회는 2000년 9월에 확대운영위원회로 통합되었고, 2000년 11월에는 식품안전위원회가 추가되었다. 운영위원회는 결정 권한이 없고 다만 제반 결정 사항을 원활하게 집행하는 기관이다. 위원회는 조합원으로 가입 후 주인의식을 가지고 생협 활동에 참여하고 싶지만 경영에 대한 부담 때문에 이사나 대표를 맡는 것에는 망설이는 조합원들에게 참여의 문이 열려 있다. 지역조합마다 조금씩 다르지만, 위원회는 식품안전위원회, 물품위원회, 편집(홍보)위원회, 급식위원회, 나눔위원회 등이 있다.

협동 사회의 꿈을 위해 사회에 발언하다

식품 안전 사회를 이룩하기 위해 생협연대는 1999년 11월 유전자조작식품 반대운동, 2001년 6월 식품 안전 보장을 촉구하는 국회 청원을 위한 10만인 서명운동을, 생협연합회는 2003년 5월 친환경농산물로 급식을 하도록 하는 급식법 개정을 위한 생협인 대회 등을 조직하면서 사회를 향해 목소리를 내었다.

2003년 우리밀 수매자금 모으기 운동은 '조합원에 의한 운영'이라는 협동조합 운영 원리에 맞는 활동으로, 이를 통해 밀의 품질을 저농약·무농약 수준으로 높일 수 있게 한 의미 있는 사회적 운동이라고 할 수 있다. 한국생협연합회는 우리밀이 생산되고 증산될 수 있도록 지속적으로 기여하고자 순천시와 함께 2003년부터 매년 한 차례씩 우리밀 축제를 열었다. 수입밀이 한국 밀 소비의 99.7%에 달하는 현재의 기형적 상황을 개선하고자 시작한 운동이다. 3회까지는 생협 조합원과 생산자들, 순천 시민의 축제였던 것이, 4회째인 2006년에는 전라남도, 순천시, 순천대학교, 순천국공립어린이집연합회 등 전남지역의 18개 기관과 '우리밀 소비 사회협약'을 체결했다. 협약 단체들은 그동안 식재료로 써오던 수입밀 대신 우리밀을 쓸 것을 서약했다.

국회에서 쌀 수입 협상 비준 여부가 논란이 되고 있던 중인 2005년 10월, 한국생협연합회는 '우리쌀 지키기, 우리밀 살리기 소비자 1만인 대회'를 조직했다. 쌀 수입 문제는 농민만의 위기가 아니라 식량주권, 자연환경, 생태계, 국민의 건강이 위기에 놓이게 되는 것이고, 각성된 소비자 의식으로 이 위기를 극복할 수 있다는 판단에서 이루어졌다.

한국생협연합회는 2006년에 여러 시민단체들과 함께 '미국산 소고기 수입 반대 및 국민건강권 수호를 촉구하는 시민사회단체 기자회견'을 열었고, '식품위생과 광우병 안전연대'를 구성하여 광우병 위험이 있는 미국산 소고기 수입에 반대하는 캠페인에 앞장섰다. 2007년 6월에는 한미FTA저지범국민운동본부 등 4개 단체와 연대하여 '광우병 미국산 소고기 국민 감시단'을 발족하는 등 식품 안전 사회를 실현하기 위한 소비 실천을 주도했다.

아이쿱생협의 성장 시기
: 2008년부터 2017년까지

염찬희
김현주

1. 새로운 10년, 정체성을 다지다

'윤리적 소비'라는 정체성의 채택

아이쿱은 2008년 1월, 10년을 마무리하고 새로운 10년을 준비하면서 '아이쿱생협은 윤리적 소비입니다'라는 정체성 선언을 한다. 아이쿱의 정체성을 정리하자는 요구는 2007년 7월 26일 부천 한국생협연합회(현 아이쿱소비자활동연합회) 회의실에서 열린 정기 이사회에서 나왔다. "일부 지역조합에서 협동조합에 대한 기본적인 개념과 정의에 대한 합의와 이해의 부족으로 조합원들에게 협동조합, 생협에 대한 오해를 불러일으키고 있다"는 상황 판단이 있었다.

"우리 생협에서 참치캔을 공급한다는 것은 생협적이지 않다면서 다른 생협 조합원이 뭐라 하는데, 뭐라고 답을 해줘야 할지는 모르겠고 기분은 상하고 그랬어요." 한 조합원이 운을 떼자 참석했던 다른 조합원들이 고개를 주억이며 말을 보탰다. "저도 독서모임을 하는데 거기서 우리 생협을 비난하는데, 다른 생협 조합원이 서넛이고 우리 생협 조합원은 저 달랑 한 명이어서 싸울 수도 없고 그냥 듣고만 있었어요."

2007년 한 마을모임에서 나왔던 이야기다. 이런 웅성거림은 비단 마을모임의 장에서만 있었던 것이 아니다. 같은 해 7월 홈페이지 장보기 게시판도 이 문제로 시끄러웠다. 참치캔을 공급하는 일은[1] 의도치 않았으나 무엇이 생협다운 건지, 무엇이 협동조합다운 것인지에 대한 논쟁을 촉발시켰다.

생협이 가공식품을 생산하는 일을 해서는 안 된다는 주장이 게시판에 올라왔다. 논쟁이 시작되었다. 일부 조합원이 게시판에 문제를 제기했고, 이러한 문제 제기에 지역생협의 활동가들은 어떻게 대응해야 할지 설왕설래, 우왕좌왕했다. 이런 모습을 목도한 연합회는 협동조합과 생협에 대한 정의를 명확히 해서 조합원들의 혼란을 덜어주는 일이 필요하겠다고 판단했다. 가공품을 개발해서 조합원에게 유통하는 것은 '생협적이지 않다'라는 일부 조합원의 비판에 직면하면서, 연합회는 협동적 경제체로서 생협과 조합원의 다양한 요구를 물품 사업으로 실현하고, 이를 통해 사회 변화를 견인해내는 대중 운동으로서 생협 운동이라는 정체성에 대한 명확한 정립과 공유가 필요하다는 것을 재차 확인했다. "아이쿱생협은 협동조합이 가진 기본 원칙과 정체성에

1 참치캔은 2007년 4월에 제품 개발, 6월에 출시했다.

의해 만들어졌고 이를 지향하고 있음을 연구와 논의를 통해 정리하고, 이를 조합원에게 알리는" 작업을 시작하기로 결의했다. 이사회는 '협동조합에 대한 정의와 한국생협연합회 연대의 정체성을 확인하기 위한 특별연구팀'을 구성할 것을 의결했다. 발 빠른 대응이었다.

어찌 보면 사소한 듯 보이는 참치캔 공급이 아이쿱의 정체성 정리에 대한 필요성을 촉발했던 것이다.

생협 정체성 연구를 위한 특별연구팀

'아이쿱생협 정체성 연구를 위한 특별연구팀' 운영은 한국생협연구소가 맡기로 했다. 특별연구팀은 2007년 8월에 첫 모임을 갖은 후 2007년 12월까지 일곱 차례에 걸쳐 '협동조합의 역사, 레이들로보고서에 대한 검토 논의' '한국에 생협이 만들어진 배경과 역사, 한국 생협의 흐름, 일본 생협' '협동조합운동의 보편적 과제와 한국 사회 현실, 환경·생태 문제와 협동조합' '농민운동, 노동운동, 여성운동의 입장에서 본 한국생협연합회 또는 생협운동에 대한 평가와 바람' '아이쿱생협 10주년 정체성 선언문 논의' '아이쿱생협 정체성에 대한 포럼 초안 검토, 커뮤니티, 어소시에이션 정의, 지산지소, 로컬푸드 정리' 등을 주제로 잡아 연구와 논의를 진행했다. 특별연구팀에서 다룬 주제의 제목을 보면, 협동조합을 기본부터 학습하고 생협이라는 특화된 분야를 집중적으로 학습하되 한국이라는 맥락에서 이해하고, 거기에서 나아가 아이쿱을 견주어보는 작업이었다는 것을 알 수 있다.

특별연구팀은 일곱 차례의 모임 끝에 "생협의 소비는 윤리적 소비이

어야 한다 : 아이쿱생협의 정체성에 대하여"라는 제목의 연구 결과를 내놓았다. 학습의 결과물을 공개하면서 외부의 의견을 듣고자 했다. 아이쿱생협의 정체성에 대한 토론이 공개적으로 이루어진 것은 2007년 12월 20일의 일이다. 발제문은 '나와 이웃 그리고 지구환경을 위한 소비가 생협 소비의 본질'이라고 규정하고, 이것을 '윤리적 소비'로 총칭했다. 외부의 의견을 들은 특별연구팀은 2008년 1월 3일 여덟 번째 모임에서 정체성 선언문의 초안을 검토하고 초안 구성 소위원회를 별도로 구성했다. 1월 14일 소위원회가 선언문을 수정하고 검토하는 작업을 끝으로 특별연구팀은 6개월의 장정을 마무리한다.

특별연구팀이 작성한 정체성 선언문은 2008년 1월 한국생협연합회(현 아이쿱소비자활동연합회) 정기총회에서 채택되었다. 윤리적 소비를 아이쿱생협의 정체성으로 선언한 것이다. 이 선언은 어느 한 사람에 의해서 제안되었거나 순간적으로 발의된 것이 아니라 오랜 시간 지역생협 활동가에서부터 아이쿱 조직 내 다양한 분야의 임원 그리고 경영진까지, 많은 사람들이 모여서 회의하고 토론하는 과정을 거쳐 함께 내놓은 결과였다. 아이쿱이 10년 동안 실천해온 것이 무엇인지를 긴 토론 과정을 통해서 밝혀냈고, 그것에 윤리적 소비라는 이름을 부여함으로써 그동안 윤리적 생산을 위한 소비 기반을 확대하는 역할을 해왔다는 점을 아이쿱생협의 사회적 차별성으로 분명하게 설명한 것이었다.

윤리적 소비로 아이쿱생협의 정체성을 천명하는 효과는 조합원에게서는 자신의 소비가 어떤 가치가 있는지를 인지케 하여 자긍심을 갖게 하고, 활동가에게는 자신의 활동이 소비를 통해 사회를 변화시키는 '과제' 운동이라는 의미를 인식하게 하며, 나아가 사회에는 '생협운

동의 새로운 상을 제시한 것으로 나타났다.[2]

2008년부터 아이쿱은 모든 채널을 통해서 '아이쿱생협은 윤리적 소비입니다'라는 정체성을 홍보하기 시작했다. 오른쪽 사진에서 볼 수 있듯이 매년 만들어진 정기총회자료집에 처음으로 정체성 문구가 들어가기 시작한 것은 2009년이다. 이 정체성은 2017년 상반기까지 조합원과 외부에 아이쿱의 특성을 간단하고 선명하게 설명하는 문구로 역할했다.

2 『2009년 연합회 총회자료집』, 41쪽 참조.

윤리적 소비 운동으로서 공정무역

윤리적 소비에 대한 대중의 공감을 얻고 사회에 확산시키기 위해서 윤리적 소비 운동도 기획했다. 2009년 7월 윤리적 소비 운동을 선언하면서 일곱 가지로 실천 방향을 제시했는데, 그 내용은 다음과 같다.

1. 친환경농산물 소비 확대를 통한 윤리적 생산의 지지 및 지역경제에 기여
2. 여성의 일자리 창출과 생협의 자체적인 최저임금제도의 정립 및 정착
3. 불공정한 무역 구조와 부의 편중을 개선하여 공동 발전을 이루는 공정무역 확산
4. 소비자 조합원의 생활 안정을 위한 생활필수품 가격안정정책의 실시
5. 자원의 낭비를 줄이고 지구온난화에 대응하는 환경 친화적 사업체계의 구축
6. 사회적 약자와의 연대와 나눔 운동의 실천
7. 경제위기의 회복을 위한 사회적, 경제적 대안의 모색과 실천[3]

위의 실천 방향을 살펴보면 아이쿱이 구상하는 윤리적 소비의 범위를 알 수 있다. 아이쿱은 소비를 개인의 장바구니 안으로 좁혀 생각하지 않고 사회·경제적인 불평등과 모순을 해결할 수 있는 구조 혁신으로 유도하고자 했다.

윤리적 소비를 구현하려는 대표적 운동에는 공정무역이 있다. 공정무역의 확대를 위한 캠페인과 사업 실행이 그것이다. 공정무역 운동은 2007년 공정무역추진위원회를 구성하고 한편에서는 캠페인 활동을, 다른 한편에서는 무역사업을 하는 것으로 조합원들에게 가시화되었

---

3 아이쿱활동연합회, 『2010년 아이쿱활동연합회 정기총회자료집』, 150쪽.

x

다. 제3세계의 경제적 약자와 연대하여 기아와 빈곤이 악순환되는 전 지구적 모순 상황을 개선하려는 노력으로 출발했다. 수입해야만 하는 농산물의 경우 공정무역을 통해 수입한다면 제3세계 농민의 지속 가능한 생산 기반 형성을 지원하는 것이므로 대표적인 윤리적 소비 운동이라 할 수 있다. 커피, 설탕, 코코아, 그리고 후추, 나아가 올리브, 바나나까지 공정무역으로 수입하고 있다. 특히 설탕의 경우에는 아이쿱 조합원들이 모금을 통해 필리핀 생산자들이 가공 공장을 건립할 수 있도록 지원했다.

한편 2008년부터 윤리적 소비 논문을 공모하기 시작했다. 조합원뿐 아니라 일반을 향해서도 윤리적 소비의 이론을 탐구하고 실천 방향을 고민해줄 것을 요청한 것이다. 이 사업은 윤리적 소비에 대한 사회적 지식수준을 끌어올리는 결과를 가져왔다.[4] 2009년부터는 참여의 폭을 넓히고자 초·중등학생을 포함한 청소년부터 일반인을 대상으로 윤리적 소비에 대한 수기를 공모하기 시작했다. 우리밀의 소비와 증산을 독려하는 사업 역시 윤리적 소비 운동의 중요한 축이었다.

그 외에도 아이쿱은 친환경 무상급식 운동에도 적극 참여했는데 2010년 6·2 지방선거 때는 친환경 무상급식 서명운동을 통해 의미 있는 실천을 보여주었다.[5] 사회적기업 생산물 소비를 독려하기도 했는데, 장애인 노동 통합형 사회적기업인 강화 우리마을에서 재배한 콩나물 총 생산량 중 85%를 아이쿱에서 소비하는 것을 대표적으로 꼽을 수 있다. 또한 공정무역 물품의 공급을 확대하고, 필리핀 마스코바도

---

4 윤리적 소비 논문 공모전은 매년 꾸준히 시행되었는데, 2014년 주제를 협동조합 일반으로 변화 확대해서 협동조합 논문 공모전이라는 이름으로 2017년 현재에 이른다.
5 2,000여 개의 한국 사회 시민·사회단체가 모여 서명운동을 통해 대중적인 공감을 만들기 위해 노력하여 전국에서 총 32만 명이 서명을 받았는데 아이쿱이 전체의 10%에 해당하는 3만 2,800명이 넘는 서명을 받았다.

생산자가 일할 수 있는 설탕 공장 건립 기금을 모으고, 람사르 협약[6] 당사국 총회 개최를 가능하게 하고, 이어 논습지 보호를 위한 활동 등을 이어나갔다. 이러한 활동을 꾸준히 이어나갔던 이유는 아이쿱생협의 윤리적 소비라는 정체성 때문이다.

2013년에는 공정무역실천단 양성과정을 새롭게 설립하고, 지역조합 매장에서는 우리밀국수데이 행사를 벌여 우리밀 소비를 권장했다. 일자리를 인간적이고 안정적으로 만드는 일 또한 윤리적으로 소비할 때 판단의 중요한 근거이기 때문에 안정적이고 인간적인 일자리를 확대하고자 노력했다. 이들 각각의 활동은 아이쿱생협의 정체성을 사회적으로 알리는 결과를 가져왔다. 그러나 보고서에 의하면 윤리적 소비로 정체성을 선언한 직후 몇 년간 조합원들이 윤리적 소비에 대해 갖는 자긍심의 정도가 기대 이하였다는 평가도 있었다.[7]

2012년경까지는 조합원에게 윤리적 소비가 어떤 것인지를 설명해 주는 담론 작업이 비교적 꾸준히 진행되었다. 2012년 전국대표자회의 총회에서 "우리는 생협운동을 통해 '함께 행복하기'를 바란다. 윤리적 소비란 자신의 요구와 욕망을 위한 소비 행위로 타인의 고통을

---

6 공식 명칭 '물새 서식지로서 특히 국제적으로 중요한 습지에 관한 협약(the convention on wet-lands of international importance especially as waterfowl habitat)'인 람사르 협약(Ramsar Convention)은 습지와 습지 자원의 보전을 위한 국제 환경 협약이다. 1971년 2월 2일 이란의 람사르에서 18개국이 모여 체결하고 1975년 12월 21일부터 발효되었다. 대한민국은 101번째로 람사르 협약에 가입하였으며, 2008년에는 경남 창원에서 람사르 협약의 당사국 총회인 "제10차 람사르 총회"를 개최했다.

7 조합원의 윤리적 소비에 대한 자긍심은 일상적인 실천운동이 받쳐주지 못했다는 평가를 받기도 했다. (『2010년 아이쿱활동연합회 총회 자료집』, 감사보고서, 36쪽 참조)

공감하고 행복을 배려하는 일이다. 심지어는 나와 이웃이 살아가는 환경까지. 개인들에게는 사소하고 쉬운 선택이지만 그 결과가 이웃의 삶을 배려하는 '함께 행복하기'를 만드는 일"[8]이라고 아이쿱의 목적을 다시금 정리할 때, 생협운동을 윤리적 소비라 하고 그 목표는 '함께 행복하기'라고 규정하는 것이 한 예다.

다양한 채널을 통한 윤리적 소비 홍보는 아이쿱의 정체성을 사회적으로 인식시키는 효과를 거뒀다. 한편 조합원들의 윤리적 소비에 대한 자긍심을 기대 이상으로 높였는데, 이는 데미샘우유 젖소 입식 기금 모금운동 결과를 보아도 알 수 있다. 협동조합 조합원의 따뜻한 연대를 보여주었던 데미샘우유 젖소 입식 기금 모금운동은 9,140명의 조합원이 참여하여 가장 많은 조합원이 참여한 모금운동으로 기록을 남겼다.[9] 이 모금운동은 단순한 시혜적 나눔이 아니었다고 평가할 수 있다. 윤리적 소비를 통한 윤리적 생산 확대에 기여한다는 자긍심이 작동했기 때문에 가능했다고 볼 수 있다.

그러나 윤리적 소비에 대한 강조는 점차 아이쿱의 활동에서 차선으로 후퇴하는 것처럼 보인다. 대신 2016년부터 '물품 운동'이 전면화된다. 과거 2006년 무렵 그간 아이쿱의 활동이 윤리적 소비였다는 평가를 받고 아이쿱의 정체성을 윤리적 소비로 규정했던 것처럼, 2016년에 벌인 조합원 활동을 물품을 알리고 이용하는 동시에 제도를 바꾸어 나가는 하나의 사회운동이라고 규정한다.

아이쿱생협의 '물품'은 사회적으로 식품의 안전과 안심을 만들고 있으며, 제도 환경의 변화를 이끌어가는 사회운동이기도 합니다. 2016년 아이쿱생협의

8 『2012년 전국대표자회의 자료집』, 56쪽.
9 『2014년 전국대표자회의 자료집』, 66쪽 참조.

2015년 1차 전국대표자회의 자료집을
마지막으로 윤리적소비라는
정체성 문구는 사라진다.

조합원 운동은 〈물품〉을 적극적으로 소비자들에게 알리고, 이용하며, 제도를 바꾸어가는 운동이었습니다.[10]

2017년 3월 아이쿱은 향후의 사명을 선언하는데, 사명의 핵심에는 '함께 행복한 삶을 만들어가는 협동조합'이 자리한다. 정체성의 변화를 읽을 수 있다. "아이쿱은 함께 행복한 삶을 만들어가는 협동조합으로서 윤리적 소비와 생산을 바탕으로 먹을거리를 넘어 생활의 안심을 만들고, 노동을 존중하고 성과를 공유하는 사람중심의 경제, 사람과 자연이 공존하는 더 나은 미래를 만들어갈 것이다"라는 2017년 활동연합회 사업 실행 계획 소개에서도 이런 변화를 엿볼 수 있다. 윤리적 소비와 생산은 아이쿱이 앞으로의 목표로 설정한 행복한 삶을 함께 만들어가기 위한 기본적인 실천 전략으로 역할을 할 것이다.

새로운 이름, iCOOP생협

아이쿱생협의 정체성 정립의 과정은 'iCOOP생협'이라는 조직 이름을 설정하는 과정과 중첩되어 있다. 조직 브랜드 설정 작업은 2006년에 시작되었는데, 2년이라는 짧지 않은 시간 동안 조합원을 대상으로 두 차례 공모를 했지만 마땅한 이름을 발견할 수 없었다. 2007년에 10주년을 기념하는 큰 행사를 치르면서 새로운 마음을 새로운 부대

---

10 2016년 아이쿱소비자활동연합회 사업 총괄 보고, 『2017년 전국대표자회의 자료집』, 62쪽.

iCOOP 로고의 변화

에 담고자 하는 열망이 커졌다. 더 이상 조직 이름을 결정하는 것을 늦출 수 없었다. 대외적으로 알려져 있고 조합원 내부에서 이미 친밀해진[11] 'iCOOP생협'이라는 조직 이름을 2008년 연합회와 연대의 정기총회에서 확정했다. 여기서 'i'는 I, ideal, innocence, innovation이라는 다양한 의미를 포괄한다. 'iCOOP'은 "'나'들이 함께 모여, 더 나은 미래를 만들기 위해, 초심을 잃지 않고, 혁신하는" 협동조합(COOP, Co-operative)이라는 뜻을 갖는다. 로고도 새롭게 만들어서 사용하기 시작했는데, 2012년 하반기에 한 차례 변화를 주어 현재에 이른다.

한국생협연대와 한국생협연합회도 각각 아이쿱생협연대와 아이쿱생협연합회로 2008년 1월에 이름을 바꾸고 총회에서 정관 개정을 통해 법적으로 공식화했다.

---

11 2006년 1월 통합이사회 회의록에 아이코프그룹이라는 표현이 나오는데 아이코프라는 명칭은 처음이다. 2006년 3월 연합회 정기이사회 회의록에는 icoop그룹이라는 표현이 있다. icoop생협 3기 발전 전략(2007. 1. 25.)에 보면, "(사)한국생협연대, 한국생협연합회 및 그 회원조직인 지역(단체)생협, 한국생협연대 생산자회, 우리농업지킴이상조회, 한국유기농도매시장, 친환경유기인증협회 등을 통틀어 현재까지의 관례상 icoop생협라고 부른다."는 내용이 나온다.

2. 급변하는 환경 속에서 끊임없이 혁신하다

생협법 개정, 조직 개편

2005년 아이쿱생협, 민우회생협, 한살림, 전국연합회 등 4개 단체는 1998년에 제정된 소비자생활협동조합법(이하 생협법)이 생협 발전에 걸림돌이 된다고 판단하고 개정 생협법 합의안 도출을 위한 회의를 시작한다. 2008년부터 본격적으로 한살림, 전국연합회, 여성민우회, 대학생협 특위, 의료생협연대, 아이쿱생협 등의 단체들은 '생협법개정추진위원회'를 구성하여 연대하고 협력했다. 마침내 2010년 3월 22일 생협법 전면 개정이 공포되었고, 9월 23일 시행에 들어갔다. 생협법 개정을 통해서 생협의 사업 범위가 소비생활에 필요한 물자의 공급뿐 아니라 교육, 문화, 건강 개선 등 소비자들의 생활상의 요구 전반으로 확대할 수 있게 되었다. (생협법 제45조) 또한 연합회와 전국연합회의 설립 근거가 마련되었고(동법 제2조, 제57조, 제70조), 연합회는 회원 또는 회원에 소속된 조합원을 대상으로 하는 공제사업도 할 수 있게 되었다. (동법 제65조) 그리고 국가와 공공단체는 필요한 경우에 조합, 연합회 또는 전국연합회의 사업에 필요한 자금을 지원할 수 있게 되었다. (동법 제9조) 한편으로는 행정당국의 관리 감독을 강화했는데, 시·도지사 혹은 공정거래위원회가 업무를 감독하고 감독상 필요한 명령을 할 수 있게 했다. (동법 제81조)

생협법이 개정됨에 따라 아이쿱은 하자가 발생하지 않도록 조합 운영 능력과 조직 역량을 한층 강화해야겠다고 판단했다. 가장 먼저 나타난 변화는 연합회 사무팀에게 한 주문이었는데, CMS 이체 신청 시 본인 확인 절차를 철저히 하고 신규 가입의 경우에도 요건을 강화하라는 것이었다. 그리고 아이쿱생협연대는 2011년 9월 iCOOP생협사업연합회로 명칭을 변경한다. 주무관청도 농림수산식품부에서 공정거래위원회로 바뀌었다.

생협법에 의해서, 2011년 10월 이전에 회원조합들은 법인 창립을 해야 했다.[12] 연합회는 비법인 회원조합, 준비 조합이 법인 창립을 할 수 있도록 지원하는 일에 주력했다. 법인 창립을 위한 실무 절차를 지원하고, 지역생협 사무국이 생협법에 근거한 법적 대응을 할 수 있도록 생협법 학습회를 여는 등의 교육에도 소홀히 하지 않았다.

생협법의 개정은 연합회가 조합원 활동과 사회적 역할을 강화하는 계기가 되었다. 이즈음 연합회와 회원 조합 사이의 힘의 관계, 그리고 지역조합과 연합회 직원 사이의 힘의 관계 등에 대해서 활동가들이 갈등하는 정도와 해결 방향이 각기 다르다는 것이 표면으로 올라왔다. 그것은 생협법 개정 맥락과 접합하여 연합회의 역할과 기능을 조합원 자치를 끌어올리는 방향에 집중하자는 제안으로 표출되었다. 지역조합의 조직력과 활동의 다양성 정도가 연합회와의 관계를 상하 관계로 구속했던 것도 사실이었다. 연합회는 회원 조합과 수직적인 상하 관계가 아닌 지역생협들의 자율적인 연합체로서 수평적인 네트워크 형태여야 한다는 데 합의가 이루어졌다. 결국 지역조합의 조직력 강화, 활동의 다양성이 전제가 되어야 수평적 네트워크가 가능하다는 것에도 이해를 같이했다. 그러기 위해서는 혁신이 필요했다. 회원조합은 더 자발적으로 자치적인 활동을 하고, 연합회는 이를 지원하는 역할을

---

12 2010년 말 현재 77개 조합 중 법인 조합은 45개였다.

더욱 강화할 수 있는 방안, 즉 조합원을 중심에 세우고, 조합원의 목소리가 연합회에 직접 전달되고, 그것을 바탕으로 연합회의 활동이 결정되는 방식의 조직을 구상했다.

연합회 이사회가 모든 사안에 대해 논의하고 의결하던 2011년까지와는 달리[13] 2012년 2월부터는 달라진 조직 구조를 갖는 iCOOP 소비자활동연합회가 새롭게 출범했다. '생협법 개정 이후' 아이쿱은 매장 사업을 통해서 양적으로 급속도로 확대된 조합원에게서 조합과 밀착성이 이전보다 현격히 떨어지는 것을 확인하면서, 단순 소비자로

2011년까지의 생협연합회 조직도

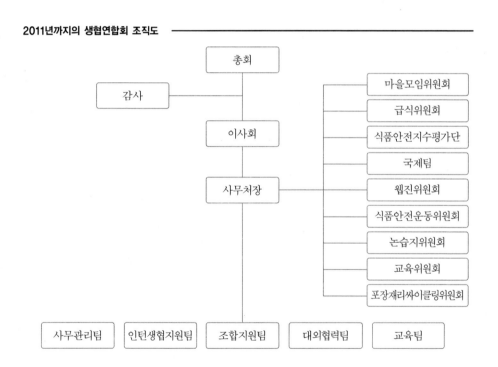

---

13 『2012년 제2차 전국대표자회의 자료집』, 46~47쪽 참조.

2012년 iCOOP소비자활동연합회 조직도

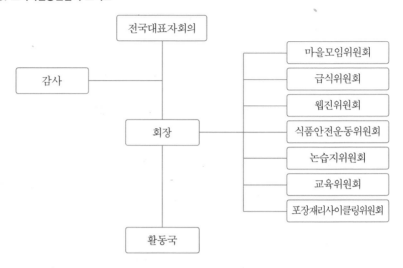

2013년 iCOOP소비자활동연합회 조직도

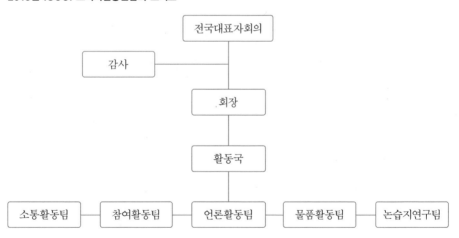

서가 아니라 활동을 중심으로 '조합원으로 같이하는' 조합원으로 세우기 위해서는 '조직 차원에서 혁신이 필요하다'는 것을 논의해왔다. 그 끝에 2012년 2월 2일 'iCOOP소비자활동연합회(이하 활동연합회)'가 출범한 것이다. 결국, 규모가 커지면서 조합원 활동이 소홀해지는 것에 대한 해법으로 조합원 활동 강화의 방편으로 새로운 조직 형태를 제안한 것이다.

조합원 자치, 조합 자치를 위해 이어지는 변화

활동연합회는 2012년 정기총회에서 권역별 대표자회의(제23조)와 활동국(제31조)을 신설하고 이사회(제31조, 제32조)를 삭제하고, 총회의 역할을 전국대표자회의(제3장 제20조에서 제24조)로 대체하고, 사무처를 분리하는 것을 주된 내용으로 정관을 개정했다. 1년에 1회 열렸던 총회를 혁신해서 회원 생협 이사장이 대표자로 참여하는 전국대표자회의를 필요에 따라 개최할 수 있게 했다. 이것은 중요한 쟁점에 대해 지역 조합원이 목소리를 낼 수 있는 구조로 혁신한 것이다. 지역의 가장 아래로부터 조합원 개인의 의견이 '지역 단위 이사회—권역 단위 대표자회의—전국 단위 대표자회의'라는 세 개의 층을 거치는 동안 지역생협의 이사장이라는 대리인을 통해서 적극적으로 반영될 수 있는, 직접민주주의의 강화를 목적으로 했다.

권역별 대표자회의는 지역생협의 이사장들이 매월 1회씩 전국을 10개로 나누어 묶은 권역에 모여서 아이쿱생협 전체의 과제를 논의하고 회원 생협의 다양한 정보를 나누는 자리이다. 어떤 이슈는 전국 단위로 같이 활동하지만, 또 어떤 이슈는 권역 단위로 움직인다. 예를 들면, 고리 원자력 반대 운동은 부산·울산권역의 활동으로, 사회적경제 네트워크는 서울권역에서, '구미 불산 사고 지원 활동'은 전국에서 모금된 500만 원을 가지고 재난 지역에 물품으로 지원하고 재난 선포 기간 동안에 생협 물품을 이용할 수 있도록 비조합원에게 개방하는 활동 등을 대구·경북권역에서 벌였다.

2015년 iCOOP소비자활동연합회 조직도

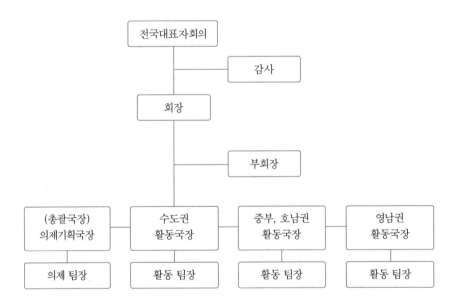

2014년 9월 활동연합회 전국대표자회의에서 2015년 임기를 시작할 활동연합회 회장을 민주적 경선 방식으로 선출하기로 결정했다. 회

장 후보자들의 세 차례의 토론회 후 70개 회원 조합의 대표들이 무기명으로 직접 비밀 투표를 한 회장 선출 과정은 그 과정 자체가 참여자 모두에게 민주주의를 경험하고 학습하는 기회였다. 아이쿱 내에서 조합원 활동가들이 스스로 만들어낸 혁신이었다. 새로운 회장은 연합회 조직을 손보았는데, 전국 단위로 활동이 집중되던 것에서 오는 피로감과 조합원과의 유리라는 이전의 약점을 극복하고자 크게 3개의 활동 권역으로 조직을 나누었다. 활동국 분권은 지역으로 권력을 분산한다는 것에 의미를 둔 것이 아니었고, 보다 효율적인 집행 체계로서의 광역 분권을 시도했다고 한다. 2016년에 또다시 총괄국장 밑에 권역이 아닌 캠페인국, 자치국, 복지국, 소통국의 4개의 국이 존재하는 형태로 조직 구조를 바꿨는데, 이러한 변화는 조합원을 중심에 세우고 조합의 자치력을 강화하기 위한 고민의 결과였다.

아이쿱연합회 직원, 조합원과 관계 재정립

2012년 iCOOP소비자활동연합회가 출발하면서 사무국을 분리했다. 2008년 이후 아이쿱은 규모가 확대되는 것과 비례해서 역량이 성장하지 못했던 것이 사실이다. 다양한 갈등과 사고가 발생했다. 지역조합의 리더십, 사업과 활동 역량, 연합회의 역량 부족 등 각 층위별로 문제가 발생했다. 연합회 사무국의 회원 조합 지원 방식에 어떤 문제가 있는 것인가도 점검할 필요가 있었다.

2011년부터 직원들은 활동가 조직에서 한발 물러나 사무 서비스를 지원하는 협동조합 조직을 만드는 방향으로 가닥을 잡았다. 2012년 활동연합회가 조직 구조를 재편하는 것과 때를 같이하면서 직원들은 별도의 조직으로 독립했다. 2013년 2월 iCOOP협동조합지원센터가 창립되었다. 생협에서 조합원과 직원의 관계를 다시 정립하고자 한 결과였고, 활동의 주체성과 주도성을 조합원이 가지고 직원은 지원하는 역할을 하는 구조를 만든 것이다. 임기가 있고 상근하지 않는 조합원과 오래 근무하면서 상근하는 직원이 같은 조직에 있을 때는 정보와 전문성에서 직원으로 기울 수밖에 없기 때문에 조직을 분리하여 의사결정과 집행은 조합원이 하고 직원은 지원을 하도록 한 것이다.[14]

2013년 4월에 사회적협동조합 설립인가를 취득하여 현재의 사회적협동조합 iCOOP협동조합지원센터의 모습을 갖추었다. 2015년 하반기에는 조직과 사업 체계를 개편했다. 조합에 대한 '지원' 방식을 공식적이고 체계화된 방식으로 전환하기로 했다. 이사회에 참관 하는 등으로 회원 조합의 운영 과정에 밀착하여 조합의 내부 사정을 파악하려 하고, 이에 대한 대책을 강구하고 대응하는 과거의 방식은 지양하기로 했다. 회원 조합의 운영과 경영 역량을 강화하고 자치력을 강화할 수 있는 지원센터로 개편한 것이다.

조합비에 버금가는 혁신, 선수금

아이쿱생협은 시작과 함께 조합비제도를 실시한 덕에 재정의 안정화를 이루고, 조합원으로 하여금 주인의식을 갖게 하는 등 두 마리 토끼를 잡았다. 그것이 성장의 발판이었다. 2011년 5월부터 소비 선순환을 위한 하나의 제도로 고안되어 매장의 수익 개선이라는 부수적인

---

14 『2013년 전국대표자회의 자료집』

효과도 거둔 수매선수금제도는 조합비제도에 비견할 만한 아이쿱생협의 혁신적인 정책 중 하나이다.

조합원이 필요한 물품, 그 가운데 특히 1차 농산물을 수매하는 자금으로 쓰기 위해 예치하는 돈을 수매선수금이라고 한다. 수매선수금은 아이쿱 생산농가에 미리 지급되어 영농자금 마련에 큰 도움을 주는 한편, 조합원에게는 공급받는 농산물의 가격이 안정되는 혜택을 준다. 그리고 매장에게는 조합원이 물품을 구매할 때 카드를 사용할 경우 발생하는 수수료를 절약하게 하여 매장의 수익률을 개선하는 데 도움이 된다. 즉, 안정적인 생산 지원, 가격 안정 지원, 매장 재정 자립도 고양에 기여하는 혁신적인 정책이다. 2016년 말 조합비 조합원[15] 대비 32.3%의 참여율을 보이고 있다.[16]

3. 상생을 통해 협동조합 생태계를 만들어가다

소비자의 밥상과 건강을 책임지는 참 농부의 삶을 지향하게 된 생산자회

2007년 12월 정회원 11명으로 창립총회를 개최한 생산자회는 2013년 제6차 정기총회 때 정회원이 252명으로 증가한 이후로 2017년, 새로운 유기농법연구개발 등의 적극적이고 주도적인 활동을 하고 있다. 생산자회가 신입 회원을 대상으로 진행한 교육의 내용은 천적 시스템, 유기농법 등 생태적이고 기술적인 교육과 협동조합의 가치를 골자로 하는 생협에 대한 교육으로 구성된다. 3월 사단법인으로 등

---

15 조합비 조합원은 매달 조합비를 내는 조합원을 말한다. 다른 범주에 매달 조합비를 내지 않는 조합원이 있는데 이를 일반가 조합원이라 부른다.
16 『2017년 제1차 iCOOP소비자활동연합회 전국대표자회의 자료집』, 56쪽.

기하면서 법인격을 획득했던 iCOOP생산자회의 2009년은 가격안정기금과 출하장려금에 대한 생산자의 소득 보장 시스템을 확립한 중요한 해다. 2010년 생산자회와 아이쿱생협은 소득 보장 시스템을 좀 더 강화하기 위해 판매대행제를 실시했다. 지역 중심의 생산자 집합체로서 출발했던 생산자회는 초기 지역별로 조직된 위원회 형태에서 벗어나 효율적이고 안정적인 품목별 위원회를 구성하고 활성화하기 위한 노력을 기울였다. 2011년부터 생산자 회원 중 여성의 비율이 증가하면서 별도의 여성 생산자를 위한 워크숍도 시작했다. 생산자들은 교육과 연수를 통해 연대의식을 강화하고 실제 사례를 접하면서 농사에 대한 지식을 얻는다.

2014년 4월에는 기술자문위원회를 발족하기 위한 움직임이 있었다. 한국 유기농업의 한계를 절감하던 중 한 공영방송의 〈친환경 유기농의 진실〉이라는 프로그램에서 '가짜인증의 덫'과 '농약의 유혹'이라는 제목으로 유기농법과 유기농산물의 존재를 부정하고 유기농산물을 취급하는 단체의 신뢰까지 부정하는 내용이 방영되는 일이 있었다. 이 프로그램이 유기농 현장을 일정 부분 왜곡하고 있다는 점을 비판함과 동시에, 아이쿱과 연결된 생산 농가들을 꼼꼼히 점검할 필요성을 절감했다. 성공적으로 유기농업을 하고 있는 생산자(당시 김근호 등)의 이야기를 듣고 기록하는 작업을 했다. 매주 모이는 토론회를 2달간 진행한 이후 그해 7월 김병호를 위원장으로 하는 기술자문위원회를 공식적으로 발족했다. 기술자문위원회의 생산자들은 실제적이고 성공적인 유기농법의 사례를 수집하고 연구하여 자료집을 출간하는 중요한 역할을 했다.[17] 이 사례집에는 천적 시스템과 퇴비에 관한

---

17 정찬율 전 생산자회 국장 인터뷰(2017. 11. 5.)

세부적인 내용도 들어 있다. 이 후 진행된 제주 연수를 통해 생산자들은 자신들이 당면한 어려움에 대해 이야기를 나누고 그것을 극복하기 위해 다른 생산자들과 노하우를 공유했다. 또 2014년에는 판매대행제에 대한 품목별 평가 토론회를 개최했고, 저농약 품목에 대한 독자인증을 준비하기도 했다. 이러한 경험이 축적되면서 생산자들은 해를 거듭할수록 자신의 농법과 아이쿱생산자회 소속이라는 것에 자부심을 갖고 주체적인 활동을 펼치고 있다.

2016년에는 사단법인 iCOOP생산자회에서 사회적협동조합 iCOOP생산자회로 조직을 변경했다. 수년 동안 논과 밭 생물조사를 했던 겨

사회적협동조합 iCOOP생산자회

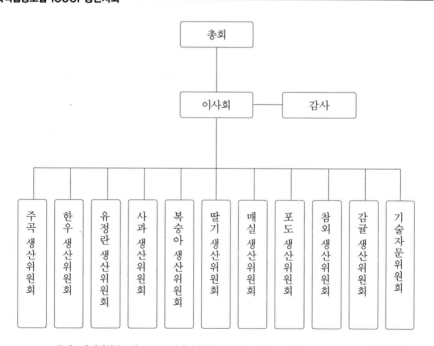

출처 : 사회적협동조합 iCOOP생산자회 홈페이지(http://icoopfarmer.com, 2017년 8월 접속)

리팀의 출자와 생산자회의 결의로 사회적협동조합으로 출범하게 된 것이다. 2017년 현재 생산자회는 생산자 조합원을 재정비하고 조합원들의 결속력을 강화하고 있다. 신입 조합원들의 교육을 통해 내실화를 꾀하고 있는 생산자회는 생산지 견학이나 간담회, 토크콘서트 등을 통해 생산자의 활동을 적극적으로 장려하고 있다. 더불어 여성 생산자와 조합원 간의 교류, 생산지의 생태 조사를 통해 농업이 의미 있는 활동임을 다함께 공유하고, 각 품목별 생산 계획을 갖추고 있다.

아이쿱의 가격 정책을 이끌어낸 한국 농업의 상황

아이쿱의 가격안정기금·판매대행제·탄력가격제는 서로 상호작용을 하며 유기적으로 연결되어 있는 가격 정책이다. 판매대행제의 정책을 고민하고 소비자와 생산자 그리고 직원이 그 필요성을 공유하기 시작한 때는 2008년이었다. 여전히 시장의 화폐경제는 대자본을 중심으로 사적 이윤 추구와 축적을 위해 움직이고 있었다. 반면 보통의 국민들은 여전히 경기침체의 늪에 빠져 있었다. 사적 이윤 추구와 축적이 아닌 조합원·대중의 필요를 충족시키는 사업을 해야 하는 생협은 생협만의 독자적인 경제 영역을 확보할 필요가 있었다.

한국 생협의 역사는 생산자가 주도해왔다고 해도 과언이 아니다. 초기의 생협들은 생산자의 공급 상황, 즉 물품의 양과 질에 맞게 소비자가 소비하는 형태였다. 그리고 그것이 당연시 되었다. 주로 생명과 살림의 가치에 중점을 둔 사업 방식에 생협 소비자는 부족하면 부족한 대로 풍족하면 풍족한 대로 물품을 소비했다. 이러한 소비 방식과 인식은 여전히 강력하게 남아 있다. 20여 년 동안 이어져온 생산자가 주도한 관계 속에서 일부 생산자의 실질 소득은 어느 정도 높아지기도 했다. 그러나 전체 생산자의 총 소득을 증가시키기에는 부족했고 농업을 지속가능하게 하는 수준에 이르지 못했다. 어느 정도 수익을 올리고 있는 생산자들 역시 새로운 투자보다는 위험에 대비하는 소극적이고 안전을 추구하는 방식의 운영을 하고 있었다.[18] 사실 생산자들이 이러한 방식의 운영을 선택했던 것은 대안이 있어도 투자할 여력이 있는 생산자는 평균적으로 드문 상태였고, 투자 여력을 가지고 있는 경우에도 개인의 문제라고 생각하면서 고민하고 대응해야겠다고 생각하는 경우는 거의 없었기 때문이다. 그렇게 농업은 무너져갔다.

가격 정책은[19] '농민들의 개별 경쟁 체제를 협동을 통한 공통의 이익 구조로 변화시키기 위해서는 어떻게 해야 하나?'에 대한 고민으로 시작되었다. 이에 그 당시 생산법인의 대표였던 신성식은 그 답을 우선 '출하가격＝농가소득'이라는 공식을 해체하는 데서 출발해야 한다고 제시했다. 즉 '농가소득＝출하가격＋∝소득'이 되도록 해야 한다는 것이었다. (∝＝가격안정기금＋출하장려금＋투자이익금＋기타) 이것이 아이쿱의 가격 정책의 기본 취지이며, 생산자·생산자 간, 생산자·소비자 간에 상생할 수 있는 방식이라고 판단했다. 그리고 이 개념으로부터 가격안정기금·판매대행제·탄력가격제가 시작되어 생산 정책으로 운영되었다.

아이쿱 가격안정기금은 모든 생산자와 제조업체가 참여하는 일종의 상호부조 성격의 보험이자 공제 성격의 정책이다. 여기에 가격안정기금만으로 농산물 생산에 필요한 투자가 부족하다고 판단하거나 해당 분야의 성장 동력으로 키울 필요가 있을 때 출하장려금을 집행한다.

---

18 2010년 통계청 자료. 더 자세한 사항은 http://kostat.go.kr

19 아이쿱에서 생산자 정책을 본격적으로 고민했던 2010년의 농가소득은 32,121(천원), 순소득은 23,044(천원)이었고 농업가구 수는 1,177,318이었다. 2016년 자료를 보면 전국 농업가구는 1,068,274, 전국 농가소득은 37,197(천원), 전국 농가부채는 26,730(천원)이다.

여전히 인류에게 중요한 농업은 식품과는 그 성격이 다르다. 농업은 단순히 식품을 사고파는 행위를 넘어 여러 측면에서 많은 가치를 가지고 있다. 예를 들어 식량 안보, 지속가능한 환경 구축, 날 생명에 대한 경외 등이 그것이다. 또한 식품 가공·유통·외식 등의 분야에서 많게는 약 7배의 산업 효과를 내는 중요한 분야이기도 하다. 한국의 식량자급률은 2010년 기준 26.9%로 OECD 국가 중 최하위를 기록했다. 2015년 한국 정부는 곡물자급률을 25%에서 30%로 높이려고 노력했으나 실패했다. 인간에게 중요한 분야인 농업, 그러나 정작 농사를 짓는 인구는 점점 감소하고 있다.

소비자가 필요로 하는 전체 물품을 안정적으로 공급하기 위해서는 전체 생산자의 협력 구조가 필요하다. 소비자도 생산자도 협력하고 상생하는 실질적이고 객관적인 구조를 만들어야 한다. 가공제조업체가 1차 농산물의 경제 효과를 인정하고 농민들이 가공제조업에 공동투자를 하는 관계가 형성되면 이들의 경제적인 협력은 튼튼해지고, 이 과정에서 가격안정기금의 조성과 더불어 농가 소득의 안정화를 위한 제반 활동이 힘을 얻게 될 것이다. 또한 가격안정기금을 통해 생산자의 소득 안정에 도움이 되면서 나타나는 현상은 농민 개개인의 고립된 투쟁에서 벗어나 협력과 연대를 통한 보다 안전한 관계망 형성이 가능하다는 것이다. 그 과정에서 협력과 연대에 대한 필요성을 인지하고 확산될 것이라는 기대 역시 가격안정기금정책을 추진하게 된 이유였다.

아이쿱은 2009년부터 생산비 보장 정책을 폐기하기 시작한다. 그 과정에서 기존 고정관념과 충돌하기도 했지만 생산비 보장 정책은 매우 기계적이고 단순한 개념이었기 때문에 더 이상 유지할 필요성이 없다고 판단했다. 신성식은[20] "가격에 영향을 미치는 변수는 많고 종류도 다양하다. 이를 계획으로 통제하려는 것은 너무 기계적이기 때문에 일종의 컨트롤타워를 세워 각각의 변수에 대응하면서 전체적인 흐름을 유리하게 만들어갈 필요가 있다"고 밝혔다.

과거의 생산비 보장 정책은 생산자 간 개별 경쟁 체제 안에서 생산자의 파트너인 소비자의 삶을 이해하려 하지 않았기 때문에 실제 성과에 있어 긍정적이지 못했다. 결국 가격을 산정할 때는 다양한 측면을 고려해야 한다는 결정을 내렸다. 가격안정기금과 출하장려금은 간접 소득의 보완장치로서 작용한다. 직접 소득은 생산물의 가격과 판매량 그리고 비용이 결정한다. 직접적인 장치가 계약 생산을 통한 생산량 조절이라면 가격안정기금은 보조장치다. 농업은 유기적으로 연결되어 있는 특성으로 지속 가능하려면 전체적인 계획과 조정이 필요하다. 아이쿱은 전체적인 계획과 조정을 위해 판매대행제 시스템을 구축하기 시작했다. 판매대행제는 생산자의 소득을 보장하는 것에 더해 협동조합의 사회적 책임을 수행하기 위한 도구로 추진되었다.

조합원-생산자-직원-경영진, 공평을 전제로 한 지속적인 소통

2010년 10월 신성식은 「생협의 가격 정책과 판매대행제」라는 제목의 글을 공유하면서 지속가능한 농업을 위한 생협의 역할을 공론화했다. 판매대행제를 실천하기 위한 결의는 2010년 3월 iCOOP생협생산자회(이하 생산자회) 정기총회에서 직거래 관계를 개선하고 새로운 변화

---

20 신성식, 「생협의 가격 정책과 판매대행제」, 『그룹경영회의 정책자료』, 2010. 8.

를 시도하기 위한 '특별결의문'을 채택하는 것으로 나타났다. 이후 2010년 6월 생산자회 이사회에서 정회원을 중심으로 전면 실행을 재차 결의하고 집행했다. 결과는 정회원의 62%인 83명과 준회원 7명으로 높지 않은 참여율이었다. 참여가 저조했던 것은 생산자뿐만 아니라 직원들의 판매대행제에 대한 인식과 이해 부족, 적극적인 관계 모색과 소통의 의지 부족, 직거래 방식으로 전환하는 것에 대한 인식 미흡 등의 이유였다.[21] 판매대행제를 전면 시행하기 위해서 상호 신뢰를 위한 적극적인 관계 형성과 생산자들의 이해를 돕기 위한 노력이 필요했다. 판매대행제는 생산자와 생협이 가격을 협의하는 방식에서 소비자가 원하는 가격을 기준으로 가격을 정하는 방식이기 때문이다. 판매대행제는 생산량 소비의 책임을 생협에 두고 가격 하락에 대한 대비책역시 생협이 가져야 한다. 이 정책이 실효성을 갖기 위해서는 상호 간의 신뢰가 전제되어야 했다. 생산비 보장과 관련된 정책 모두의 취지를 살리는 길은 실질 소득을 높이는 것을 목표로 협력과 상생의 체제를 구축하는 것뿐이다.

생산자의 안정적인 소득을 보장한다는 원칙은 시장보다 높은 가격으로 전량 판매하는 생산자 정책에서 엿볼 수 있다. 2010년 생산자 정책 설명회의 자료를 보면 "기본적으로 판매대행제는 매장 공급에 비해 적은 가정 공급 비용인 7%를 생산자에게 환원하는 일이다. 따라서 판매대행제는 생산자 회원에게 한정할 필요가 있다. 단순히 소비자와 생산자의 관계에 국한되는 것이 아닌 협동조합 생태계라는 공동체 구성원 간의 관계"라고 설명하고 있다. 현재 아이쿱은 시장의 변화와 조합원의 요구에 따라 변화되는 '탄력가격제' 그리고 사회적 목적과 정

---

21 『2011 생협연대 정기총회 자료집』, 62쪽.

책적 목표에 따른 '이중 곡가제' 그리고 경쟁력이 떨어지는 그룹에 대한 전체 그룹이 공동 대응을 해주는 방식인 '포인트제'를 실시하고 있다. 여기에 가격안정기금은 생산자 회원의 소득을 보장하여 지속가능한 생산 활동을 유지하기 위한 방안으로 추진되었다. 물품의 경쟁력을 높이고, 제조업체에 대해서는 원료를 안정적으로 공급하기 위한 판로를 제공하고 원활한 가격을 유지하여 지속적인 생산에 도움을 주어 판매대행제를 원활하게 수행하기 위한 역할로 작용한 기금이다. 가격안정기금은 2009년 제정된 이후 몇 차례의 개정을 거쳐 2017년 5차 개정이 완료된 상태이다.

2010년 한 해의 결과를 청과 품목에서 살펴보면 총 31개(채소 19개, 과일 12개) 생산지 200명의 생산자가 참여를 했고, 총 판매액은 50억 3,400만 원, 가격안정기금 적립액은 7,272만 5,312원이었다. 그리고 2017년 자료에 의하면 청과 부분의 판매대행제 현황은 총 57개(채소 17개, 과일 40개) 생산지가 참여하여 총 판매액은 242억 8,610만 4,000 원이었고 가격안정기금 적립액은 7,987만 8,612원이었다.[22]

조합원 자치와 더불어 생산자 자치 실현의 계기를 만든 수매선수금

아이쿱은 사업적인 효율성과 협동조합의 가치, 즉 사회적 가치를 균형 있게 추진·실행하고 있다. 언뜻 보면 사업 효율성과 협동조합 가치라는 모순적 개념이 상생할 수 있을지 의문이 드는 요소이지만 이를 구현하는 것이 협동조합의 존재 이유이기도 하다. 생협의 주체인 조합원과 그 동반자인 생산자의 권리와 권익을 보장하기 위해 시작한

---

22 『제19차 사업연합회 총회자료집』, 74~85쪽. 청과를 포함한 각 품목, 예를 들어 양곡 및 축산 등의 판매대행과 가격안정기금 현황 자료도 이 자료집에서 찾아볼 수 있다.

생산, 가격 정책과 수매선수금 제도는 협동조합 생태계를 조성하여 지속가능한 농업을 가능하게 한 경제적이자 사회적인 활동이었다. 소비자와 생산자가 각각의 위치에서 상생의 노력을 기울인 결과이다. 소비자의 상생 노력은 수매선수금 운동에 직접 참여하여 생산자를 지원하는 것으로부터 찾을 수 있다.

수매선수금 제도의 뿌리는 2001년으로 거슬러 올라간다. 당시 한국의 밀 자급률은 1% 이하로 밀 생산자는 존폐의 위기에 놓여 있었다. 밀뿐만 아니라 곡물자급률 자체가 OECD 국가 중 최하위권을 기록할 만큼 턱없이 낮은 상황으로 농업을 유지하는 것 자체가 굉장히 어려웠다. 이 위기로 아이쿱 역시 밀 관련 물품을 취급할 수 없는 지경에 이르게 된다. 이에 2001년 우리밀 수매자금 모금 운동을 시작한다. 이때 모금된 금액 1억 3,500만 원은 그대로 밀 수매자금으로 쓰여 밀 공급이 재개되었다. 이렇게 시작된 수매운동은 2006년 홍성의 쌀 적체 해소를 위한 운동으로 이어졌다. 8억 원을 목표로 추진한 모금은 9억 원의 기금이 조성되어 생산자에게 큰 도움이 되었다. 2009년에는 특별 증자운동을 펼치기도 했다. 조합비 조합원의 약 93%(45,069명)가 이 증자운동에 참여하여 수매자금 마련을 위해 13억 5,849만 원을 증자했다. 2010년과 2011년에는 수매기금을 출자하고 차입하는 운동과 수매자금을 위한 기금을 조성했다. 수매 기금은 물품이 안정적으로 공급되길 바라는 소비자와, 생산과 가격이 안정되길 바라는 생산자를 위한 것이다. 생협의 주체이자 동반자인 생산자를 위한 수매 기금은 한시적인 모금 운동을 넘어 보다 보편적이고 대중적인 방식의 운동으로 확산될 필요가 있었다. 그리하여 규칙적이고 지속적인 방안으로서 수매선수금 운동이 시작되었다. 수매선수금 운동은 조합원의 선택에 의해 연 2회 또는 매월 약정하는 방식으로 이루어진다. 매해 봄철 생산자에게는 생산을 위한 준비자금이 필요하고 가을에는 수확을 위한 자금이 필요하다. 과거에 특별 모금의 형태였던 수매선수금은 현재 정례화되어 원하는 조합원의 약정으로 선수금을 예치하고 있다.

> 햇빛, 공기, 물이 공짜이기에 분명 농사는 수지맞은 장사인데 봄이면 농협 대출금 상환에다 농기계 값, 농자재 값, 품삯, 애들 학비, 하우스 비닐도 교체해야 하는데 걱정입니다. (금성친환경 생산자 김병호)

> 출하 전까지 약 6개월 이상 준비 관리를 하는데 영농자금이 수천만 원 들어갑니다. 그래서 매년 농협이나 은행에서 대출을 받아 사용했습니다. (연리지농원 생산자 이일웅)[23]

생산자들의 이야기를 통해 생산을 가능하게 하는 것은 비용을 지원하는 것임을 확인할 수 있었다. 아이쿱은 수매선수금을 이용하여 계약의 10%를 생산자에게 선지급하고 가을철 수확기에도 수확에 필요한 비용 지원을 한다. 이 비용은 생산자가 다른 금융권에 대출을 하지 않고 생산에 전념할 수 있도록 돕는다. 소비자들 역시 "생협에서 구매할 농산물이 자본의 힘에 의해 사라진다면 참 슬프지 않겠어요?", "올해 텃밭을 가꾸다보니 생산자들의 고충을 실감했습니다. 생산자들이 안정적으로 생산을 할 수 있도록 도움을 준다면 신용카드를 써서 매달 받는 포인트보다 더 큰 혜택이 되리라 생각했습니다." 등 수

---

23 수매선수금 전단지(2012. 8. 13) 참조.

매선수금의 유용함을 생각하며 운동에 참여하고 있다.

단단해진 지역생협의 매장 사업
: 생협 대중화 운동

2006년 고양에서 우리 밀 소비를 위한 베이커리 매장을 연 이후 베이커리 외에 아이쿱의 물품을 취급하는 매장들이 2007년 이후 속속 문을 열었다. 지역조합이 조합원의 출자와 차입을 통해서 매장 설립 자본을 자체 조달했다. 매장을 통한 공급 사업이 시작된 것이다.

> 97년 생협연대가 출발할 때 기존에 있던 매장 사업과 지역생협이 직접 공급을 하던 방식을 폐기했다. 주요한 이유는 조합원 조직이 존재하지 않는 상황에서 매장 사업과 같이 에너지가 많이 투입되는 경제 사업을 계속할 경우 생협의 뿌리가 내리지 못할 것이라는 판단 때문이었다.[24]

이러한 판단은 근 10년 동안을 가정 공급 중심의 사업을 지속하게 했다. 매장 사업을 하지 않은 10년의 활동은 지역생협을 작지만 강하게 만들어주었다. 스스로 매장 사업을 해낼 수 있는 역량을 키운 상황에서 지역생협들은 매장 사업에 진입하여 성공할 수 있었다. 물론 매장 성공에는 지역조합 내부의 요인 외에도 환경적 요인이 크게 작용했다는 것을 부정할 수 없다. 2008년 9월의 멜라민 사태, 2008년 광우병 의심 미국산 소고기 수입 반대 운동, 2010년부터 2011년에 이르는 극심한 구제역 사태 등이 그것이다.

---

24 신성식, 『2012, 전국대표자회의 자료집』, 68쪽 참고.

1) 성공기(2007~2008년)

태동기로서 베이커리 사업을 중심으로 전개되었던 2006년 이후, 2007년부터의 매장 사업은 성공기라고 할 수 있다. 매장 사업의 본격적인 필요성은 2007년 9월 서울 세텍(SETEC)에서 자연드림 사업설명회를 개최하면서 발화되었고, 지방과 도시에 자연드림 매장 개설이 점차적으로 증가했다. 아이쿱은 2007년 2월 자연드림 베이커리에 대한 사업설명회를 개최하고 12월까지 자연드림 매장 12개를 열었다. 2008년은 활발한 매장 사업을 통해 조합원이 꾸준히 확대되고 매출이 상승하는 등 매장 사업이 가속화된 해로서 총 18개의 매장을 개설했다. 이 시기의 회원 생협들은 직접 경영을 함으로서 협동조합의 경제 사업에 대한 이해와 경영 능력을 높였고, 협동조합의 정체성에 한발 더 가까이 가는 계기가 되었다.[25]

2) 성장과 확대기(2009~2013년)

2009년은 매장 사업의 정착기에 접어드는데 그해에만 자연드림 매장 28개 점이 개설되었다. 2010년은 확대기라 칭해도 될 만큼의 성장을 하게 되면서 1월에 생협스토어로 명칭을 변경했다. 2010년 이후 가정 공급액은 계속해서 감소하는 추이를 보이고 있었지만, 매장 공급액은 전체 공급액의 증가세를 상회했다. 지역조합의 이사회는 매장 경영의 안정을 위해서 많은 노력을 기울였다. 그 결과 조합원 규모가 크게 증가했다. 이전과는 다른 조합원들의 유입이 일어났고 임원의 세대교체라는 새로운 환경이 조성되었다.

2011년부터 매장을 지역사회의 커뮤니티 공간으로 만들어내는 변

---

25 정원각 전 협동조합연구소 대표 인터뷰(2017. 10. 18.)

화를 볼 수 있다. 매장을 개설할 때 카페나 휴식 공간도 확보했던 것인데, 이는 매장 사업을 수익 사업의 의미 외에도 조합원과의 소통 창구로서도 의미를 두었기 때문이다. 한편 식품 안전 지역사회를 만드는 데 중요한 역할을 할 것으로 인정받았으며, 나아가 지역사회 경제를 살리고 기여할 것이라는 가능성 역시 기대되는 방향이었다. 2011년 새로운 방식의 사업을 통해 32개의 매장을 개설한 아이쿱은 2012년 (주)쿱스토어로 명칭을 변경하면서 110개 점을 개설하는 매장 사업의 확대기를 맞았다. 매장별로 새로운 소비 수요를 월 평균 약 1억 원 정도씩 창출한 것은 친환경농산물을 이용하는 소비 규모를 빠르게 확장시키는 역할을 했다.

3) 정체기(2014~2017년)

2014년은 매장 총 성장률이 다소 낮아졌다. 전반적인 경기불황 여파가 (주)쿱스토어(직영매장)와 자연드림 매장에 미쳤다고 평가되었다.[26] 2015년은 수도권을 중심으로 개설 입지 확보 등의 어려움이 있었다. 이에 iCOOP생협 (주)쿱스토어는 지역별로 다른 입지 분석이 필요하다고 판단, 이를 반영하기 위해 1, 2층 복층 구조 등의 새로운 입지 모델을 개발하는 등[27] 혁신의 노력을 기울였다. 2016년 (주)쿱스토어의 중점적인 사업 방향은 매장 사업을 통해 자연드림 브랜드에 대한 인지도를 향상시키고 매장 운영 시스템을 개선하는 것이었다. 부진 매장의 경영 안정화를 도모하고 협업을 통해 매장의 실질적인 주인 세우기를 내세웠다. 2016년 매장 사업은 전년 대비 5.4% 성장으로 역대 가장 저조한 성장률을 기록했다. 매장 사업을 좀 더 효율적으로

---

26 『제9차 (주)쿱스토어 주주총회』, 2015.
27 『제18차 사업연합회 총회자료집』, 2016. 2, 121~130쪽.

운영하기 위해 필요한 권역공동사업법인으로 전환하면서 매장 개설[28] 역시 전년 105개에서 47개로 감소했다.

2017년에도 정체기가 계속되면서 매장 사업의 새로운 돌파구를 마련하고 있다. 부진한 매장을 비롯한 모든 자연드림 매장[29]은 장기적인 경기침체 속에서 지속가능하기 위해 협동조합의 정체성을 재확인하고 매장의 콘셉트와 구조에 변화를 주는 등의 방법을 모색 중이다.

공인된 신뢰 확보
: 인증센터

아이쿱은 2007년 11월에 (주)한국친환경유기인증센터 법인을 설립했다. 유통인증센터 설립에 대한 고민은 아이쿱으로 유통되는 상품에 대한 하자나 물품의 부실 또는 신뢰를 깨뜨리는 외부 농산물 혼입 등의 사고를 겪으면서 시작되었다. 당시 불투명하고 일괄적이지 못했던 인증 기준에 대한 고민도 있었다. 필요와 고민이 컸던 만큼 설립 이전, 조직의 형태를 비영리 사단법인으로 할 것인지 공익법인으로 할 것인지에 대한 결정부터 쉽지 않았다. 인증센터의 특성상 객관성과 공정성이 유지되어야 하는 한편, 인증 사업을 유지하기 위해서 사업 초기에 일정한 고정자산과 시스템 구축비용이 투입되어야 했기 때문이다. 아이쿱은 우선 의사결정 기구를 세우고 유통인증센터의 업무 영역과 재원 마련 방안에 대해 논의하며 구체적인 계획을 실행하기 시작했다. 인증이란 공인된 신뢰를 의미하는 것이지만 신뢰는 검사와 관리만으로는 한계가 있는 것도 사실이다. 생산 준비 과정에서부터 이를 관리하

---

28 『제19차 사업연합회 총회자료집』, 2017. 2, 122~129쪽.
29 자연드림의 매장 형태는 4종 멀티매장과 3종 멀티매장, 2종 복합매장, 그리고 판매장, 베이커리 매장의 단일매장으로 구성되어있다. 4종 멀티매장에는 베이커리, 판매장, 정육, 카페, 수산에 관련한 상품과 인력이 배치되어있다. 3종 멀티매장에는 베이커리, 판매장, 정육으로 2종 복합매장에는 베이커리와 판매장으로 구성되어 있다.

는 단체의 신뢰까지 인증하는 방식이 필요했다.[30]

아이쿱은 2004년 2월 생협연대 정기총회에서 유통 인증에 대한 사업 계획을 확정하고, 2005년 2월 인증 시스템을 시범적으로 실시했다. 이후 4월에 준비위원회를 발족하고 5월에는 27개의 회원단체와 창립총회를 개최하며 유통인증센터를 출범했다.

유통인증협회는 생산자의 협조 없이는 작동되기 어려웠다. 2006년 2월부터 우리영농조합법인 총회에서 생산자를 대상으로 시작한 설명회는 전국을 돌면서 이어졌다. 인증센터는 1차 생산물 중 주곡과 채소 등의 품목에 인증 시스템을 적용한 데 이어, 5월 축산물 유통 인증 준비를 위해 팜스토리한국냉장과 씨알생명축산의 가공 현장을 시찰하고 축산정책 토론회를 개최했다. 이 후 친환경인증기관 설립준비위를 설치하고 아산에 있는 유기축산 현장을 견학하며 축산 가공[31]에 대한 인증도 본격화하기 시작했다. 아이쿱은 신뢰할 만하고 확실한 인증을 위한 방안을 고민하고 논의했으며 여러 층위, 즉 조합원·생산자·경영자 회의를 거쳐 2007년 군포에 (주)한국친환경유기인증센터 법인을 설립하고 사무실을 개소했다. 2008년 2월 (주)한국친환경유기인증센터가 친환경농산물 민간인증기관 40호로 지정된 이후, 8월에는 고민의 발단이 되었던 "친환경농축산물 혼입을 방지하는 관리 방법"에 관한 특허를 취득했다. 2011년, 유기생산의 중요한 요건인 토양에 대한 연구를 시작했으며, 같은 해 5월에는 영국을 방문하여 영국 토양협회[32]를 견학하고 학습하기도 했다.

---

30 정찬율 전 iCOOP인증센터 사무국장 인터뷰(2017. 11. 5.)

31 2008. 8. "친환경 농축산물 혼입방지 관리방법" 특허 등록(제851180호)하고 동시에 조폐공사에 의뢰하여 '위변조 방지 기능 인증스티커'를 제작했다.

iCOOP인증센터 조직도

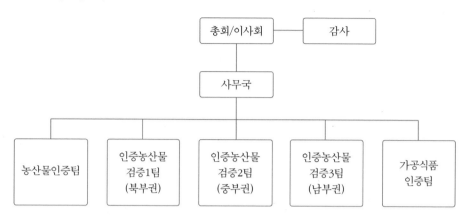

(주)한국친환경유기인증센터 조직도

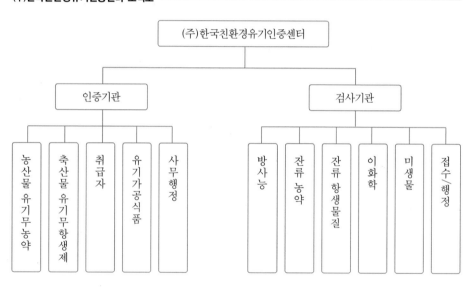

32 영국토양학회(협회)는 1946년 설립되었다. 유기농은 '농작물을 생산해 내는 과정과 그 생산물과 관련된 모든 것들', 농업과 환경과 음식이라는 원칙으로 유기농인증을 하는 인증기관이다. 특히 설립 멤버인 이브 발포어는 토양과 식물 그리고 동물의 건강과 주변 환경들과 연계된 실험을 통해 토양의 중요성에 대해 강조한다. (자료 출처: http://blog.naver.com/diaandgold/130183534297, 2017. 10. 24. 검색) 영국토양학회의 방문은 선진 시스템을 견학하고 한국에 적용하기 위함이었다. (정찬율 인터뷰)

기존의 구조적 한계를 뛰어넘는 새로운 도약, 독자인증

2011년 8월 친환경유기식품유통인증협회는 'iCOOP인증센터'로 명칭을 변경했다. (주)한국친환경유기인증센터는 '2011년 우수 인증기관'으로 선정되면서 인증에 대한 자신감을 얻게 되었고, 2011년 '독자인증'에 대한 공청회를 개최한다. 독자인증은 기술 개발과 생산자 협력, 조합원의 인식이 모두 중요[33]하기 때문에 기준위원회와 심의위원회를 구성하여 다양한 층위에서 이를 공유하고 독자인증에 대한 확고한 결의를 다지게 되었다. 아이쿱의 인증 관련 조직은 '친환경유기식품유통인증협회(iCOOP인증센터)'와 '(주)한국친환경유기인증센터' 두 개의 기관이 있다. 여기서 iCOOP인증센터는 모조직(母組織)이고, 이 조직이 출자해서 주식회사를 만든 자조직(子組織)이 (주)한국친환경유기인증센터였다. 이 (주)한국친환경유기인증센터가 국가가 인정하는 친환경인증기관의 역할을 하고, 친환경유기식품유통인증협회는 아이쿱 검증 A 마크에 대한 독자인증을 강화하는 역할을 했다.

2012년 iCOOP인증센터의 재정 상태는 적자였다. 회원 생협[34]의 몇몇 대표들이 인증센터 운영을 지속하는 것에 대해 우려를 표하기도 했지만, 당시 인증센터의 사무국장과 대부분의 조합원, 경영자들은 유통 인증에 대한 확고한 신념이 있었다. 아이쿱은 주식회사가 아닌 협동조합이고, 협동조합은 "이익이 아닌 조합원의 필요에 의해" 운영되는 조직이라는 공유된 가치가 있었기 때문이다.[35]

선포식을 열고 독자인증을 시작한 2013년 7월, 아이쿱에 납품을 했던 자미원의 육계가공업체에서 혼입사고가 발생했다. 생산자가 신

---

33 『2013 인증센터 제8차 정기총회자료집』, 22쪽.
34 2011년에 iCOOP인증센터에 가입한 회원생협은 58개였고 2012년에는 4개 조합이 정회원으로 가입하여 62개가 되었으며 준회원포함 73개 단체로 증가하였다. (2013. 3. 총회자료집)
35 『2013 인증센터 제8차 정기총회자료집』, 16쪽.

뢰를 깨고 사적 이익을 취하려고 했던 사건이지만 한편 이를 통해 닭을 취급하는 데 취약할 수밖에 없는 인증 시스템을 재점검하는 계기가 되었다. 그해 12월 조직을 개편하게 되는데, 이때 '사고예방팀'을 신설하여 사고 예방에 적극적으로 힘쓰게 된다. 2013년에는 아이쿱의 방사능 관리 기준도 설정한다. 사실 아이쿱 내부에서는 수산 품목뿐만 아니라 토양이나 공기를 통한 방사능 오염 문제가 끊임없이 제기되었다. 인증센터는 방사능 관리 기준을 설정한 다음, 2014년 2월부터 방사능 자체 검사를 실시했다.

2014년 독자인증의 명칭을 '소비자독자인증'으로 변경한 아이쿱은[36] 2015년 6월 소비자독자인증 홍보단을 발족했다. 2015년과 2016년에 걸쳐 여러 어려움을 겪고 그에 대한 대안을 공고화하는 시간을 거친 이후 소비자와 생산자의 역할이 커진 인증센터는 제3자 인증이면서 법적 인증의 한계와 생산자의 이해관계를 벗어난 소비자인증을 강화했다. 2016년에는 "세계 유기농업 동향과 아이쿱인증", "아이쿱인증의 차별성"이라는 주제로 포럼을 개최했고, (주)한국친환경유기인증센터는 한미동등성 인정 우수 평가와 식품검사센터 방사능 공인검사기관으로 지정되기도 했다. 현재 아이쿱의 모든 품목은 두 개의 인증기관으로부터 인증 절차를 거친 후 소비자에게 공급되고 있다.

협동조합 생태계 구축을 위한 협력과 상생의 모델, 자연드림파크[37]

아이쿱생협은 물품에 대한 신뢰가 전제 조건이 되었을 때 조합원과 생산자 간 원활한 소통이 된다고 생각했다. 원활한 소통은 신뢰에 근

---

36 2014년 7월 영국 환경식품농림부로부터 아이쿱 식품검사센터는 2014년 국제분석능력관리 우수기관으로 평가되었다. (제12차 iCOOP인증센터 정기총회, 2017)

간하여 이루어지는 방식이어야만 한다. 몇 차례의 혼입 사건으로 신뢰의 위기에 직면한 아이쿱은 자연드림파크의 조성을 추진한다. 자연드림파크 조성은 내부의 협동조합 생태계 관련 학술회의를 조직하고, 국·내외 관련 지역을 탐방 조사하며 단계적으로 구체화되었다. 2017년 9월 1일에 있었던 좌담회에서 더불어식품 사건 당시를 회고하며 신성식은 "더불어식품 사건이 나고 나서 근본적인 신뢰의 위기 문제를 어떻게 풀 것인가를 고민했고 인증 시스템을 만들었고, 그다음에 클러스터를 만들 수밖에 없었다"라고 말한 바 있다.[38]

현재 일반 소비자의 유기농 식품에 대한 믿음과 국내산 생산 품목에 대한 신뢰는 무너진 지 오래다. 통계 분석 자료의 수치 외에도 여러 다양한 미디어 매체나 지면에서 유기농 생산물에서 농약이 검출되었다는 기사는 심심치 않게 보도되고 있다. 2017년 달걀에서 발암물질이 검출된 사건이 발생했을 때 한 친환경농가의 유정란에서도 살충제DDT가 검출되었다는 소식 역시 소비자의 입장에서는 같은 맥락, 즉 '친환경식품도 다르지 않다'라는 의미로 다가오기에 충분했다. 아이쿱생협 역시 식품 안전 측면에서 조합원과 생산자 사이에 불신이 발생했다. 초기부터 '신뢰 구축'이라는 슬로건으로 노력해왔던 아이쿱은 소극적인 방식의 상호 감시에는 한계가 있다고 진단했다. 따라서 양자간 또는 다자간 신뢰를 회복하고 과거와 동일한 사고를 방지하기 위해 독자적인 인증과 가공 시설의 일원화에 대한 필요성이 높아졌다. 사실 조합원의 안전한 먹을거리를 위한 목적뿐 아니라 정직하게 일하는 생산자의 농업과 산업을 지속가능하게 하기 위한 목적, 더 나아가 클러스터 조성 지역의 발전과 다음세대가 살 만한 깨끗한 환

37 자연드림파크 초기에 클러스터라는 명칭이었는데 현재는 공식적으로 자연드림파크라 칭한다. 클러스터란 산업집적지로 초기 클러스터라고 네이밍한 이유는 문자 그대로 여러 공방이 모여 있고 식품개발연구소가 운용되고 있었기 때문이다. 자연드림파크라는 네임은 조합원과 그곳을 찾는 사람들에게 친근하고 편안한 이미지를 구축하기 위해 아이쿱이 만들어낸 용어이다.
38 신효진, 「아이쿱생협 20년 경영좌담회 녹취록」, 2017.9.1.

경을 물려주기 위한 목적은 생협이 추구하는 가치 측면에서도 중요했다.

조합원의 안전과 생산자의 안정

아이쿱은 괴산과 구례, 두 지역에 자연드림파크[39]를 조성했다. 자연드림파크에 기업들이 입주한 것은 2012년부터였고, 일반 소비자들의 방문이 시작된 것은 2013년부터였다. 2013년부터 생산자회의 주요 품목별 생산 기반도 순차적으로 구축되어 생산·제조·유통에 이르는 전 과정이 정비되었고, 브랜드파워가 높아져 독자적인 자체 물품 개발이 용이해졌다.

아이쿱은 농민의 소득이 안정적으로 보장될 수 있도록 하는 근본적인 방안을 고심해왔기에 무엇보다 생산자 농민의 소득 보장을 원칙으로 삼았다. 클러스터를 조성하게 되면 이 원칙을 지킬 수 있었다. 왜냐하면 농민들이 자연드림파크를 통해 가공과 유통 단계에서 발생하는 소득의 일부를 확보할 수 있기 때문이다. 생산자들이 필요로 하는 것을 대행해주고 이익을 함께 나누는 구조를 마련한 것이다.

아이쿱은 2012년 1차로 일본을 방문하고 시찰한 후 그린투어리즘(green tourism)[40]의 발전적 모델을 확립했다. 이것은 '생산과 소비의 선순환 구조를 확립'하는 것과 '물품을 생산하는 과정에서 중복되는 투자를 막고 물류비를 절감해서 원료의 유실률을 감소'시키는 것, 소비를 확대하고 조합원과 생산자 간 필요한 것을 취하는 기대 효과를 낳았다. 아이쿱은 2008년 위원회를 출범한 후 지역에 있는 회원 생협별

---

39 아이쿱생협은 초기에 클러스터라는 용어를 사용하였으나 현재는 공식적으로 '자연드림파크'라는 용어를 사용하고 있다. 이 글에서는 편의 상 두 용어를 혼용한다. (예 : 괴산자연드림파크, 구례자연드림파크)

40 그린투어리즘은 자연드림파크를 "연간 수십만 명의 '소비자가 찾아오는 식품단지'로 조성하여 체험과 주변 자연경관을 하나의 테마"로 만드는 계획이다. (『2012년 정기총회자료집』, 240쪽)

로 설명회를 열었다. 설명회에는 41개 회원 생협에서 493명이 참가했고 12월까지 모인 클러스터 차입 기금 총 3,000구좌 중 1,157구좌가 모두 조합원들이 약정한 기금으로, 참여한 조합원 수는 896명이었다. 차입과 동시에 서울 명동 YWCA 강당에 약 120여 명이 모여 워크숍을 진행했다. 이때 출범한 추진위원회는 클러스터 단지를 구체화하는 역할을 했다.

2010년 6월 괴산 군민에게 자연드림파크를 홍보하기 위해 괴산 군민 걷기대회를 열고 지역 주민들에게 설명회를 개최했다. 이 과정을 통해 지역민들과 소통하고 친환경유기식품 클러스터에 대해 알렸으며, 자연드림파크에 대한 긍정적인 이미지를 구축하고 지역의 새로운 조합원을 유인했다. 2011년 2월 지역전략식품산업 육성사업 최종심의[41]에서 괴산유기식품산업단지를 승인받아 5월에 기공식을 마친 후, 2014년 11월 괴산자연드림파크 2단지 음료·도정공방[42]을 준공했다. 그러나 괴산클러스터단지는 시설 부분에서 괴산군과의 합의가 늦어지게 되면서 2014년 4월 구례자연드림파크가 먼저 개장하게 되었다. 괴산은 2011년 진행 도중 위기를 맞기도 했으나, 2012년과 2013년 말까지 괴산클러스터단지 내 기반시설을 구축했다. 2014년부터 본격적으로 공방을 가동했고 개발연구소와 물류센터가 입주한 이후 2015년에 괴산유기식품산업단지를 중심으로 세계유기농박람회가 개최되었다. 2015년부터 2017년까지 진행된 주택분양 설명회에서는 조합원에게 공동주택과 단독주택, 단지 내 문화 및 편의시설에 대한 구체적인 모델을 제공했다. 2016년 5월 괴산클러스터단지를 중심으로 충청북도 도지사와 업무협약을 체결하여 충청북도와 괴산클

---

41 iCOOP생협 괴산클러스터는 2012년 지역전략식품산업육성사업에서 모든 심의를 통과하고 3년간 총 50억을 농림부로부터 지원받게 되었다.

42 아이쿱생협은 클러스터 내의 업체나 식품을 생산하는 장소를 공장이 아닌 '공방'으로 부른다.

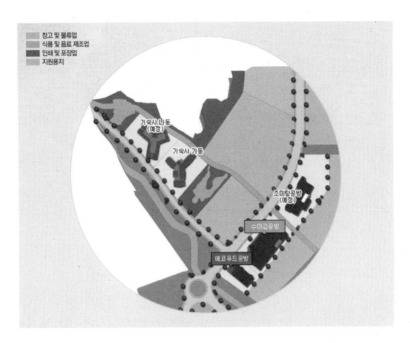

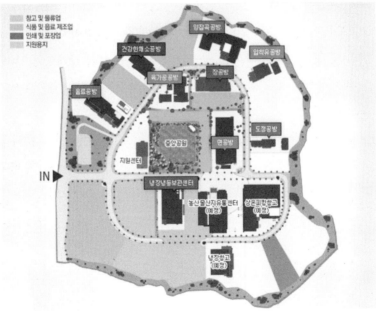

괴산자연드림파크 안내도

구례자연드림파크 안내도

러스터가 함께 충북 지역의 농산물 구매를 촉진하는 데 서로 협력하기로 약속했다. 구례자연드림파크는 호남권의 물류 거점을 확보하고, 2012년 상반기 라면공방 등을 가동하기 시작하여 단지 내에 조합원 및 일반인이 숙박할 수 있는 공간을 마련했다. 구례클러스터에도 역시 주택단지를 건축했는데 2015년부터 조합원들이 입주하여 거주하고 있다.

괴산과 구례 클러스터는 여전히 진행 중이다. 주식회사와 달리 협동과 자치라는 협동조합의 중요한 가치 철학은 속도를 천천히 하되 '지속적으로 함께'라는 인식이 크기에 더욱 의미가 있어 보인다.

4. 지역사회에 기여하다

우리 농업을 살리는 윤리적 소비 운동

아이쿱은 설립 이후부터 꾸준히 우리 농업에 대해 관심을 갖고 농업 발전을 위해 무엇인가 할 수 있기를 희망하고 있다. 그것이 전체 한국 사회를 더 나은 사회로 전진시킬 것이라는 확신 때문이다. 2005년 10월 아이쿱은 '우리쌀 지키기 우리밀 살리기 소비자 1만인 대회'를 개최했다. 국회에서 쌀 수입 협상 비준 여부가 논란이 되고 있던 중이었다. WTO협상 결과가 국회 비준을 얻어 값싼 수입 쌀이 국내에 유통된다면 농민들은 생존의 위기에 몰리게 되고, 식량 주권이 상실될 것이며, 식품 안전에 문제가 생긴다는 것을 소비자에게 알리기 위해서 경실련 등 28개 소비자 단체와 함께 대회를 연 것이었다.[43] 또한 2006년 5월에는 '수입쌀 반대 우리쌀 살리기 대국민 캠페인'을 개최했고, 2007년 4월 지구의 날에는 '우리밀은 살리고 우리쌀은 지키자'라는 주제로 대국민 홍보 활동을 진행했다. 각종 FTA 체결과 쌀 시장 개방 등으로 농업에 악영향을 미치는 많은 문제가 나타난 2014년에는 농업 문제 해결을 위한 연대 활동에 지역조합들이 활발하게 결합했다. 2014년 11월에는 우리 농업 지키기 100만 소비자 서약 운동에도 적극적으로 참여해서, '식량 주권과 먹거리 안전'이 농업과 농민의 문제만이 아니라 소비자의 삶과 직결되는 문제임을 알리기 위해 애썼다.

'우리 쌀을 지키자'는 캠페인보다 '우리밀을 살리자'는 캠페인이 시기적으로 앞서 벌어졌다. 2003년에는 우리밀 생산에 필요한 수매자

---

43 염찬희, 「iCOOP생협 10년의 역사와 활동」, iCOOP생협연대, 『협동, 생활의 윤리』, 2008, 95쪽 참조.

금을 조합원이 나서서 모았다. 한편, 우리밀 소비와 생산을 격려하기 위해 우리밀 주생산지인 순천시와 함께 우리밀 축제를 열었다. 우리밀을 살린다는 것은 한국의 식량자급률을 높이는 일환인 동시에, 우리밀 농사를 통해서 이산화탄소를 줄이고 산소를 배출하는 등의 환경 및 공익적인 가치가 있는 의미 깊은 운동이라는 것에 조합원들은 동의했다. 우리밀 축제는 2014년 세월호 참사가 발생하기 전까지 매년 계속되었다.

소비자의 알권리 보장

2015년 2월 4일 전국대표자회의에서 '2015 우리농업지키기 소비자 10만인대회' 추진 결의문 채택을 승인하게 된다.[44] 이후 10만인대회 조직위원회 출범 기자회견도 했지만, 4월에 무기한 연기를 결정하게 된다. 빠듯한 '10만인대회' 일정으로 조직에 어려움을 겪고 있던 상황에서 이전부터 간혹 제기되던 '우리농업지키기' 의제가 아이쿱의 의제로 적합한지에 대한 질문이 부상했다. '10만인대회' 추진단의 3월 회의에서 오랜 시간 갑론을박 끝에 '10만인대회'는 연기하고 '조합원 의제'로 전환하기로 결론을 내린다. 권역회의에서 토론을 통해 합의를 이끌어냈고, 2015년 4월 29일 2차 전국대표자회의에서도 토론을 거쳤다. 그리고 마침내 소비자의 알권리 증진을 위한 '예외 없는 식품완전표시제 캠페인'을 10월에 열기로 결정했다.

이러한 의제 전환은 아이쿱이 '우리농업지키기'를 활동 관심의 밖으로 밀어내

44 2015년 1차 전국대표자회의 폐회 선언 후 연합회 활동국 국장 및 팀장, 팀원들이 무대에 올라 '우리 윤소맘' 노래가사를 '소비자 10만인대회'로 개사하여 준비한 노래를 합창하며 본회의를 마무리 하기도 했다.

는 것이 아니다. 소비자의 알권리를 증진시키자는 운동은 우리 농업, 특히 친환경농업을 살리는 결과를 가져올 것이라는 생각도 있었다. (오귀복 iCOOP 활동연합회 활동국장)[45]

'예외 없는 식품완전표시제 캠페인'은 소비자로서 알권리에 대한 보장을 사회에 제안하는 것이었다. 식품완전표시제 제안은 기존의 식품표시제를 개선해야 한다는 주장인 동시에, 그러한 주장은 식품 안전을 보장받기 위한 것이며, 동시에 소비자의 알권리를 보장받는 일이라는 것을 알리려는 활동이었다. 아이쿱의 물품이 시중 물품과 어떠한 차이와 차별성을 갖는지 알고 조합원의 아이쿱 물품에 대한 신뢰를 더욱 높이는 효과도 얻을 수 있었다.

2016년 소비자 알권리 증진 운동은 GMO완전표시제에 초점을 맞췄다. 기존 GMO 표시제의 한계를 드러내고, 제도 개선을 위한 캠페인에 집중했다. 식품의약품안전처(이하 식약처)가 내놓은 개정고시안이 GMO에 대해 소비자들의 알권리를 침해할 뿐만 아니라 GMO 원료 사용을 부추길 우려가 높다는 점을 토론회를 통해 시민사회에 알렸다. 원료를 기준으로 한 표시 강화, 비의도적 혼입치 인정을 통한 Non-GMO 표시가 가능하도록 언론이나 시민단체 등과 연대하여 입법 개정 운동을 진행했다. 1만 건이 넘는 개정고시안 반대 의견서를 모아서 제출하고 국회 내에서 공감대를 형성하여 식약처의 고시 확정을 연기시키고,[46] 17만 명이 넘는 입법 청원 서명을 받아 10월 31일 보건복지위에 전달하는 등의 성과를 냈다. 2015년 '예외 없는 식품완전표시제 캠페인'에 이어 2016년 10월에는 'GMO완전표시제 캠페인'을

---

45 2017. 11. 6. 인터뷰.
46 그러나 식약처는 2017년 2월 개정고시안을 시행했다.

열었다. 또한 시민·사회단체와 연대하여 GMO 표시를 강화하는 입법안을 국회에 발의했다.

지역 식품안전생활시스템 구축

2008년에는 조합원이 크게 증가했다. 전년 대비 156%로 증가했는데, 2007년부터 한국 사회를 불안에 떨게 한 광우병 위험 미국산 소고기 수입 문제와 함께 2008년에 발생한 멜라민 사고, 생쥐머리 혼입 새우깡 등의 식품 안전 관련 사고가 많이 발생했던 것, 그리고 매장 사업이 본격화된 것 등을 조합원 증가의 주요한 요인으로 꼽는다. 2008년은 2007년부터 한국인을 불안에 떨게 한 광우병 위험 미국산 소고기 이슈를 필두로 해서 각종 식품 관련 사고가 터지면서 사회적으로 식품 안전 의식이 고조되던 해였던 것이다.

아이쿱은 2006년부터 광우병 위험 미국산 소고기 수입을 반대하는 국민감시단에 적극 참여했다. 2007년 6월 6월 미국산 광우병 위험 소고기 소비자 감시단 발족, 2008년 3월 광우병 위험 미국산 소고기를 반대하는 '소비자 일만 가족 선언', 9월 iCOOP-여성민우회생협 한우 '광우병 전수검사' 서울대학교 수의과대학 협약식, 12월 국내산 소 광우병 전수검사 법제화를 위한 국회청원 제출 등의 활동을 보여주었다. 또 지역사회의 식품 안전 수준을 높이기 위해서는 활동 못지않게 교육이 중요하다고 판단했다. 이는 2007년 6월에 시작된 식품안전지도사 과정 교육이 2008년 10월까지 두 차례 더 이어져서 2년에 세 차례의 교육을 행하고, 그 이후에는 매년 1회씩 양성 교육 과정을 고정한 데서 알 수 있다. 2012년에 7기 식품안전지도사들이 배출되는데, 농수산식품부는 연합회가 7년 동안 해온 식품안전지도사 양성 과정을 평가하여 연합회를 식생활교육 민간인증기관으로 지정했다. 2013년에는 식품안전지도사에서 식생활교육지도사로 이름을 바꾸고 수도권, 영남권, 호남권의 권역을 나누어 총 115명의 8기 식생활교육지도사를 배출한다. 이전에 30~40명 정도였던 지도사 배출이 세 배 이상 급증한 이유는 한 곳에서 연 1회 실시하던 식생활교육지도사 양성 과정이 세 곳으로 확장되었기 때문이다. 이러한 교육 역량 덕분에 지역

조합별 단위로 별도의 인증기관을 신청할 수 있게 되었다.

지역사회에서 식품 안전과 관련한 교육 요청이 점차 많아지면서 의뢰하는 기관들에서 교육 자격을 요청하기 시작했다. 이에 따라 아이쿱에서는 식생활을 교육할 수 있는 역량을 갖춘 조합이 식생활교육기관으로 지정받도록 유도했으며, 거기에서도 식생활교육지도사를 양성하게 되었다. 2014년에는 농림축산식품부로부터 2013년에 식생활교육기관으로 지정받은 푸른바다, 인천, 율목, 대구, 빛고을식생활교육센터, 남원 등 6개 조합과 연합회에서 식생활교육지도사를 양성하는 교육을 각각 맡았고, 배출한 지도사는 총 207명이었다.

2013년부터 아이쿱은 '식품 안전'을 '식생활'로 범위를 확장한다. 아이쿱의 운동을 물품이라는 제한에서 벗어나 식생활이라는 생활의 차원으로 확대한 것이다. 아이쿱은 소비자와 조합원의 먹을거리가 단순히 식품 안전만이 아니라 기본적인 권리로 인정받아야만 대중적인 운동으로 펼쳐나갈 수 있다고 믿었고, 그렇게 될 수 있기를 희망했지만 아직은 쉽지 않은 과제로 남아 있다.[47]

2015년이 되면 연합회 차원에서 식생활지도사를 새롭게 양성하는 대신 기존 지도사를 '식생활 활동가'로 부르면서 심화 교육을 제공하는 변화를 꾀한다. 보다 큰 그림을 본격적으로 실현하고자 한 것이다. 식생활 운동의 방향을 다시 정비하는 워크숍을 진행하고, '식생활 실천 활동'에 있어서 전문성을 갖춘 식생활 활동가를 양성하는 작업을 시작했다.

2008년 아이쿱의 사업 기조 중 하나는 '식품안전생활시스템을 실현하기 위해서 회원조합 자체 사업을 지원하고 확대하는 것'이었다. 식품안전지수 평가 활동을 전개하면서 동시에 식품안전교육지도사를 양성했고, 어린이집과 초·중등학교를 대상으로 식품안전교육을 실시했으며, 식품안전기본법 제정 운동에 적극 가담하고, 학교급식을 친환경농산물로 그리고 위탁에서 직영으로 바꾸어내는 등의 급식운동을 꾸준하고도 열성적으로 해오면서 지역사회의 식품 안전을 확보하려 했다.

2007년부터 지역사회의 식품 안전의 수준을 지수로 평가하는 식품안전지수 평가 활동을 시작했다. 구체적으로는 시중 식가공품에 대해 모니터를 진행했으며, 2009년도 식품안전지수 평가 결과를 발표한 이후 매년 발표회를 열었다. 이 결과는 마을모임에 교육 자료로 제공되었는데, 2010년에 물품심의선정권이 연합회에서 지역조합으로 이

---

47 아이쿱의 식생활운동이 교육을 넘어 사회적으로 식생활의 문제에 대한 의식을 높이는 운동으로 확대되기를 기대했지만 그에는 미치지 못했다는 2014년 전국대표자회의 보고에서 드러난 평가가 말해준다. (『2014년 전국대표자회의 자료집』, 117쪽)

관되면서 평가 자료가 조합이 물품심의를 하는 과정에서 유용한 판단 기준을 제공할 수 있게 하려고 노력했다. 식품안전지수평가단은 2011년 60개 식품에 대한 식품안전지수 평가를 해냈고, 지역의 식품안전지수를 높이겠다는 궁극적인 활동 목표를 가지고 열심히 활동을 조직했다. 이후 2012년 연합회의 식품안전운동위원회(2008년까지의 이름은 식품안전교육팀)로 통합되었다.

친환경 무상급식 제도화 연대 활동

2010년 6·2 지방선거에서 무상급식이 정치 공약으로 떠올랐다. 그동안 친환경 급식 운동을 벌여왔던 아이쿱은 전국적으로 친환경 무상급식이 이루어지도록 힘을 보탰다. 2010년 4월에는 친환경 무상급식 iCOOP생협 운동본부를 발족했는데, 지역조합 실천단에 총 795명이 참여하는 높은 지지율을 보였다. 이후 시민단체들과 연대하여 친환경 무상급식을 위한 서명 운동을 벌여 총 30만 명 이상의 서명을 거두었고, 이중 아이쿱 조합원이 10%에 이르는 3만 명 이상의 서명을 했다.

지방선거 결과 경기도에서 무상급식이 시작되면서 아이쿱은 2011년을 친환경 무상급식의 원년으로 선포했다. 이후에도 무상급식, 의무급식, 친환경 급식이 이루어지도록 지역조합들이 더욱 적극적으로 조합원을 조직해내어 활동을 벌였는데, 그것이 가능했던 이유는 조합원들이 친환경 무상급식 운동을 윤리적 소비 운동의 일환으로 이해했기 때문이다.[48] 아이쿱이 2004년부터 전국 학교급식법 개정과 조례 제정을 위한 국민운동본부와 연대하여 학교 급식법 개정과 조례 제정을

---

48 2010년에 아이쿱은 윤리적 소비운동의 7대 중점 과제로 물품 포장용기 재사용 활성화, 우리밀 대중화 및 소비 확산을 통한 밀 자급률 제고, 친환경 무상급식 추진, 공정무역 생산지 개발협력 사업 추진, 사회적 약자와의 연대, 조합원 생활실천운동 전개, 지역사회 기여 활동 활성화로 정하여 공표했다.

위해 힘쓰고, 학교급식 감시, 친환경농산물 사용 제안 활동 등을 해왔던 것은 윤리적 소비 운동을 정체성으로 천명하기 이전부터 실천을 했던 사례들로 꼽을 수 있다.

윤리적 소비로 윤리적 생산과 윤리적 노동 견인

윤리적 소비는 개인의 소비 차원에 머무르지 않고, 윤리적 생산의 기반을 강화하는 동시에 윤리적 노동을 요구한다. 이는 공정무역에서 가장 분명하게 드러난다. 아이쿱은 2009년 윤리적 소비 선언을 통해 아이쿱의 소비는 불공정한 무역 구조와 부의 편중을 개선하여 공동 발전을 이루는 공정무역을 확산시키는 윤리적 소비 실천이라는 점을 강조했다. 2007년 12월부터 이미 동티모르에서 커피를 공정무역으로 수입해서 조합원에게 공급했고, 이어서 초콜릿, 마스코바도 설탕, 후추, 올리브유, 아몬드 등으로 물품을 확대해가고 있다.

2011년 12월에는 필리핀 파나이 섬에 마스코바도 설탕 공장이 완성되었다. 이는 그로부터 1년 전에 한국의 아이쿱생협 조합원, 생산자, 직원이 설탕 공장 건립을 위한 기금에 참여하여 1억 6,000여만 원을 모아 전달했기에 가능했던 일이다. 필리핀 농민 60~80여 명이 자립할 수 있는 시설이었기 때문에 사회적 약자에게 나눔을 실천한 일이었고 동시에 마스코바도 설탕을 안정적으로 공급받을 수 있는 산지를 확보한 일이기도 했다.

5. 공익(共益)을 넘어 공익(公益)으로

체계적인 나눔 사업

: 씨앗재단

아이쿱 조합원은 사회적 약자에 대한 나눔 활동을 의무이자 기쁨으로 생각한다. 나눔은 사회적 연대와 지역사회 기여라는 협동조합의 가치와 원칙을 실천하는 활동이다. 아이쿱의 지역조합들은 설립 이후 각자 다양한 방식으로 나눔을 실천하면서 지역사회에 기여해왔다.[49] 예를 들어 매장을 개설·운영하고 있는 지역생협 대부분은 푸드뱅크를 통해 매장에서 판매하고 남는 물품을 경제적으로 어려운 계층과 나누고 있다. 또 매장이 없는 지역생협들은 나눔위원회나 조합 사무국을 활동 주체로 삼아 조합 운영비의 1%를 덜어서 소외계층이나 장애인 복지시설, 공부방 등에 음식이나 필요 물품을 지원하기도 하고, 조합비를 할인해주거나 면제해주기도 하고, 조합원들이 직접 지역에 있는 공부방 등에 간식이나 반찬을 지원하기도 했다. 2008년 이후 경기불황 속에서도 아이쿱생협은 성장을 지속할 수 있었고, 그 성장의 과실을 조합원 공통의 이익을 위해서만 쓰는 데에 머물지 않았다. 아이쿱은 2009년 초부터 함께 사는 이웃과 나누는 사업 구상을 시작했고, 2010년 9월에 iCOOP행복나눔재단 창립 발기인 총회를 열었다.

iCOOP행복나눔재단은 체계를 갖춰 나눔을 실천하고 조합원을 비롯한 일반 시민 모두에게 나눔 운동의 모델이 되고자 설립되었다. 또한 도움을 필요로 하는 우리 사회 곳곳에 나눔의 손길이 닿을 수 있도

---

49 지역조합들이 각자 어떤 방식으로 지역사회에 기여했는지에 대해서는 아이쿱생협연구소 제14회 포럼 "생협은 지역사회를 위해 무엇을 할 것인가" 자료집을 참고하라. 아이쿱협동조합연구소 iCOOP아카이브(http://iCOOParchive.org)에서 검색 가능.

록 하고, 자발적이고 능동적인 운동과 사업들을 통해 사회 구성원 모두가 조화롭게 협력하며 상생할 수 있는 공동체 건설을 목표로 했다. iCOOP행복나눔재단은 2010년 12월에 공익법인으로 승인을 받았고, 재단의 법인격으로 본격적인 활동을 시작한 것은 2011년 10월 씨앗재단으로 이름을 바꾸면서였다.

설립된 이후 해를 거듭할수록 기부자와 기부액이 증가했다. 조합원과 시민들의 나눔을 위한 기부가 이어지면서 2011년부터 의료생협들과 함께 의료 보호와 보험의 혜택을 받지 못하는 이주노동자와 내국인에게 치료비를 지원하고, 낙후지역 학생들에게 장학금을 지원하고, 취약계층에게 생활비를 지원했다. 또 윤리적 소비 운동 분야 시민단체, 신규 협동조합, 협동조합과 사회적경제 분야 연구 등에도 지원을 했다. 씨앗재단은 시간이 지남에 따라 아이쿱이 추구하는 사회적 가치를 담은 사업 내용들로 점차 체계화되었다.

2013년 봄, 유기농 우유 생산지인 데미샘우유에서 전염병에 걸린 소가 발견되어 관계 당국의 살처분 명령이 내려지는 일이 발생했다. 이때 생산자를 다만 물건을 공급해주는 대상이 아니라 파트너로 이해하는 소비자조합원의 행동을 보여주자는 움직임이 일었다. 아이쿱 활동가들은 젖소를 새로 들이는 입식 비용 모금 운동을 조직했고, 씨앗재단이 중심이 되어 데미샘우유를 돕는 특별모금을 진행했다. 그 결과 9,140명의 조합원이 참여하여 4,600여만 원이 쌓였는데, 이는 씨앗재단에서 진행한 것 중 가장 많은 조합원이 참여한 모금 운동이라는 기록으로 남았다. 이처럼 생산자와 소비자 조합원이 함께 어려움을 나누고 해결 방안을 찾아가는 과정은 협동조합이 무엇인지를 새삼 인식하게 했고, 아이쿱생협의 식품 안전 기준을 피부로 느끼게 하는 기회가 되었다. 더 나아가 환경을 배려하는 윤리적 소비의 의미를 학습하고, 가축전염병 관리와 처리 방식의 전반적인 문제를 검토하는 활동을 만들어낸 좋은 사례로 남았다.

2012년에는 정신대대책협의회와 연대한 '위안부' 할머니를 돕기 위한 나비기금을 씨앗재단 기금으로 지원하기도 했으며, 그 외에도 세월호 유가족 돕기 모금이나 태풍 피해 지역을 지원하기 위한 모금 등을 성공적으로 진행했다. 2014년 12월에는 지역사회 활성화를 위해 구례에 산부인과를 재개하도록 지원했는데, 이는 지역사회에 기여하는 협동조합의 모범 활동으로 꼽힌다. 이러한 아이쿱의 활동들은 협동조합 조합원의 따뜻한 사회적 연대를 보여주는 동시에 아이쿱 조합원들에게도 조합원으로서의 자부심을 갖게 하는 하나의 계기이기도 했다.

교육 지원과 출판 연구 사업의 공익성

아이쿱이 조합원 공통의 이익을 넘어서 사회의 이익, 즉 공익(公益)을 추구해오고 있다는 사실은 다양한 활동을 통해 알 수 있다. 예를 들면 교육 사업이나 출판 사업, 연구 사업도 빠뜨릴 수 없는 공익 활동이다. 협동조합에 대한 전문지식을 갖춘 인력을 양성하기 위해서 2010년에는 성공회대학교에 학비 지원을 하여 협동조합 교육과정을 개설하도록 했다. 이어서 한신대학교와 한양대학교에도 협동조합 연구자를 키워내기 위한 장학금 지원을 하고 있다.

2010년 창간한 『생협평론』은 협동조합을 둘러싼 다양한 사회, 경제, 문화적 이슈를 담아 전달하는 계간지로 협동조합에 대한 담론을 사회적으로 활성화시키기 위해 노력하고 있다. 『생협평론』 발간은 수익을 내기 위한 출판 사업이 아니다. 협동조합을 포함한 사회적경제에 대해 보다 전문적인 지식을 모으고 사회에 전파하는 역할을 하기 위해서다. 아이쿱협동조합연구소는 아이쿱생협의 정책에 대한 연구를 중요하게 수행하고 있지만, 다른 한편으로는 협동조합 전반을 대상으로 협동조합에 대한 지식과 정보의 사회적 수준을 향상시키는 데 일조하고 있다.

만 시간의 법칙 더하기
또 만 시간!
그렇게 꾸준히 한길을 걸어간
협동의 힘 아이쿱.
우리 모두의 눈물겨운
20년이라는 시간!

박지연(동작서초아이쿱생협(준) 조합원)

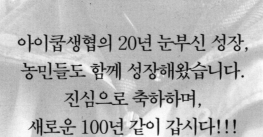

아이쿱생협의 20년 눈부신 성장,
농민들도 함께 성장해왔습니다.
진심으로 축하하며,
새로운 100년 같이 갑시다!!!

유재흠(우리밀 생산자, 국산밀산업협회 이사)

iCOOP
아이쿱생협
20
1997
2017

2부

함께하는 미래를 위한 활동

아이쿱생협 사회 활동 20년

허준기

1. 아이쿱생협의 10년 그리고 이후 10년

다시, 10년이다. 아이쿱생협이 시작된 지 올해로 20년이 되었고, 2007년 이후 2017년까지 아이쿱이 어떻게 살아왔는지 지난 10년의 역사를 다시금 돌아봐야 할 시기가 된 것이다. 아이쿱생협의 운동은 어떻게 진행되어왔으며 아이쿱생협이 만들어온 역사가 한국 사회에 어떤 변화를 주었는지 확인해볼 시간이다. 지난 10년 동안 아이쿱은 한국 사회를 어떻게 만들어왔는가, 그리고 한국 사회에 어떤 의미를 주었는가.

아이쿱생협은 단순히 더 안전한 농식품을 구매하기 위한 곳이 아니다. 먹거리의 안전을 다루고, 유통 과정에서 생산자와 소비자가 어떻게 해야 서로 만족할 수 있는지 고민하여 이를 운동적 차원으로 확산하는 곳이다. 그뿐만 아니라 사회 변화에 중점을 둔 사회적 운동을 지속적으로 실천하는 곳이기도 하다. 물론 주요 운동과 사업은 먹거리에 집중하고 있지만, 아이쿱생협을 단지 안전한 먹거리를 공유하는 사람들의 모임으로 한정한다면 자칫 정직하고 따뜻한 슈퍼마켓 정도로 오해될 수 있다.

아이쿱생협은 더 나은 가치를 실현할 수 있는 공동체를 만들고자 한다. 공동체의 안전과 사회적 가치를 확장시킬 수 있도록 고민하고, 그 과정에서 조합원들의 정치적·사회적 욕구를 충족시키고자 한다. 이처럼 아이쿱생협이 추구해온 가치는 운동을 통해 지난 20년간 한국 사회의 먹거리, 생활, 정치 부문에 지대한 영향을 미쳤다.

초기 10년간 아이쿱생협 운동은 어떤 사회적 의미가 있는가

아이쿱생협의 사회적 활동이 어떻게 진행되었고 어떤 의미를 지니고 있는지 살펴보기 위해서 우선, 1997년부터 2007년까지의 역사를 간략히 돌아보고 2008년부터 2017년까지의 역사를 구체적으로 다루고자 한다.

20년이라는 긴 시간 동안 아이쿱생협이 만들어온 활동을 간략히 정의하자면 '먹거리 안전과 소비자 권리를 위한 시민운동'이었다. 하지만 역사를 긴 호흡으로 바라볼 때 지적되는 문제점은 역사적 흐름의 다양성과 변곡점이 가려진 채 커다란 흐름만이 포착되어 내부에 존재했던 치밀한 역동성이 사라질 수 있다는 점이다. 아이쿱생협의 활동이 먹거리 안전과 소비자 권리 증진의 역사라고 할지라도 그 안에서 다양하게 전개되어왔던 운동의 양상을 드러내고 이를 통해 좀 더 심층적으로 역사를 기억할 때 깊이 있는 성찰 또한 가능하다. 이 때문에 최근의 10년을 중심으로 살펴보면서 이전의 10년과는 어떻게 달랐으며, 앞으로는 어떻게 해야 할지 고민을 담아내고자 했다.

아이쿱생협의 초기 10년에 대해서는 『협동, 생활의 윤리 : 아이쿱생협 10년사』에서 김찬호가 쓴 「iCOOP생협 10년의 사회문화적 의미」라는 글을 참고했다. 김찬호의 글은 아이쿱생협이 어떻게 출발했으며, 이후 10년 동안 어떤 활동을 했는지 자세히 짚어보고 있다.

1997년부터 2007년까지 역사를 살펴보면, 아이쿱생협은 IMF 경제위기 속에서 시작된다. 강도 높게 진행된 구조조정과 경기침체 속에서 공동체가 붕괴되었고 한국 사회의 사회안전망이 얼마나 허술한지 드러났다. 이는 복지의 필요성을 부각시켰으며 복지제도의 발전을 상당히 이루기도 했다. 하지만 대량 실업의 발생과 가족 해체 등의 사회적 위기를 감당하기에는 턱없이 부족한 수준이었다. 사람들은 대안적 삶을 고민하기 시작했고 대안적 경제공동체의 한 갈래로 아이쿱생협을 시도하게 되었다.

아이쿱생협은 기존의 시민·사회운동과는 다른 성격을 지녔다. 기존의 운동이 노동과 통일 등 거대담론을 중심에 두고 있다면, 아이쿱생협 운동은 미시적으로 접근하여 현재의 경제질서를 어떻게 공정하게 만들 것인가, 피폐해진 생활양식을 어떻게 변화시킬 것인가에 집중했다. 운동의 방식에서도 비판과 책임규명에 그치지 않고 안전한 식품 보급 등을 시도하면서 대안적 경제질서를 구축하고자 했다. 아이쿱생협이 참여한 사회운동 중에 FTA 반대운동이나 일본군 '위안부' 문제 해결 운동 등 국가적 차원의 의제도 있지만, 거대한 단위의 운동을 생활 속 운동이라는 방식으로 풀어냄으로써 기존 운동과의 접근 방식을 달리하는 특징을 보였다.

이러한 아이쿱생협의 지향은 마을공동체 복원에서부터 사회적 투쟁인 FTA 반대운동으로까지 이어졌다. 아이쿱생협의 특징이라고 할 수 있는 마을모임을 통해 신규 조합원들을 맞이하며 친밀성을 높여갔다. 마을모임에서는 사교적 활동뿐만 아니라, 생협 활동과 사회적 의제에 대한 교육 등도 진행되었다. 이를 통해 조합원들은 단순히 먹거리를 공동구매하는 사이가 아니라 시민으로서 조직되고, 적극적 사회 참여로까지 이어지게 되었다. 마을모임을 통한 지역 조직의 활성화는 국가적 차원으로는 포착하기 힘든 생활 측면의 문제점을 부각시켜줬고, 문제를 이슈화하고 해결의 과정으로 나아가는 풀뿌리 조직으로 역할을 수행했다. 특히 이 과정에서 조합원들은 자신의 문제와 정치적·사회적 요구를 연결 지으면서 생협운동에 결합하게 되었으며, 조합원으로서 자아존중감도 드높이는 계기가 되었다.

아이쿱생협의 운동은 마을모임을 통한 풀뿌리 조직 차원뿐만 아니라, 국가적 차원의 사회적 운동으로도 활발히 전개되었다. FTA, 미국산 소고기 수입 국면에서 반대운동에 적극 참여했으며, 먹거리 안전과 유통에 집중하는 공동체이기 때문에 한국의 농업 문제도 핵심적 과제로 다루면서 활동을 했다.

이러한 활동들은 단순히 아이쿱생협의 특정 활동가들을 중심으로 이루어지지 않았으며, 각 지역의 조합원에게까지 의견을 구하고 하나로 모으면서 함께 만들어가고자 했다. 이처럼 조합원을 중심에 두는

의견 수렴 과정은 조합원들의 자아존중감을 높였고, 특히 여성 조합
원들의 만족감을 높이게 되었다. 아이쿱생협의 여성 조합원들에 대한
특성을 살펴보면 전업주부들이 60.2%의 비율을 차지하고 있다. 전업
주부들은 누구의 아내, 누구의 엄마로만 불리다가 생협 활동을 통해
자신만의 활동을 하게 되었고, 남편과 자식과의 관계 속에서만 불리
는 존재가 아니라 시민의 일원으로 존재하면서 자아존중감을 높이게
된 것이다.

이는 자신에게 변화를 주는 것뿐만 아니라, 가족과 이웃까지도 변
화하게 만들었다. 내 가족에게만 매몰되는 것을 강요받아왔고 때로
는 그것에 동조하며 살아왔지만, 삶의 가치에 대해서 고민하게 됨으
로써 이웃과 지역 공동체까지 시선을 확장하게 되었다. 국가적 경제위
기 속에서 시작된 아이쿱생협의 운동은 조합원 개인과, 지역사회, 국
가적 차원으로까지 변화의 움직임을 만들어왔다.

〈표1〉 iCOOP생협 조합원의 직업군 현황						
직업	매장 조합원		온라인 조합원		전체 응답 조합원	
	빈도	%	빈도	%	빈도	%
전업주부	834	62.7	148	49.3	982	60.2
공무원/교사/군인	125	9.4	50	16.7	175	10.7
전문직	96	7.2	35	11.7	131	8.0
사무/관리직	78	5.9	40	13.3	118	7.2
자영업	73	5.5	7	2.3	80	4.9
프리랜서	68	5.1	7	2.3	75	4.6
판매/서비스직	27	2.0	6	2.0	33	2.0
비영리단체 활동가	12	0.9	2	0.7	14	0.9

출처 : (재)아이쿱협동조합연구소, 『2015년 아이쿱생협 조합원의 소비생활과 의식에 관한 조사』, 2015.

이처럼 김찬호가 짚어낸 초기 10년 동안 아이쿱생협이 만들어온 사회적 활동은 경제위기 속에서 대안경제의 추구와 사회 해체의 위기에서 나타난 공동체 복원의 움직임, 여성 조합원의 활동 강화로 정의되고 있다. 아이쿱생협의 운동이 여성 조합원과 가족, 지역에 어떠한 변화를 주었는지에 주목했으며, 아이쿱생협의 자생적 토대 구축을 위한 움직임이 한국 사회에 미친 영향에 대해서 문화적 측면으로 바라보았다.

이후 아이쿱생협의 사회적 활동은 더욱 다양해지고, 적극적으로 변했다. 공동체 복원이라는 문화적 측면의 변화에 그치지 않고, 안전한 먹거리와 공정한 경제질서, 사회정의의 실현이라는 가치를 만들어내기 위해서 제도적 변화, 사회 구조적 변화에 중점을 둔 활동을 강화했다. 따라서 이 글은 2008년부터 2017년까지를 다루면서 아이쿱생협이 어떤 운동을 시도해 나갔으며, 어떤 의제를 제시했는지 보고자 한다. 시대적 변화 속에서 아이쿱생협이 시도한 사회운동의 목적과 그 방식은 어떠했는가.

최근 10년의 아이쿱생협 운동을 어떻게 볼 것인가

2007년 이후, 다시 10년의 시간이 흘러오면서 전 사회적으로 먹거리에 대한 불신과 안전의 위기는 더욱 증폭되었다. 먹거리 안전의 위기는 두 가지 측면에서 지속되었다.

첫째는, 유통되고 있는 식품 자체가 인체에 해로운 영향을 미친다는 측면이다. 식품 제조 과정에서 위해한 식품이 버젓이 유통되었다는 뉴스는 놀라운 일이 아닐 정도로 익숙하다. 어떤 음식이 몸에 좋다는 건강 정보 프로그램은 더욱 늘어나고 있지만, 그와 함께 계속되는 농약 검출, 발암물질 발생 등 함량 미달의 식품 유통도 함께 늘어나고 있다. 이는 소비자들에게 식품이 어떤 성분으로 구성되어 있고, 제조 과정이 어떠한지를 공부하게끔 만들고 있다. 뿐만 아니라 후쿠시마 원전 사고는 어떤 음식이 자신에게 해로운지 더욱 신경 쓰이도록 만들었다. 방사능에 영향을 받은 농수산물에 대한 우려는 GMO식품에 대한 우려와 함께 또다시 먹거리 안전의 위기를 체감하게 해주었다.

둘째는, 먹거리 유통 과정에서 발생하는 사건·사고가 자신의 삶에 제대로 된 음식을 제때 공급해주지 못한다는 측면이다. 김장철이 될 때마다 뉴스로 나오는 '○○파동'이나, 자연재해, 동물 질병, 국가 간 외교적 문제가 발생할 때마다 특정 농식품의 가격이 급등하는 모습은 가계 경제에 상당한 영향을 준다. 먹거리의 공급이 늘 안정적으로 일정하게 유지될 수 있도록 하는 것 또한 먹거리 안전 측면에 해당된다고 볼 때 이러한 면도 더욱 위협받고 있는 것이다.

먹거리 자체의 안전성이나 먹거리 공급 과정에서의 안전성은 계속해서 부각되고 있으며, 그 대안을 찾기 위한 노력도 지속되고 있다. 사람들은 신뢰할 수 있는 안전한 먹거리를 적정한 가격으로 꾸준히 찾을 수 있는 시스템을 고민하고 있다. 그 속에서 아이쿱생협의 필요성 또한 높아지고 있으며, 아이쿱생협이 지속하고 있는 먹거리 안전에 관한 운동 또한 현재의 시대적 맥락과 조응해온 것이다.

1997년 IMF 경제위기와 함께 대안경제가 논의되어왔지만, 2008년 세계 금융위기와 지속되는 고용불안은 대안경제의 필요성을 더욱 증폭시켰다. 이는 제도정치의 차원에서도 반영되어 결실이 나타나고 있다. 2012년에 제정된 '협동조합기본법', 박원순 서울시장을 중심으로 각 지자체에서 협동조합, 사회적기업 등 대안경제에 대한 지원을 늘려나가는 점에서 발견할 수 있다. 공유라는 가치를 어떻게 시장에서 강화해나갈지 다양한 실험들이 시도되고 있는 와중에 아이쿱생협 또한 오랫동안 대안경제의 한 축으로 자리를 잡아오고 있다. 일상생활을 바꿔내기 위한 운동을 계속해서 하고 있으며 생활경제의 대안을 만들어내기 위한 시도를 지속하고 있다.

먹거리 안전의 위기와 대안경제 실험이 계속되고 있는 사회적 맥락 속에서 진행되어온 아이쿱생협의 사회운동을 크게 두 가지 차원에서 다루어보고자 한다. 첫째, 전 사회적 의제이지만 기존의 운동이 받아들이고 풀어내는 방식과는 다르게 접근한 운동에 대한 사례이다. 생활을 위협하는 부문에서 발생한 사회운동에 참여한 사례로서 FTA 반대운동과 미국산 소고기 수입 반대운동을 다룬다. 또한 사회운동을 생활적 차원에서 접근하며 연대한 방식을 보여준 일본군 '위안부' 문제 해결 운동도 주요 사례로 보고자 한다.

둘째, 이미 진행되고 있던 기존의 운동에 참여한 사례가 아니라, 아이쿱생협이 기획한 운동을 다루고자 한다. 식품과 먹거리 안전에 대한 운동으로 GMO식품 반대운동, 윤리적 소비 실천운동을 주요 사례로 본다. 또한 생활을 바꿔내고자 시도한 활동으로 민영화 반대 공동행동과 각 지역에서 다양하게 시도된 삶을 바꿔내기 위한 활동을 다룬다. 아이쿱생협이 시도한 활동은 매우 다양했지만, 앞서 말한 두 축을 기준으로 활동연합회의 활동 중에서 주요 사례를 선정했다. 활동연합회의 다른 활동이나 여러 지역생협의 운동이 결코 작거나 의미 없기 때문에 생략하는 것은 아니다. 다만 주된 사업으로서 지속되어온 정도를 살펴보기에 적합하거나, 아이쿱생협의 전체 차원에서 시도된 운동을 보기에 적합한 사례를 선정하다보니 다른 사례를 전부 다룰 수 없었던 점은 여전히 아쉽다.

아이쿱생협이 최근 10년 동안 어떤 사회운동의 역사를 만들어왔는지 살펴볼 때 주로 참고한 자료는 각 년도마다 만들어진 아이쿱연합회 총회 자료집이다. 아이쿱연합회는 매년 총회를 진행해오면서 당해 어떤 활동을 수행할지 발표하고 이전 해에 진행된 활동을 평가한 내용을 담아 자료집으로 만들어왔다. 이는 아이쿱생협의 활동을 파악하기 가장 적합한 자료라고 할 수 있다. 더불어 자료집에는 포함되어 있지 않은 참여자의 시각을 담아내고자 아이쿱생협의 조합원을 대상으로 인터뷰도 진행했다.

아이쿱생협의 활동을 살펴보면서 견지하고자 하는 기준을 '생활정치'에 두고자 한다. 생활정치의 차원으로 볼 때 아이쿱생협이 최근 10년 동안 어떤 사회운동을 펼쳐왔는지 살펴보도록 하겠다. 아이쿱생협이 지난 10년간 결합하고 기획했던 사회운동은 생활세계에 천착하여 생활운동을 더욱 심화하고 발굴하는 방향으로 나타나고 있다. 아이쿱생협의 운동은 생활정치의 성격을 지니고 있으며 이미 상당히 진행되어오고 있다. '생활정치'라는 이름으로 사업을 해야만 생활정치라고 정의내릴 수 있는 것이 아니다. 여성, 환경 등의 다양한 의제를 지역주민이나 시민단체가 중심이 되어 참여를 통해 수행하고 참가자는 자아실현으로까지 이어지는 것을 생활정치라고 본다면, 아이쿱생협

〈표2〉 정치 패러다임의 비교

패러다임 항목	국가권력정치 패러다임	생활정치 패러다임
행위자	정부, 정당, 주요 계급 이익단체	시민단체, 지역주민, 유연자발 집단 등 다양한 생활 및 운동의 주체
이념 및 가치	냉전이념, 지역주의, 성장주의, 안정 지향성, 권력 지향의 가치	자아실현과 자기확장 지향의 공존, 공생의 가치, 정체성 지향의 가치
이슈	경제성장, 분배, 군사 안보, 사회 통제	환경, 평화, 여성, 인권 등
운동정치	민주화운동, 정치경제 개혁운동	생활정치운동 (환경, 평화, 여성, 인권운동 등)
공공성	국가공공성	생활공공성, 시민사회의 다층적 공공성, 시장 공공성
민주적 정치 과정	거시민주주의, 대의민주주의	미시민주주의, 참여민주주의, 숙의민주주의
복지정치	분배적 복지	성찰적 복지, 자아실현적 복지

출처 : 조대엽, 「생활정치 패러다임과 공공성의 재구성」, 『현상과인식』, 2014 겨울호, 131~155쪽.

의 운동은 생활정치 그 자체라고 볼 수 있다.

생활정치가 과연 무엇이고, 이를 기준으로 아이쿱생협의 사회운동을 본다는 것은 어떠한 의미인지 파악하기 위해서 〈표2〉를 주목할 필요가 있다. 〈표2〉에서는 행위자, 이념, 방식 등을 기준으로 생활정치가 기존의 국가권력정치와는 다른 특징을 지니고 있음을 보여주고 있다. 여기서 주의해야 할 점은 생활정치가 국가권력정치보다 더 우위에 있다는 오해이다. 국가권력정치와 생활정치는 서로 행위자와 의제, 다루는 방식 등에서 좀 더 방점을 두는 지점이 다를 뿐이며, 서로 간에 우위를 논하기보다는 영향을 주는 상호작용의 관계로 보고 함께 다룰 때 사회변화 또한 이루어질 수 있다. 아이쿱생협의 운동을 생활정치의 차원으로 본다는 것도 국가권력정치와 생활정치가 상호 작용하는 관계에 유념해서 진행하고자 한다. 아이쿱생협의 운동이 행위자와 접근 방식, 다루는 의제에서 생활정치의 요소가 더 강하게 드러나는 특성을 지니고 있음을 보여줄 것이다. 그러면서도 아이쿱생협의 운동이 미시적이고 지역적 차원에만 국한되는 것이 아니라 사회적 경제를 발전시키려는 제도적 차원의 노력 또한 함께 진행하면서 한국 사회 전반에도 영향을 미치고 있음을 말하고자 한다. 아이쿱생협의 운동은 제도정치와 생활정치를 나누지 않고 함께 접근하는 모습을 보이고 있는 것이다.

2. 아이쿱생협은 어떤 활동을 했는가

<표3> iCOOP생협의 사회적 활동 연혁

2008년
—3월 : 광우병 위험 미국산 소고기를 반대하는 '소비자 일만 가족 선언'
—5월 : 광우병 위험 미국산 소고기 재협상 촉구 청와대 1인 시위
—6월 : 광우병 재협상 촉구 4만 엄마들의 6.10 선언!
—9월 : iCOOP-여성민우회생협 한우 '광우병 전수검사' 서울대 수의과대학과
　　　　협약식

소비자-생산자 전수조사 협약식(민우회 생협과 공동)
멜라민 파동 관련 기자회견(생협 단체 공동 주최)
—12월 : 국내산 소 광우병 전수검사 법제화를 위한 국회청원 제출

2009년
—3월 : 일본군 '위안부' 문제 해결을 위한 제855차 수요시위 참여
—5월 : '세계 공정무역의 날 한국 페스티벌' 개최
—6월 : iCOOP생협 여성 생활정치 강좌 개최
　　　 iCOOP생협 〈나의 마음은 지지 않았다〉 공동 상영
—7월 : 공정무역 협약식 및 윤리적 소비 선언식 개최
　　　 일본군 '위안부' 문제 해결을 위한 제876차 수요시위 참여
—11월 : 워킹 페어트레이드 개최 - 공정거래추진위원회
—12월 : 한국정신대문제협의회 '강덕경상' 수상

2010년
—2월 : 일본군 '위안부' 문제 해결을 위한 전체 지역조합 서명운동
—4월 : 친환경 무상급식 iCOOP생협 운동본부 발족
—8월 : 지리산 케이블카 설치 반대 서명 및 신문 광고 기금 모으기 운동
—10월 : 필리핀 파나이 지역 공정무역 마스코바도 공장 건립 조합원·생산자·
　　　　직원 모금운동

2011년
—1월 : GMO 유출 관련 대응 방안 논의 토론회
—3월 : 친환경 무상급식 원년 선포식
　　　 '힘내라! 일본' 모금 캠페인
—5월 : 세계 공정무역의 날 한국 페스티벌
—7월 : 정대협 평화비 건립을 위한 iCOOP생협의 모금 활동
—8월 : 제982차 정기 수요시위 주관

2012년
—5월 : 수요시위(제1020차) 주관
　　　 세계 공정무역의 날 한국 페스티벌
—9월 : 2012 윤리적 소비 공모전 시상식
—11월 : 수요시위(제1049차) 주관
　　　　협동조합사회적경제연대회의 출범식

2013년

—6월 : 방사능 관련 공청회

—9월 : 2013 윤리적 소비 공모전 시상식

　　　 시민사회포럼 및 한국NGO학회와 '윤리적 소비'를 주제로 한

　　　 공동 학술 포럼

—11월 : 곰팡이 독소 관련 물품 취급 기준 공청회

2014년

—7월 : 2014 서울 사회적경제 한마당 (청계광장)

—11월 : 우리 농업 지키기 100만 소비자 서약운동 출범식

2015년

—4월 : 2015년 제2차 전국대표자회의–'예외 없는 식품완전표시제' 토론

—8월 : '예외 없는 식품완전표시제' 열린 토론

—10월 : '예외 없는 식품완전표시제' 전국 축제

—11월 : '예외 없는 식품완전표시제' 캠페인 전국 평가회

2016년

—3월 : 제1222차 아이쿱 주관 일본군 '위안부' 문제 해결을 위한 수요시위

—4월 : GMO 법령 개정안 토론회

—10월 : 제1251차 아이쿱 주관 일본군 '위안부' 문제 해결을 위한 수요시위

—11월 : '예외 없는 식품완전표시제' 캠페인 전국 평가회

2017년

—1월 : GMO표시 식약청 개정 고시안 반대 기자회견

—5월 : GMO완전표시제 촉구 기자회견

—6월 : PD수첩 GMO라면 보도에 대한 성명서 발표

—9월 : 경기도공정무역컨퍼런스

—11월 : 국제농업박람회 '소비자 만남의 날'

—12월 : 씨앗재단과 함께하는 로힝야족 난민 지원 사업

자료 : 각 년도 연합회 총회 자료집을 통해 재구성.

아이쿱생협이 활동한 사회운동의 역사를 '생활정치'의 기준으로 살펴보기에 앞서, 10년의 흐름을 파악하기 위해서 핵심적 운동의 연혁을 살펴보고자 했다. 아이쿱생협이 어떤 사회적 활동을 했는지 10년간의 역사를 살펴보면 대략적으로 다음과 같은 특징이 있다. 광우병 소고기, GMO, 방사능, 친환경 무상급식, 식품완전표시제 등 먹거리 안전에 관한 사회적 문제에 적극적으로 참여했다. 미국산 소고기 수입 반대운동 등 전국적으로 격렬했던 저항에 함께 동참하기도 했으며, 아이쿱생협이 주도적으로 기획하여 GMO식품 반대운동을 진행하기도 했다. 먹거리 안전뿐만 아니라, 소비에 대한 기존의 체계를 보다 대안적으로 모색하려는 차원에서 공정무역, 윤리적 소비 등을 주제로 다양한 활동을 진행하기도 했다. 위의 연혁에서 자세히 다루지 않았지만 공정무역에 관한 활동 등에서 아이쿱생협이 국제 협력을 상당히 강화하고 있는 것도 특징으로 나타났다. 아이쿱생협 사회운동의 또 다른 특징으로 먹거리에 관한 운동뿐만 아니라 일본군 '위안부' 문제 해결과 지리산 케이블카 반대와 같은 운동에도 동참한 점을 들 수 있다. 이는 여성 인권과, 환경에 대한 가치도 추구하는 모습을 보인 것이며, 더 나은 공동체를 만들기 위한 활동에도 적극적이었다는 특징을 볼 수 있다.

연혁을 살펴보면 아이쿱생협의 사회운동이 기존의 운동과는 다른 또 하나의 특징을 확인할 수 있다. 기존 운동이 소수의 활동가를 중심으로 물리적 힘을 응집하는 특징을 지니고 있다면, 아이쿱생협의 운동은 문화·학술적 특징을 더 강하게 내포하고 있다. 축제, 학술대회, 캠페인 등을 통해서 아이쿱생협이 추구하고 지켜내려는 가치를 알리는 활동에 집중했고, 이를 조합원에 대한 교육에서부터 시작하여 조합원이 참여하여 운동을 하게끔 함으로써 모두의 운동으로 만들어가기 위한 노력으로 볼 수 있다.

이처럼 아이쿱생협의 사회운동은 먹거리, 환경, 여성 등의 의제에 대해서 시민들이 다양한 방식으로 참여를 하면서 진행되어왔다는 특징을 보이며, 생활정치의 차원으로 나타나고 있다. 또한 식품완전표시제 등 제도적 변화를 추구하며 국가권력정치와의 연계도 지속해오고 있다.

3. 아이쿱생협이 참여한 사회운동

FTA 반대운동

아이쿱생협이 참여한 사회운동 중 대표적 사례는 FTA 반대운동이라고 할 수 있다. 특히 한미FTA 반대운동은 2000년대 중반부터 이어져왔지만, 아이쿱생협 초기 10년의 역사에서 후반기에 부각되어, 이후 10년의 역사 초반까지 이어져왔기 때문에 이번 글에서도 다루고자 한다.

아이쿱생협에서는 2007년 1월부터 한미FTA 소비자대책위 기자회견을 시작으로 위생과 농업 분야는 국가 간 거래의 용도로 사용될 수 없는 분야임을 강조했다. 아이쿱생협이 한미FTA 반대운동에서 주로 내걸었던 주장은 우리 농업을 지키자는 것과, 미국산 소고기 수입 등의 단초가 될 수 있는 협정이기 때문에 식품의 안전성이 위협받을 수 있다는 점이었다. 한미FTA는 다양한 산업 분야와 영역에서 적용되는 협정이었는데, 아이쿱생협은 소비자운동의 관점으로 접근하여 주로 먹거리 안전 문제와 농민 생산자의 생존권 문제를 다루었다.

아래의 〈표4〉에서 아이쿱생협이 참여한 한미FTA 반대운동의 주요 활동을 살펴보면 수도권 지역 이외에도 다양한 곳의 조합원들이 거리 캠페인 시도 등 조합원의 참여를 이끌어내고자 한 흔적이 보인다.

하지만 한미FTA 협상 타결이 가까워지면서 기존 사회단체와의 연대활동에 더 집중하게 되었고, 조합원 전체의 운동으로 확산시키지 못한 아쉬운 점도 보인다. 식품의 안전성 문제, 공공성 훼손의 문제 등을 제기하며 소비자운동으로서 활동을 만들어가고자 했지만 지역조합의 조합원들에게까지 한미FTA의 문제점에 대해서 알려내고 활동을 조직해내지 못했다.

우리 사회 전체가 FTA는 어려운 문제였잖아요. 현실적인 문제지만 복잡하고 전문적인 문제였고, 할 수 있는 일이 별로 없었던 것 같아요. 연대한다고 해서 해결될 문제가 아니고 농민 문제도 결합됐지만 그게 정책이나 연구파트에서 해결해야 될 전문 파트가 되어버렸잖아요. 마음은 절실했지만 FTA 반대 서명 같은 것 말고는 현실적으로 할 일이 크게 없는 운동이었다고 할까요. 명분이 있는 일이긴 한데 현실에서 운동을 만들어내고 사람들을 계속 결합해낼 수 없는 운동이었던 것 같아요. 아이쿱도 그렇고 농민들도 그렇고 우리 사회에서 FTA 문제가 전 국민적으로 확산될 수밖에 없는 운동이라는 희망이 있었던 것 같았거든요. 그런데 이게 (그렇게 되지 않은 이유가) 전문적인 일이라서 그랬던 것 같아요. 아이쿱도 농민 연대 이런 걸 했는데 이게 힘이 안 생기는 거죠.

농민집회를 하는데 일상을 살아가는 주부들이 농민집회에 계속 결합할 수가 없거든요. (조합원 C)

<표4> iCOOP생협의 한미FTA 반대운동 주요 활동(2007)

월별	일시/장소	내용	참가 조합	참가 단체
1월	1/18 장충교회 앞	한미FTA 6차 협상에 대한 소비자대책위 기자회견	수원, 양천	민우회, 한살림, 초록정치연대, 생협전국연합회 등
3월	3/27 세종문화회관	한미FTA 졸속타결 저지 촉구대회	부천, 강서, 율목	시민·사회단체 인사
3월	3/28 광화문 농성장	단식농성 방문과 촛불문화제	강서, 군포, 안양, 수원	민우회, 급식운동본부, 한살림, 에코생협 초록정치연대, 전국연합회 등
	* 지역 캠페인 실시 조합 : 공주, 아산y, 청주y, 청주, 한밭, 천안, 푸른바다, 목포, 울산, 광주 3개 조합, 진주 등 12개 지역조합			
4월	4/24 국민고충처리위원회 강당	한미FTA 관련 소대위 토론회 : 무역, 농업, 광우병, GMO, 의약품 관련 주제 발표 및 소대위 활동 방향 토론	부천, 강서, 양천, 수원, 광명, 부천시민 (10명)	소대위 참여 단체 관계자 50여 명
7월	7/18 여성프라자	한미FTA 소대위 활동 평가 토론회	오항식, 이정주, 고봉강, 김대훈	전국생협연합회, 여성민우회, 한살림, 초록정치연대 등 17명 참가
11월	11/12 광화문	백만민중대회 참가	진주생협 조합원 20명, 연합회 4명	

자료 : 『2008년 연합회 총회 자료집』 재구성.

조합원 C는 한미FTA 반대운동이 제대로 확산되지 못한 이유로 사안의 복잡성과 전문성에 제대로 대응하지 못한 점을 꼽았다. 아이쿱생협의 활동을 살펴보면 소비자 권리의 문제, 먹거리 안전의 문제, 농민 생산자 생존권의 문제로 접근을 시도했다. 하지만 조합원 C가 지적했듯이 개별 조합원들에게 한미FTA 문제는 국가 간 협정 속에서 보통의 시민은 이해하기 어려운 전문적인 문제, 다양한 영역의 이익집단 사이에 충돌이 일어나는 복잡한 문제로 받아들여지면서 소비자 정체성만으로 대응하기 어려운 사안이 되어버렸다. 결국 아이쿱생협의 활동은 농민 생존권을 지키기 위한 연대로 집중될 수밖에 없었고 농민 집회는 아이쿱생협의 운동 방식과는 다른 특성을 지니고 있기 때문에 조합원의 참여도 또한 떨어질 수밖에 없었다. 다른 조합원은 한미FTA 반대운동이 잘 이루어지지 않은 이유에 대해서 지금과는 달랐던 정치의식의 문제와, 기존 시민사회가 만들어온 운동 방식의 문제로 보았다.

광우병 소고기 반대운동 같은 경우는 굉장히 집중되었어요. 먹거리 안전의 문제였기 때문에. 광우병 소고기 문제는 결연한 의지, 사회운동적 관점을 요구한 게 아니라 소시민, 누구나 다 반대할 수 있었어요. 그런데 FTA 문제는 조금 다른 거죠. 철도는 공공재입니다, 라는 말은 누구나 다 공감하는 말이에요. 그런데 '철도 파업에 동참합시다'는 또 다른 거죠. FTA 문제도 거기에 있다고 봐요. 광우병 소고기 문제에 동참했지만 FTA 반대라고 하는 순간 정치적 문제가 되는 거죠. 한국 사회는 정치적 입장, 자기 입장을 발표하고 좌우를 가르는 데 있어서 아직도 불편해 하죠. 그 시기에는 그랬고 지금 시기는 달라졌다고 봐요. 근데 당시에는 그 표현을 하는 것 자체가 불편했던 거죠. 그러니까 광우병 소고기는 반대하지만 FTA 반대 문제까지 갈 때는 정치적 수위를 조절해야 하고 그러니 미온적으로 나올 수밖에 없는 거죠. 우리 사회는 농민만 존재하는 게 아니라 자기의 문제로 오는 순간, 자동차 공장에 다니는 사람들에게 우리는 농업을 하는 농민들이 공존하는 문제인데 A를 선택할 거냐 B를 선택할 거냐 하는 건 사람들을 위축되게 만든다고 봐요. 그거는 우리의 운동이 잘못 풀어간 거라고 봐요. 특히 80년대, 90년대 오면서 사회운동 집단이 시민들을 끌어안을 수 있는 훈련과 방식이 안 되어 있다고 봐요. 내가 옳기 때문에 이렇게 가야 한다고 보고 극단적 결정들을 하게끔 만들어요. 사람들을 몰죠. 그런데 사람들의 의식은 하루 만에 확 바뀌는 게 아니에요. 우리 사회의 정치 수준, 시민운동의 수준이 그랬을 건데 그건 시민의 문제가 아니라 그 운동을 끌고 왔던 집단의 문제이지, 운동의 방식도 문제고요. 막 있다가 내가 이 자리에 있으면 안 되겠다 하고 나가게 하는…. (조합원 B)

한미FTA 반대운동은 앞서 언급한 대로, 자신의 생활과 밀착되어 있는 문제였지만 다양한 계층과 집단의 삶이 복합적으로 결합되어 있었기 때문에 사람들에게는 복잡하고 전문적인 문제, 혹은 쉽게 찬성과 반대를 결정짓기 어려운 문제로 다가왔다. 이러한 문제점에 대해서 기존의 사회운동 집단은 다르게 접근하기보다 이전부터 해오던 방식으로 운동을 해왔고, 전 국민적 사안임에도 불구하고 커다란 저항을 만들어내지 못한 것이다. 이후 나타난 한미FTA에 관련한 대응 활동들은 기자회견, 토론회 등으로 나타났고 농민들과 연대하는 방식으로 활동을 진행해갔다.

아이쿱생협이 시도했던 한미FTA에 대한 접근 방식은 사회적 투쟁에서 생활정치의 측면을 분리해내고 이를 조합원들에게 전달하고자 했다는 차원에서 아이쿱생협만의 특징이라고 할 수 있다. 하지만 생활정치 의제를 만들어냈음에도 결합 방식을 다르게 만들어내지 못하고 농민집회에 대한 연대에 그치도록 만들면서 많은 조합원들의 활동을 이끌어내는 데 어려움을 겪었다. 생활정치에 용이한 조직적 특성을 가지고 있으면서도 생활에 기반을 둔 결합 방식에서 한계를 보인 것이다.

한미FTA 이후 2012년에 한중FTA를 맞이하여 각계각층이 한중FTA를 어떻게 다룰 것인지 토론회를 개최했고, 아이쿱생협은 소비자단체로서 함께했다. 하지만 한미FTA 국면 때보다 한중FTA에 대응하는 활동은 더욱 적었다. 이는 한미FTA 때와 마찬가지로 국가 간 협정 속에서 너무 많은 의제들이 관련되어 있다보니 생활 이슈에 직접적 영향을 미침에도 불구하고 사람들이 공감하기에 어려웠던 문제점을 가지고 있었기 때문으로 보인다. 전문성과 복잡성을 가지고 있는 의제에 대한 접근을 어떻게 해야 조합원을 더 참여하도록 이끌어낼지 과제를 남기게 되었다.

미국산 소고기 수입 반대운동

오히려 FTA에 대응할 때보다 조합원의 참여를 더 적극적으로 이끌어내고 운동을 주도했던 경우는 2008년에 있었던 미국산 소고기 수입 반대운동이었다.

<표5> iCOOP생협의 미국산 소고기 수입 반대운동 주요 활동(2008)

활동 내용	일시/기간	장소	비고
소비자 1만 가족 선언 기자회견 (7개 권역 또는 지역)	2월 15일	광양	전남 동부권역 조합
	3월 3일	진주	진주생협
	3월 4일	서울 종각역 보신각	수도권, 서울권역 조합
		부산 북구 롯데마트	부산경남권역 조합
		광주 금남로 삼복서점	광주지역 생협
	3월 7일	천안	천안생협, 아산Y생협
	3월 11일	대구역 광장	대구경북권역 조합
'엄마가 뿔났다' 기자회견	4월 30일	서울 세종문화회관	수도권, 서울권역 조합
		부산 화명동 롯데마트	광주지역 3개 조합
		광주 한나라당사 앞	부산경남권역 조합
촛불 집회 참여	5~8월	전국적인 촛불집회 지속	전국 30여 지역에서 적극 결합
베란다 현수막 달기	5월	가정, 조합 사무실 등	현수막 1,000개 제작 공급
뿔난 엄마들의 함성 캠페인	5월 21일	대구 2.28 기념공원	대구경부권역 조합
	5월 22일	세종로 세종공원	수도권, 서울, 중부권역 조합
		부산시청 앞	부산경남권역 조합
		울산	울산지역 생협
엄마들의 6.10 선언	6월 9일	세종로 정부청사 앞	각 권역에서 조합 대표
미국산 소고기 불매 선언	7월 3일	세종문화회관 앞	
미국산 소고기 O-157 오염 관련 기자회견	7월 8일	한국건강연대 강당	
	7월 12일	과천 정부청사 앞	수입 금지 및 현지 점검 청원

자료 : 『2009년 연합회 총회 자료집』 재구성.

한미FTA 반대운동에 비해서 미국산 소고기 반대운동에 조합원들이 더욱 적극적으로 동참할 수 있었던 이유는 대응하는 의제가 구체적이고 단일했기 때문으로 볼 수 있다. 미국으로부터 수입하는 소고기에서 광우병의 위험이 존재하며 이를 막는 것이 소비자로서 너무나 분명하고 당연했던 행동이었다. 또한 아이쿱생협의 조합원들이 대부분 전업주부라는 특징 속에서 자녀들의 먹거리 안전에 신경을 쓰고 있었기 때문에 민감하게 반응할 수 있었다. 아래의 〈표6〉을 보면 아이쿱생협의 조합원 가구는 대부분 부모와 자녀 가구로 구성되어 있으며, 이는 아이쿱생협의 조합원들이 자녀들의 먹거리에 민감할 수밖에 없는 인구학적 특징을 지닌다고 볼 수 있다.

가구 구성	매장 조합원		온라인 조합원		전체 응답 조합원		사회 일반
	빈도	%	빈도	%	빈도	%	%
1인 가구	27	2.2	6	2.0	33	2.1	27.1
부부 가구	129	10.3	35	11.7	164	10.6	17.0
부모+자녀 가구	1,039	82.9	234	78.0	1,273	82.0	44.5
조부모+부부+자녀 가구	43	3.4	16	5.3	59	3.8	5.3
기타	15	1.2	9	3.0	24	15	6.1
합계	1,253	100.0	300	100.0	1,553	100.0	100.0

〈표6〉 iCOOP생협 조합원 가구 구성 현황

출처 : (재)아이쿱협동조합연구소, 『2015년 아이쿱생협 조합원의 소비생활과 의식에 관한 조사』, 2015.

〈표5〉의 내용을 보더라도 아이쿱생협의 활동은 자녀의 먹거리 안전을 지키는 것에 초점을 두고 진행되었음을 알 수 있다. 촛불집회 참여뿐만 아니라, 가족 선언, 엄마 선언 등을 통해 각 지역에서 캠페인을 만들어갔다.

미국산 소고기 반대운동은 단순히 반대하고 막아내기 위한 활동에 그치지 않고 먹거리 안전의 수준을 높이기 위해 대안을 만들어내는 시도도 함께 진행되었다. 조합원에게 공급되는 소고기에 대한 광우병 전수검사를 실시하면서 아이쿱생협에서 공급하는 먹거리에 대한 신뢰도를 높였고, 국내산 소고기 전수검사 법제화 운동을 이어가며 제도적 차원의 변화를 시도하기도 했다. 이러한 활동의 결실로 아이쿱생협이라는 단체가 먹거리 안전의 차원에서 두각을 나타내며 사회적 위상이 올라갔다. 아이쿱생협이 왜 존재하는지, 기존의 식품유통업체와는 무엇이 다른지 사람들이 관심을 가지기 시작했고, 이는 조합원의 확대 등으로 이어졌다. 2008년 당시에는 광우병 사태와 함께 멜라민 파동 등 식품 안전을 둘러싼 사고가 많이 발생하면서 안전한 먹거리 유통을 주요 활동으로 삼고 있는 아이쿱생협이 더욱 주목받게 되었다.

미국산 소고기 수입 과정에서 생긴 안전성에 대한 우려는 2008년 이후에도 아이쿱생협이 지속적으로 관심을 갖는 대상이 되었다. 2012년에는 미국산 소고기 수입 중단과 재협상을 촉구하는 기자회견을 개최하면서 '가축전염병예방법'의 개정으로까지 논의를 확대해나갔다. 이와 관련하여 광고기금 모금운동을 전개하면서 법 개정을 위한 청원 제출 등으로 국회 농림수산식품위원회에 상정되도록 하는 성과로 이어졌다.

일본군 '위안부' 문제 해결 운동

아이쿱생협이 참여하고 만들어온 사회운동 중에서 앞서 살펴본 FTA 반대운동과 미국산 소고기 수입 반대운동은 소비자 권리의 차원으로 접근하여 먹거리 안전을 지킨다는 취지에서 아이쿱생협이 지니고 있는 가치와도 연결된다고 볼 수 있다. 그런데 아이쿱생협이 참여한 수많은 운동 중에는 먹거리 안전이나 소비자 권리와 연결되어 있지 않음에도 불구하고 유독 참여의 적극성이 나타나는 사회운동이 있었다. 아이쿱생협은 일본군 '위안부' 문제 해결을 위한 운동에 적극적으로 참여했고 지금도 꾸준히 그 활동을 이어나가고 있다. 특히 2009년에 있었던 '위안부 문제 해결 및 전쟁과 여성인권 박물관 건립을 위한 연대사업'을 살펴보면 아이쿱생협의 다양한 사업에서 일본군 '위안부' 문제 해결 운동이 얼마나 중요한 비중을 차지하고 있는지 알 수 있다.

아이쿱생협은 '위안부' 문제 해결을 위한 정기 수요시위를 주관하기도 했고, '위안부' 문제를 다룬 영화 〈나의 마음은 지지 않았다〉 전국 상영회를 개최하기도 했다. 총 42개 조합이 49회에 걸쳐 상영회를 열었고 2,546명이 참여하여 영화를 관람했다. 이 과정에서 '전쟁과 여성인권 박물관' 건립 기금으로 1,000만 원 상당을 모으기도 했다. 전국적으로 개최된 상영회는 지역조합마다 상영회의 규모 정도가 달랐지만 '위안부' 문제를 지역조합원뿐만 아니라, 지역사회에까지 알려냈다는 점에서 성과를 거두었다. 아이쿱생협은 이처럼 '위안부' 문제 해결 운동에 적극적으로 참여하며 한국정신대문제대책협의회 19주년 기

넘식에서 '강덕경상'을 수상하는 영광을 누리기도 했다.

아이쿱생협은 일본군 '위안부' 문제 해결을 위한 운동에 현재까지도 적극적으로 참여하고 있다. 수요시위에 정기적으로 결합하고 주관하는 것은 물론이며, 법적 해결을 위한 서명과 모금 활동을 이어가고 있다. 2010년에는 일본군 '위안부' 문제의 입법 해결을 촉구하는 50만 명 서명운동에 동참하여 50개 조합 15,000여 명의 조합원으로부터 서명을 받았으며 이 서명은 세계여성폭력추방의 날에 일본 국회에 전달되었다.

아이쿱생협은 일본군 '위안부' 문제 해결 운동이 아이쿱생협에서 일반적으로 시도해오고 있는 먹거리 문제가 아님에도 불구하고 적극적으로 결합하고 있다. 이에 대해서 한 조합원은 당시 수도권의 각 조합 이사장들이 강하게 추진을 했고, 이는 이사장들이 집회를 나가기 시작하면서부터 자연스럽게 이루어진 연대활동이 확장되는 과정이었기 때문이었다고 보았다. 그리고 이들로부터 시작된 일본군 '위안부' 문제 해결 운동이 전국적 차원으로 확산될 수 있었던 이유로 생협을 통해서 사회운동을 접하게 된 조합원들에게 일본군 '위안부' 문제 해결이라는 의제는 쉽게 동의가 되는 문제였기 때문으로 보았다. 이들이 이 의제에 대해서 동의하고 적극적으로 결합할 수 있었던 배경은 생협 활동의 경험과 교육이 축적되는 과정에서 시민의식의 형성이 영향을 주었다고 볼 수 있다. 아이쿱생협이 추구해온 공정과 사회정의의 가치는 다양한 교육과 사업을 통해서 조합원들에게 확산되었고, 비록 먹거리에 관한 문제가 아닐지라도 공감하는 의제로 적극적 결합이 나타난 것이다.

위안부 문제 해결을 위한 정기 수요 시위 참석 및 위안부 문제 해결을 촉구하는 서명운동

'위안부' 문제 같은 경우는 철저하게 수도권 조합원 이사장들의 요구에 의해서 결합하게 된 운동들이죠. 수도권 리더들 같은 경우도 전국의 이사장들처럼 대부분 운동권 출신이 아니라는 거죠. 그런데 굉장히 건강한 시민의식을 가진 사람들인 것 같아요. 수요시위 같은 경우도 당연히 결합해야 한다고 생각했던 거 같아요. 기존의 연대 방식으로 이름을 거는 정도는 의미가 크지 않다는 것에 동의했고, 수도권 이사장님들이 집회를 나가기 시작하면서 실천해야 하는 거라고 동의가 되었던 것 같아요. 어디서 제안하고 받아들이는 절차가 있었던 게 아니라. 생협에 접근하면서 협동조합에 집중해서 활동하는 사람들의 시민의식이 건강하기 때문에 아무리 여성들이라고 해도 공감이 안 된다면 우리와 떨어진 일이겠지만 자연스럽게…. 생협을 통해서 사회운동을 하고 싶어 하는 류? 그게 아마 건강한 시민들이 접근했기 때문에 중심운동으로 받아서 가고 있는 거 같아요. (조합원 C)

일본군 '위안부' 문제는 한국과 일본 사이에서 발생한 역사 문제의 하나일 뿐만 아니라, 전쟁 속에서 여성 인권이 어떻게 훼손되어 갔는지 보여준다는 점에서 아이쿱생협 여성 조합원들의 공감을 많이 이끌어냈다고 볼 수 있다. 이러한 요소가 많은 사회운동 중에서도 아이쿱생협이 적극적으로 참여하고 기획하여 자신들의 운동으로 만들어가는 데 영향을 주었다. 아이쿱생협이 전국적 차원에서 일본군 '위안부' 문제 해결 운동에 동참할 수 있었던 또 다른 요인을 제시한 조합원은 운동의 방식에 주목해서 설명했다.

다들 미래세대를 키우는 주체들이니까 아이들의 세대에는 이런 일이 없어야겠다는 부분들. 수요시위가 있는 날은 수요시위만 참여하는 게 아니라 엮어서 서대문교도소 역사관인가 이런 데를 가서 아이들과 같이 탐방할 수 있는 프로그램을 짜요. 이런 곳에 아이들을 같이 데리고 가고 그때는 그 부분들까지 신경을 많이 썼던 거 같아요. 서울아이쿱에서 했던 게, 해마다 그 할머님들이 마포 쉼터에 머물러 계시거든요. 두 분이. 김장을 하게 된 거예요. 그때는 서대문인가에 쉼터가 있었어요. 근데 우연하게 정대협 대표 분이 페이스북에다가 김장하시면 집에 있는 거 두 포기씩만 쉼터에 보내주세요, 딱 띄우는 거야. 그래서 김장? 우리가 해주지 뭐, 그래볼까? 해서 서대문에 있는 쉼터에서 김장을 시작한 거예요. 해마다 김장을 서울아이쿱이 한다 이렇게 돼서 소소한 연대가 되고, 박물관 짓는다고 할 때 성금하고, 그해 여러 운동들이 축적이 돼서 정대협이 후원의 밤 할 때 시상을 하고. 처음에는 쉼터 김장만 했는데 그다음에는 수도권에 계신 할머님들께 한 통씩 주고 싶다는 거야. 그래서 김장이 늘었어요. 근데 김장을 하러 가는 활동가들도 '사실은 내가 뭐 대단한 정치의식이나 이런 게 높아서 가는 게 아니라 이런 분이 계셨구나' 하고 가고, '내가 하는 게 소소한 부분이구나' 가서 즐겁게 시간을 보내고 나비기금 전달해드리고, 해마다 프로그램을 가지고 늘 우리가 할 수 있는 부분을 하는 거예요. 재능도 나누고 성금도 내고 그런 부분에서 얻는 게 자기 남편도 데려오고 딸도 데려오고, 그런 소소한 참여가 조합원들에게는 큰 보람과 의미를 주는 거 같아요. 대단한 정치 참여 시위 참여가 아니라 일상에서 할 수 있는 참여가 조합원들에게 더 자긍심을 심어주는 거 같아요. 인권과 평화, 어쨌든 역사를 아는 거 자체가 나에게도 중요하지만 우리 아이들에게 얼마나 중요한지, 인권과 평화라는 과제가 얼마나 큰지. 아이들을 데리고 나갈 때 그냥 데리고 나가는 게 아니라 아이들이 할머니들에게 쓰고 싶은 편지도 쓰고, 이런 거 자체가 우리가 선언적으로 하는 게 아니라 함께하는 무대에 서는 거고요. 인권과 평화가 중요한데 이걸 전면에 내세우지 않아요. 소소한 연대를 하고 다른 메시지로 표현을 한다는 거죠. 그게 생협이 다른 운동 방식과는 다른 거죠. 보다 많은 공감을 얻고 참여할 수 있도록 하는 데서 표현의 방식이 좀 다른 거죠.

(조합원 A)

대부분의 조합원이 자녀들이 있는 전업주부이기 때문에 아이쿱생협의 활동 방식은 아이들과 함께할 수 있는 프로그램으로 많이 기획되고 있다. 일본군 '위안부' 문제 해결 운동에서도 자녀들과 참여할 수 있도록 역사기행 등이 주요 프로그램으로 자리 잡고 있음을 확인할 수 있다. 또한 연대의 방식으로 수요시위 참석뿐만 아니라 생활 속에서 함께하는 방식으로 김장을 담그고 할머니들께 나눠드리며 관계를 맺어가는 특징을 보이고 있다. 이러한 방식은 아이쿱생협 조합원들로 하여금 부담 없이 연대활동에 참여할 수 있게 만든다. 이를 통해 무겁거나 멀게 느껴질 수 있는 전쟁 인권의 문제를 자연스럽게 고민하고 자신의 삶에 녹여낼 수 있도록 하는 효과도 가져온다.

4. 아이쿱생협이 만들어간 생활운동

앞서의 활동은 전 사회적, 전 국민적으로 결합했던 운동 속에서 아이쿱생협이 어떻게 참여했으며, 자신들의 영역을 어떻게 구축해가면서 한국 사회에 영향을 주었는지 보여주는 사례였다. 지금부터는 아이쿱생협만의 특성이 드러나고 주도한 운동에 대해 살펴보고자 한다. 아이쿱생협은 조합원들의 생활, 지역의 생활, 사회적 생활을 바꿔내기 위한 운동을 만들어왔다. 이는 안전한 먹거리, 윤리적 소비, 공공성과 생활환경의 파편화를 막아내기 위한 생활정치 차원의 실천으로 나타났다.

GMO식품 반대운동

가장 먼저 살펴볼 운동은 먹거리의 안전을 지키기 위한 GMO식품 반대운동이다. GMO식품 반대운동은 2008년 미국산 소고기 수입 반대운동과 함께 식품 안전을 위협하는 사고가 빈번하게 발생하는 과정에서 GM 옥수수 수입에 대해 대응을 시작하면서 활발해졌다. 25개의 지역조합과 연합회에서는 GM 원료를 사용한 식품의 표시제도를 강화해야 한다는 정책 의견서를 제출하는 등 GM 옥수수로 대표되는 GMO 완전표시제 발의와 미국산 밀 수입 중단을 요구하기에 이르렀다. GMO 식품에 대한 우려는 '아낌없이 표시하자'라는 이름으로 소비자 알권리 운동의 차원에서 전개된다. 이는 식품 수입이 늘어가고 있는 현실에서 자신의 건강을 위협하는 식품 안전 사고에 본격적으로 대응하기 위한 운동이기도 하다.

아이쿱생협은 '주제 개발과 주도적 대응'의 차원에서 식품안전지수 평가단 활동이나 식품안전교육 등 식품 안전 관련 활동을 시도했다. 또한 '조합원, 조합이 함께하는 운동'이라는 기조로 각 지역적 맥락 속에서 활동할 수 있는 운동을 만들어가고자 했다. 이는 제도적 차원의

GMO 완전표시제 시행 운동

대응뿐만 아니라 식품 사고가 일어나는 지역에서 곧바로 대응하고자 하는 목적을 담고 있기도 하다. '식품 사고에 대한 일상 대응력 강화'라는 목적을 담아내고 있는 것이다. 이러한 움직임은 지역성의 추구, 대안적 저항의 시도와 함께 조합원의 참여를 높이는 방향으로 진행되었다는 특징을 보이며 생활정치 차원의 요소를 지니고 있음을 확인할 수 있다. 또한 지역단위의 대응으로 만들어낸 현장성의 강화가 운동의 속도를 더욱 빠르게 만들고 확산시키는 계기를 마련했다는 점에서 의의를 가진다고 볼 수 있다.

GMO 식품에 대한 표시제 개정안을 둘러싸고 소비자에 대한 정확하고 구체적인 정보를 제공해야 한다는 차원으로 의견을 개진해 왔던 아이쿱생협은 2015년에 '예외 없는 식품완전표시제 캠페인'을 통해 식품 정보의 공개성을 한층 높이고자 했다.

구분	세부 사업명	기간	주요 결과
토론회	시민사회 토론회	4월 5일	GMO 주요 현황 공유
	국회 토론회	7월 20일	소비자 기본권 측면에서의 GMO완전표시제 필요성 공유
GMO 표시 고시 개정안 반대	고시 개정안 반대 의견서 제출	6월	10,000건
서명운동	온/오프라인	8월 11일 ~10월 31일	171,714명 (온 18,661/ 오프 153,053)
Non-GMO 표시 설문조사	활동가	8월 19~31일	찬 867(95.2%)/ 반 44(4.8%)
	조합원	9월 28일 ~10월 10일	찬 12,439(96.6%)/ 반 444(3.4%)
축제	아낌없이 표시하자 축제	10월 22일	3,000여명 참여/ 33개 지역조합, 유랑단 300명
기자회견	연합회 주관 기자회견		5회
SNS 홍보	반G하단	8월	100개
	SNS 홍보	페이스북 페이지 카카오스토리	총 도달률 1,207,330명
언론 홍보	KBS, MBC, 뉴스타파, 한겨레21 등 주요 언론에 GMO완전표시제를 이끄는 중심 활동으로 소개		

〈표7〉 예외 없는 식품완전표시제 캠페인 주요 활동(2016)

자료 : 『2017년 연합회 총회 자료집』 재구성.

아이쿱생협이 조합원 운동으로서 주도한 완전표시제 캠페인은 2016년에 더욱 활발히 진행되었다. GMO 문제에 대해서 현황을 공유하는 토론 활동, 소비자 기본권 보장의 측면에서 GMO 완전표시제의 필요성을 공유하는 자리를 마련하며 식품의약품안전처의 고시 개정안을 바꾸고자 하는 제도 개선을 위한 활동을 시도했다. 아이쿱생협의 활동은 제도 개선에만 치중하지 않고 대내외적으로 GMO 표시제에 대해서 알려내는 홍보 활동으로도 적극적으로 나타났다. 꾸준히 설문조사를 진행하면서 아이쿱생협 내부의 조합원들에게 GMO 표시제가 얼마나 많이 알려져 있는지 확인했다. 그 과정을 통해서 현재 진행되고 있는 활동을 점검하고 부족한 점을 보완하는 계기로 삼기도 했다. 그뿐만 아니라 SNS 홍보단을 통해서 외부에도 알려내며 아이쿱생협이 먹거리 안전을 위해 어떠한 활동을 하고 있으며 GMO 표시제가 왜 중요한지 확산시키는 기회를 마련하고자 했다. 아이쿱생협의 운동 방식 중 하나인 축제도 개최하며 즐겁고 재밌는 운동을 만들어 냈다. 이전부터 해오던 서명, 토론회, 입법 청원 등과 함께 '아낌없이 표시하자 축제'를 개최하여 식품 안전의 문제와 GMO 표시제의 필요성을 알려낼 수 있는 기회를 마련했다. 이러한 축제 방식을 통해서 얻을 수 있는 효과는 아이쿱생협 바깥의 일반 시민들뿐만 아니라, 아이들과 함께 참여한 조합원들까지도 해당 의제를 쉽게 이해하고 부담 없이 접할 수 있는 접점을 만들어낸다는 것이다. 조합원의 특성을 고려한 전달 방식이라고 할 수 있다.

윤리적 소비 실천운동

아이쿱생협이 중요시하는 가치는 단지 소비자만의 권리 찾기에서 그치지 않는다. 소비자와 생산자 사이의 공생을 생각하며 어떻게 소비할 때 대안경제 구축을 이끌어낼 수 있을지 고민하고 운동으로 만들어내고자 한다. 아래는 아이쿱생협이 경제위기의 상황 속에서 대안적 경제를 만들어내기 위한 윤리적 소비를 어떻게 이행할 것인지 일곱 가지의 실천 방안으로 '윤리적 소비 선언'을 제시하고 있다.

〈표8〉 윤리적 소비 선언
1. 친환경 농산물 소비 확대를 통한 윤리적 생산의 지지 및 지역경제에 기여
2. 여성의 일자리 창출과 생협의 자체적인 최저임금제도의 정립 및 정착
3. 불공정한 무역구조와 부의 편중을 개선하여 공동 발전을 이루는 공정무역 확산
4. 소비자 조합원의 생활 안정을 위한 생활필수품 가격안정정책의 실시
5. 자원의 낭비를 줄이고 지구온난화에 대응하는 환경 친화적 사업체계의 구축
6. 사회적 약자와의 연대와 나눔 운동의 실천
7. 경제위기의 회복을 위한 사회적, 경제적 대안의 모색과 실천

출처 : 『2010년 연합회 총회 자료집』

2009년부터 본격적으로 시작된 윤리적 소비 실천운동은 당면해 있는 식품 안전의 문제 해결을 넘어서서 장기적 차원에서 대안경제 체계를 구축하려는 목적으로 시도되었다. 그 과정에서 친환경 지역 농산물 소비 확대를 통한 지역경제 활성화가 제시되었고 '우리밀 소비'라는 캠페인으로 이어지기도 했다.

윤리적 소비가 주목하는 가치 중의 하나는 지역경제의 활성화뿐만 아니라, 부의 재분배를 통한 사회경제적 환경의 안정화이기도 하다. 다국적기업과 강대국을 중심으로 재편되어 있는 세계체제 속에서 불

아이쿱(iCOOP)생협
air Trade Agreement Ceremony be
2009.
SEOUL KOREA (조계사 불교9
아이쿱생협(iCOOP Kore   PFTC(Pana

아이쿱생협 윤리적 소비 선언

공정 무역은 심화되어 오고 있다. 이는 부의 편중을 불러오며 사회의 위험을 증가시킨다. 영세한 생산자의 이탈을 불러오며 소비자의 생활을 불안정하게 만들기도 한다. 아이쿱생협은 이러한 문제를 공정무역의 날 등을 통해 알려 내고, 아이쿱생협 매장이나 지역에서 홍보 활동을 통해 윤리적 소비가 왜 중요하고 필요한지 확산시키고 있다.

그리고 이러한 윤리적 소비가 정착될 때 지구적 차원에서 공생을 도모할 수 있음을 말하고 있다. 윤리적 소비는 단지 소비자와 생산자, 생산자와 생산자 사이의 공생만을 말하는 것이 아니다.

윤리적 소비 선언에서 찾아볼 수 있듯이 자원의 낭비를 줄이고 환경친화적 사업체계를 구축함으로써 사회·경제적 대안의 모색은 지구적 환경 차원까지도 변화시킬 수 있음을 보여준다. 인간의 소비 활동이 인간을 둘러싸고 있는 환경에 어떤 영향을 주고 있는지까지 고려함으로써 대안 세계 구축을 시도하고 있는 것이다.

대표적으로 아이쿱생협은 '파나이 마스코바도 생산공장 건립기금 모금운동' 등을 통해서 대안경제 블록을 형성하려는 시도를 진행했다. 뿐만 아니라 '공정무역 생산지 어린이를 위한 학용품 모으기 캠페인' 등을 하면서 생산자 가정에 다양한 측면으로 도움을 주려는 움직임을 만들어냈다. 아이쿱생협은 다른 운동을 진행해온 것과 마찬가지로 교육사업 또한 꾸준히 진행해왔다. 공정무역 학습회를 매월 개최함으로써 공정무역과 윤리적 소비에 대해서 이론적 틀을 다지면서도 현황을 파악하여 아이쿱생협이 공정무역 관련 사업을 수행할 때 방향성을 잡기 위한 기틀을 마련했다.

하지만 윤리적 소비 실천운동에서 한계점이 발견되기도 했다. 아이쿱생협은 윤리적 소비 실천운동을 진행하면서 다양한 사업들을 수행했고 그 과정에서 윤리적 소비생활 실천운동도 진행했다. 매달 윤리적 소비에 관련한 활동 주제를 선정하고 참여를 독려했다.

〈표9〉 윤리적 소비생활 실천운동 연간 추진 사업(2010)	
월	주제
1월	냉장고를 비우세요
2월	가족회의를 해보세요
3월	봄맞이 옷장 정리를 해볼까요?
4월	올바른 쓰레기 분리수거
5월	두 발로 두 바퀴로
6월	일주일에 온가족이 함께 식사를 하는 날은 며칠이나 되나요?
7월	물을 아껴 쓰자
8월	생수 대신 개인 물병과 컵을 가지고 다녀요
9월	종이컵 no, 내 컵 ok!
10월	장바구니 함께 써요
11월	나눔운동
12월	나눔운동

자료: 『2011년 연합회 총회 자료집』 재구성.

〈표10〉 iCOOP생협의 정체성으로서 윤리적 소비에 대한 인식

	매장 조합원		온라인 조합원		일반 조합원		활동가		전체 응답 조합원	
	빈도	%	빈도	%	빈도	%	빈도	%	빈도	%
적절하다고 생각하고 적극적으로 실천하고 싶다	1,008	76.1	225	75.0	1,182	75.5	51	85.0	1,233	75.9
적절하다고 생각하나 실천하기엔 부담스럽다	274	20.7	65	21.7	330	21.1	9	15.0	339	20.9
생협이 추구하기에 적절하지 않다고 생각한다	5	0.4	2	0.7	7	0.4	0	0.0	7	0.4
관심 없다	6	0.5	2	0.7	8	0.5	0	0.0	8	0.5
잘 모르겠다	32	2.4	6	2.0	38	2.4	0	0.0	38	2.3
합계	1,325	100.0	300	100.0	1,565	100.0	60	100.0	1,625	100.0

출처 : (재)아이쿱협동조합연구소, 『2015년 아이쿱생협 조합원의 소비생활과 의식에 관한 조사』, 2015.

하지만 〈표9〉로 나타나는 윤리적 소비생활 실천운동의 대표적 사례들을 비롯해서 윤리적 소비로 정의되는 다양한 소비 활동들을 실천하기에 부담스러워하는 조합원들이 존재하기도 했다. 이들은 〈표10〉에 나타나듯이, 전체 조합원을 기준으로 20.9% 정도에 이른다. 주목할 점은 이들 중 상당수가 34세 이하, 2012년 이후에 가입한 조합원이라는 특징을 지니고 있다.

아이쿱생협에서는 윤리적 소비 실천운동이 조합원들 사이에서 더욱 확산되도록 하기 위해서 실천을 부담스러워 하는 조합원 집단이 어떤 조건에서 어려워하는지 파악할 필요가 있다. 그리고 분석한 결과를 바탕으로 실천의 폭을 점차 넓혀갈 수 있도록 도와주는 것이 동반되어야 한다.

민영화 반대 공동 행동

아이쿱생협이 생활세계를 개선하고자 하는 운동은 먹거리 안전과 윤리적 소비에만 그치지 않는다. 현대사회의 사회적 안전망이 해체되어가는 과정에 주목하며, 공공성을 저해하는 행동에 단호히 반대하고 있다. 2000년대를 접어들어 한국 사회에서는 다양한 공공 분야가 민영화됨에 따라 생활세계의 위협으로 다가오고 있다. 아이쿱생협은 이에 대한 반대운동을 전개하면서 또 다른 측면에서 생활운동을 진행했다.

아이쿱생협은 2013년 여러 시민·사회단체와 함께 '공공부문 민영화 반대 공공성 강화 공동행동'에 참여하게 된다. 109개 사회단체로 구성된 공동행동은 철도, 의료, 발전, 상하수 등의 민영화에 반대하며 생활 공공성을 지키고자 활동을 시작했다.

아이쿱생협이 주관한 주된 활동은 토론과 교육사업을 통해서 진행되었다. 우선 원격의료 문제에 대한 토론회 등이 개최되었다. 아이쿱생협과 건강권실현을위한보건의료단체연합이 주관한 토론회에서는 정부가 입법하고자 하는 원격의료의 내용과 문제점에 대해서 짚어보는 시간을 가졌다. 특히 아이쿱생협은 이 자리에서 의료 이용자의 입장에서 치료접근권 향상과 의료 공공성 강화가 이루어지기 위한 방안

아이쿱소비자활동연합회 진주의료원 폐업 반대 선언식

에 대해서 논의를 전개했다. 이러한 활동은 진주에서 일어났던 진주의
료원 폐업 사태에 아이쿱생협이 적극적으로 결합하는 모습에서도 나
타났다.

　　또한 사회 공공성을 주제로 민영화의 문제점과 현황을 알려내는 전
국 순회 강좌가 개최되기도 했다. 이 강좌를 통해서 민영화, 의료 공
공성에 관한 내용뿐만 아니라, 에너지 정책까지 다루게 되었다. 아이
쿱생협은 전국적 차원으로 지역생협에 사회 공공성이라는 의제를 환
기시킬 수 있었다.

조합명	일정	주제	장소
	〈표11〉 사회 공공성 순회 강좌(2013~2014)		
고양	1강. 10월 31일(목) 오후 7:30 2강. 11월 2일(토) 오전 10:30 3강. 11월 8일(금) 오후 7:30 4강. 11월 15일(금) 오후 7:30	1강. 다시 보는 한국현대사 2강. 탈핵과 녹색사회 3강. 복지사회와 공공성 강화 4강. 언론 바로보기	고양교육청
울산시민	11월 11일(월) 오전 10:30	민영화 파헤치기	무거공간 '두루'
대구참누리	11월 13일(수) 오후 7시	민영화 파헤치기	참누리 동천점 2층
진주	11월 15일(금) 오전 10시	민영화 파헤치기	진주생협
한밭	1강. 11월 19일(화) 오전 10시 2강. 12월 3일(화) 오전 10시	1강. 상업화된 한국 의료의 현실과 대안 2강. 의료 공공성 강화와 무상의료 로 가는 길	한밭교육장
평택오산	11월 22일(금) 오후 7시	은밀하고, 고요하게 추진되는 민영화 이야기	평택오산생협
김해	11월 22일(금) 오전 10:30	민영화 파헤치기	김해영상미디어 센터
울산	11월 22일(금) 오전 10:30	기후변화가 생활에 미치는 영향	화봉점 2층
군포	11월 26일(화) 오전 10시	사회 공공성 강화	군포생협
남원	11월 26일(화) 오후 7시	의료 공공성	남원센터
푸른바다	11월 27일(수) 오전 10:30	의료 공공성 강화	푸른바다교육장
강서	11월 27일(수) 오전 10시	사회 공공성	강서교육장
청주	11월 28일(목) 오전 10:30	은밀하고, 교묘하게 추진되는 민영화 이야기	청주생협
천안	11월 28일(목) 오전 10시	건강과 의료의 공공성 -시민의 권리와 의무	미정
수원미래	11월 29일(금) 오전 10시	에너지 정책과 공공성	수원미래생협
남부산	12월 4일(수) 오전 10:30	민영화 파헤치기	용호복지관
통영	12월 5일(목) 오전 10:30	사회 공공성 강화를 통한 시민강화	통영생협
빛고을	12월 6일(금) 오전 10:30	민영화 파헤치기	빛고을교육장

여수y	12월 10일(화) 오전 10:30	식품 방사능 오염과 에너지 문제	여수청소년수련관
성남분당	12월 11일 오전 10시	사회 공공성	성남분당교육장
대전	12월 17일 오전 11시	배움은 여행을 닮았다	iCOOP생협 대전센터
수원	12월 19일 오전 10:30	철도 민영화	수원생협
대구참누리	12월 19일 오전 11시	민영화 일반	참누리동천점
울산 해오름	12월 27일 오전 10:30 14년 1월 15일	에너지/철도	공간 교육관
양산	14년 1월 24일 오전 10:30	민영화 반대	참알이 교육관
해운대	14년 1월 15일 오전 11시	철도 민영화 문제	해운대

자료 : 『2014년 연합회 총회 자료집』 재구성.

아이쿱생협은 토론회와 교육사업뿐만 아니라, 실제 공공성이 위협받고 있는 지역 현안에 대응하는 활동도 진행했다. 주요 사례 중 하나로 공공의료 강화에 초점을 맞추고 진주의료원 폐업 반대 활동을 했다. 아이쿱생협이 진행해온 진주의료원 폐업 반대 활동을 살펴보면 진주에서 일어난 일이지만, 경남권 아이쿱생협만 적극적으로 대응하기보다는 전국적 차원에서 아이쿱생협 전체가 주목하고 반대 활동을 벌여왔다. 이는 공공의료원 중 하나인 진주의료원이 폐업됨으로써 연쇄적으로 공공의료 체계가 무너지고 의료 이용자의 건강권이 침해될 수 있다는 점에서 모두의 문제로 받아들여졌기 때문이다. 아이쿱생협은 보건의료노조 등 의료원 관련 단체와 공동으로 기자회견을 여는 것뿐만 아니라, 아이쿱생협만이 개별적으로 반대 활동을 조직하는 등 의료 공공성 강화 활동에 적극적으로 개입했다. 'iCOOP생협 진주의료원 폐업 반대/공공의료 강화를 위한 전국 선언식'을 통해서 총 14개 도시(서울, 인천, 대전, 광주, 울산, 부산, 대구, 마산, 김해, 양산, 거제, 창원, 진주, 통영)에서 선언식을 진행했고 진주뿐만 아니라 대구, 울산, 대전, 서울 등의 조합이 참여했다.

아이쿱생협의 진주의료원 폐업 반대 활동에 대해 정리하면서 조합원의 이야기를 듣게 되었고, 아이쿱생협이 지니고 있는 운동적 특징을 포착할 수 있었다. 그 조합원은 진주의료원 폐업 반대 활동을 할 당시에 참여하면서도 반드시 막아야 하는 것인지 사태의 심각성을 잘 체감하지 못했다고 한다. 본인이 느끼기에 진주에는 병원이 많았고, 공공 의료원 하나 없는 게 그렇게 큰 문제가 되리라고는 생각하지 못했다는 것이다. 그런데 시간이 지나고 메르스 사태가 발생하면서 공공의료기관의 중요성을 알게 되었고, 진주의료원 또한 반드시 필요했던 곳이라는 점을 알게 되었다고 한다.

진주의 한 조합원이 들려준 이야기는 단지 하나의 사례일 뿐이지만 생협운동이 조합원의 생활과 얼마나 깊게 밀착되어 있는지 보여줄 때 동의를 받고 성공할 수 있다는 점을 보여준다. 의료 공공성을 지킨다는 이야기로 전개해나갔지만 보통의 조합원들이 느끼는 공공성이라는 개념은 친숙하게 다가오지 않는다. 지금 하는 활동이 자신의 삶을 어떻게 바꿀지, 제대로 하지 못할 때 자신의 삶이 어떻게 후퇴할지 연결 짓지 못한다면 생활운동은 실패하는 것이다.

나의 생활을 바꿔내기 위한 활동

아이쿱생협이 먹거리 문제에 집중하고 다양한 생활운동을 전개해 나가는 이유는 내 가까이에 있는 문제를 해결하는 것부터 시작해보려는, 당연하지만 어려운 운동의 원칙을 실천으로 만들어보고자 하기 때문이기도 하다. 거대한 담론에 대한 이야기가 자신의 삶으로까지 찾아오기에는 너무나 추상적으로 다가오기 때문에 흔히 말하는 먹고사는 문제가 다시 추상의 세계를 구축하는 방안에 대해 고민하기 시작한 것이다. 먹고사는 문제를 대안적 경제로 만들어낸다면 해체되어가고 있는 생활세계, 공동체의 문제도 해결될 수 있기에 아이쿱생협은 아주 작아 보이는 활동까지도 만들어내고 실천으로 이어오고 있다.

〈표12〉 iCOOP생협 생활운동 사례(2009)

월	주제
1월	우리 집 지킴이는 가계부 작성부터
2월	옷장 속의 보물을 찾아라
3월	봄맞이 대청소 윤리적 소비와 손잡고
4월	4월 4일은 'no paper day'
5월	지구를 살리는 참~ 쉬운 물건 장바구니를 챙겨라
6월	음식물 쓰레기를 줄여요
7월	딱 일주일만 TV를 꺼보세요
8월	깨끗한 휴가 만들기 함께해요
9월	공급박스 세척 활동 함께해요
10월	세제 바르게 사용해요
11월	다 같이 돌자 동네 한 바퀴
12월	기부문화에 동참해요

자료 : 『2010년 연합회 총회 자료집』 재구성.

기존 사회운동의 시각으로 볼 때 위의 사례는 지극히 개인적이며 미시적인 활동들이다. 하지만 아이쿱생협은 이러한 작은 활동이 자신과 가족, 이웃, 지역사회를 바꾸는 시작으로 보고 있으며 더 많은 조합원들이 쉽게 참여하여 운동의 심화로 이어질 수 있도록 조직해내고 있다.

아이쿱생협이 시도했던 생활을 바꿔내기 위한 운동 중에 많은 참여를 이끌어내고 제도적 변화로까지 나간 사례를 보자면 친환경 무상급식 운동이 있다. 친환경 무상급식 운동의 시작은 우리 아이들이 안전한 식재료로 만든 음식을 먹고, 밥을 굶거나 눈칫밥 먹지 않았으면 좋겠다는 작은 마음에서부터였다. 어찌 보면 너무나 당연하고 국가 차원의 변혁과는 거리가 멀어 보이는 의제이다. 하지만 무상급식 운동이 더욱 활발히 진행되면서 2010년 6·2 지방선거에서 최대의 화두가 되었다. 아이쿱생협은 2010년 지방선거를 앞두고 서명운동을 전개해나갔으며, 지역별로 매장, 마을모임, 지역 행사를 활용하여 친환경 무상급식의 중요성을 알려냈다. 더불어서 지방자치선거에 출마한 후보들을 대상으로 친환경 무상급식을 공약으로 선정해줄 것을 요구하며 지방선거의 주요 의제로 자리 잡도록 만들었다. 우리 아이가 건강하고 안전한 밥을 제때 먹었으면 좋겠다는 미시적 생활세계의 요구가 학교 급식을 사회적 권리로 인식하게 만들었고, 이제는 '의무급식'으로 불리고 있다. 내 생활의 불편함을 바꾸고자 했던 운동이 아이들의 인권을 강화하는 계기로 발전한 것이다. 친환경 무상급식 운동에 적극적으로 동참했던 아이쿱생협은 이렇듯, 늘 생활 속에서 운동을 발굴해나갔다.

아이쿱생협이 주도하는 생활을 바꿔내기 위한 운동은 지역의 상황에 따라 다른 의제를 발굴하여 대응하면서 진행되기도 했다. 지역생협은 각 지역에 주어진 의제를 중심으로 생활을 바꿔내기 위한 운동을 지속해갔다.

〈표13〉iCOOP생협 권역별 자치운동 사례(2014)

권역명	자치 활동 주체	구체적 내용
부산울산권역 8개 생협	북콘서트(부산지역) PVC 없는 학교 만들기 (울산지역)	– 탈핵 관련 운동, 캠페인 진행, 북콘서트 진행 – PVC 없는 학교 만들기 캠페인
대구경북권역 6개 생협	탈핵 급식 민영화 반대	– 밀양, 청도 송전탑 방문 및 식사 지원, 경주 월성 지역 탈핵운동, 영덕 핵발전소 유치 반대 기자회견 – 급식 문제 알리기 캠페인 – 통합 정수장 민영화 반대운동
서울권역 7개 생협	도서관 공정무역 사업 발암물질 없는 사회 만들기 국민행동	– 서울시내 도서관의 어린이/청소년 대상 공정무역 교육 프로그램 진행, 활동가 워크숍 – 발암물질 없는 국민행동운영회의 참석, PVC 없는 학교 만들기 사업, PVC 없는 학교 만들기 강사 양성
중부권역 8개 생협	대안에너지 운동	– 대전 절전소 네트워크, 절전소 운동
전북권역 5개 생협	우리 농업 지키기	– 식량 주권, 먹거리 안전을 위한 대중 강연회 10만인 대회 선포식
광주권역 4개 생협	햇빛발전협동조합 준비 광주 사회적경제	– 추진단 구성, 학습회, 공청회, 견학, 지역연대 모임 중 – 국제포럼 공동주최, 시 위원회 참여
전남권역 6개 생협	탈핵운동(순천지역)	– 순천탈핵시민연대에 참여하면서 학습회, 초중고 탈핵 강의 진행, 에너지 조례 제정 위원회 참여, 정기모임 등
경남권역 8개 생협	공공성 강화 운동 (진주의료원)	– 진주의료원 재개원을 위한 연석회의 참석 및 활동, 복지부 홈페이지 릴레이 민원 신청, 진주시 보건소 이전 저지 활동
	무상급식 운동	– 무상급식 경남운동본부 연석회의 참석 및 활동, 100만 도민 서명운동 및 주민투표 청구운동 참여, 경남 도민 대회 참여, 1인시위 등

자료 : 『2015년 연합회 총회 자료집』 재구성.

<표13>에서도 확인할 수 있듯이, 아이쿱생협의 지역운동은 지역적 맥락 속에서 지역 조합원들의 삶과 밀접하게 관련되어 있는 의제를 발굴하고 지역조합원들의 참여 속에서 운동을 만들어갔다. 최근까지도 영남지역의 경우에는 탈핵을 위한 공동행동 등을 만들어갔다. 해운대, 창원, 진주, 남부산, 푸른바다, 장유, 대구참누리 등의 조합이 중심이 되어 탈핵 영화 상영회를 개최했으며, 교육사업도 진행했다. 부산과 울산권역의 지역생협은 후쿠시마 4주기 공동 준비와 참여를 주도하면서 탈핵 활동 지원을 위한 일일호프 등도 열었다.

5. 아이쿱생협의 지난 10년을 돌아보며

지난 10년간 아이쿱생협이 참여하고 기획했던 사회운동의 특징을 살펴보면, 지역 주민(특히 여성 조합원)이 먹거리, 환경 등의 의제에 대해 참여민주주의 방식으로 결합하면서 자아실현으로까지 이어지는 모습을 보였다고 할 수 있다. 이는 앞서 언급했듯이, 생활정치 패러다임의 특징을 지니고 있는 것이다.

아이쿱생협의 운동은 사회운동을 생활정치 차원으로 접근하는 방식으로 풀어내기도 했으며, 아이쿱생협이 기획한 미시적 운동을 제도 변화로까지 나아가게 하면서 다양한 역동성을 보여주기도 했다. 그 과정에서 조합원들의 참여를 이끌어내는 방식을 만들어내지 못하는 한계를 보여준 사례도 있다. 하지만 이는 해를 거듭해오면서 아이쿱생협만의 운동, 조합원이 만들어가는 운동이라는 목표를 바탕으로 점차 나은 모습으로 발전해오고 있다.

아이쿱생협의 초기 10년인 1997년부터 2007년까지의 운동이 아이쿱생협의 본원적 가치를 자리 잡게 하고 규모를 키우는 토대로 자양분이 되었다면, 2008년부터 2017년까지의 운동은 아이쿱생협의 영향력이 어디까지 확장할 수 있을지 그 가능성을 시도해본 운동이었다고 할 수 있다. 기존 운동으로의 연대에서 그치는 것이 아니라, 아이쿱생협만이 할 수 있는 운동, 아이쿱생협이기 때문에 해야만 하는 운동을 만들어온 10년이라고 할 수 있다.

이것이 가능했던 힘에는 아이쿱생협을 함께 이루고 있는 지역생협에 있다. 조합원은 다른 생협에 비해서 적을지라도, 더 많은 지역생협 조직을 통해서 조합원과 활동가 사이에 접점을 높이게 된다. 단지 연합회 중심으로 활동을 만들어내는 것이 아니라, 연합회와 지역생협은 '따로 또 같이' 가면서 서로 함께할 것을 찾고, 각자 할 사업들을 만들어내고 각각의 사업이 잘될 수 있도록 서로가 지원해주는 역할을 하는 것이다. 이러한 운영 원리는 더 많은 지역의 의제를 발굴하고 생활과 가까워지며, 많은 조합원들이 동의할 수 있는 부분을 넓혀준다.

물론 지금까지 진행되어온 아이쿱생협의 활동에서 한계가 없는 것은 아니다. 규모가 커지는 과정에서 참여가 어려운 조합원도 늘어나고 있으며, 더 많은 활동에 참여할 여건이 되지 않아서 아쉬움을 달래는 조합원도 있다.

지금까지 아이쿱생협은 조합원의 참여를 독려하기 위해서 참여 방식을 다변화하고, 활동가를 통해 지속적인 홍보와 교육도 진행해왔다. 그럼에도 불구하고 현재 한국 사회는 장시간 노동환경 속에서 일

함께하는
미래를 위한
활동

아이쿱생협 사회 활동
20년

131

	매장 조합원		온라인 조합원		일반 조합원		활동가		전체 응답 조합원	
	빈도	%	빈도	%	빈도	%	빈도	%	빈도	%
참여할 시간이 없음	634	49.6	135	45.0	749	49.1	20	37.7	769	48.7
육아 부담 때문에 여력이 없음	203	15.9	49	16.3	242	15.9	10	18.9	252	16.0
참여 가능한 시간에 진행되는 활동이 없음	150	11.7	35	11.7	177	11.6	8	15.1	185	11.7
혼자 참여하기가 꺼려짐	91	7.1	23	7.7	110	7.2	4	7.5	114	7.2
물품 구매 외 생협 활동에 관심이 없음	75	5.9	21	0.7	95	6.2	1	1.9	96	6.1
생협 활동에 대한 정보를 잘 들어보지 못함	33	2.6	11	3.7	43	2.8	1	1.9	44	2.8
참여하고 싶은 활동이 없음	29	2.3	11	3.7	38	2.5	2	3.8	40	2.5
진행 방식이 흥미롭지 않음	23	1.8	1	0.3	22	1.4	2	3.8	24	1.5
생활에 별로 도움이 되지 않음	8	0.6	4	1.3	12	0.8	0	0.0	12	0.8
기타	32	2.5	10	3.3	37	2.4	5	9.4	42	2.6
합계	1,278	100.0	300	100.0	1,525	100.0	53	100.0	1,578	100.0

출처 : (재)아이쿱협동조합연구소, 『2015년 아이쿱생협 조합원의 소비생활과 의식에 관한 조사』, 2015.

과 생활의 불균형이 일어나고 있으며, 이러한 상황은 생협 활동을 위한 시간도 확보하기 어려울 정도로 만들고 있다.

인터뷰 과정에서 조합원 C는 더 이상 마을모임과 소모임 등에 참여를 유도하는 방식으로는 변화를 만들어내기 어려울 것이라는 의견을 제시했다. 아이쿱생협이 이전부터 해오던 마을모임과 소모임이라는 첫 단계, 플랫폼을 통해서 다른 활동의 참여로 이어지도록 하는 방식은 현재의 노동환경에서 해결책이 될 수 없다고 본 것이다. 대신 다양한 사업에 자원봉사 등의 형태로 쉽게 결합할 수 있도록 만드는 등 참여를 위한 과정을 줄이는 방식을 고민해야 한다고 주장했다.

앞으로 이어질 아이쿱생협의 활동은 이러한 고민 속에서 더 활발히 진행될 것이다. 어떻게 더 많은 조합원이 참여하고, 조합원들의 삶을 바꿔낼 수 있을까. 더불어 조합원이 살고 있는 지역사회, 그 이상까지도 바꿔내면서 아이쿱생협의 가치를 확산시킬 수 있을까 끊임없이 고민하고 시도하는 역사를 만들어낼 것이다.

아이쿱생협의 거버넌스 실천
: 2008~2017, 지역조합을 중심으로

김아영

1. 협동조합의 거버넌스 실천과 아이쿱생협

결사체(association)이면서 동시에 사업체(enterprise)인 협동조합은 특정한 개념이나 사회 이론에 근거하지 않고 여러 사상과 개념을 바탕으로 하기 때문에 세계 곳곳에서 다양한 형태와 방식으로 실천되고 있다. 영국 플렁킷재단(Plunkett Foundation)의 임원이었던 에드가 파넬(Edgar Parnell)은 오랫동안 여러 나라의 협동조합과 상조조합에서 일한 경험을 바탕으로 협동조합이 충족시켜야 할 필수 요소를 다음과 같이 정리하고 있다.[1]

▶ 진정한 협동의 기초 위에 서고
▶ 본래의 목적에 관해서 명료하고 분명해야 하며

---

1 에드가 파넬(Edgar Parnell, 2011), 『협동조합 그 아름다운 구상』(*Co-operation the beautiful idea*), 염찬희 옮김, 그물코, 2012, 29쪽 참고.

134

▶ 조합원들이 민주적으로 통제하고

▶ 능력 있고 열정을 가진 지도자(조합원 대표들이나 경영진 모두)들이 이끌고

▶ 조합원 통제를 포기하지 않고도 충분한 재정을 확보할 수 있어야 하고

▶ 그들 미래의 발전을 지원할 수 있는 더 적절한 법과 재정 그리고 공공 정책의 틀을 제공받아야만 한다.

이중 '조합원들이 민주적으로 통제한다'는 특징은 협동조합이 투자자가 소유하는 영리기업과 무엇이 다른가를 설명할 때 중요하게 언급되는 부분이다. 이것은 국제협동조합연맹(ICA ; International Co-operative Alliance)이 1995년에 발표한 협동조합의 일곱 가지 원칙 중 두 번째에 해당하는 것으로 조합이 주요 정책을 결정할 때 자본의 기여나 거래량과 관계없이 조합원 모두에게 동등한 투표권을 부여하는 1인 1표 제도와 협동조합 연합회의 민주적인 운영 등으로 실천된다.[2] 소유자와 이용자가 분리되는 주식회사와 달리 조합원이 소유자인 동시에 이용자이며 통제자인 특성을 지닌 협동조합은 '민주적인 합의에 따라 사업체를 경영하는 조합원의 공동 행동'이라고 할 수 있다. 그런데 조합원들이나 조합들 사이의 이질화가 심화되고 조합원들이 협동조합의 전체적인 경영 성과보다는 자신의 개별적인 이익에 더 치중하게 되면 조합원의 공동 행동은 지속되기 어렵다. 이러한 과제를 해결하기 위해 협동조합은 운영 과정에서 갖추어야 할 최소한의 공통 사항을 규정하고 대표성을 지닌 총회와 이사회, 감사와 같은 기관을 제도화하고 있다. 특히 협동조합 이사회는 소유와 경영이 대체적으로 분리되어 있는 주식회사의 이사회와는 달리 조합원인 이용자의 실제적인

2 김기태 외, 『협동조합 키워드 작은 사전』, 알마, 2014, 287쪽 참고.

이익을 추구하기 때문에 경영 전반에 대해 의사결정권을 행사하며 통제권 행사의 범위도 넓다.[3] 많은 협동조합들은 의사결정 기관인 총회에서 이사를 선출하고, 이들로 구성된 이사회가 업무집행 기관으로서 다양한 참여자들의 이해관계를 조정하고 조합원의 이해와 요구를 반영한 사업이 효율적으로 지속될 수 있도록 노력한다. 이 과정에서 협동조합의 민주적 거버넌스(governance)가 강조된다.

거버넌스는 라틴어 'guvernare'와 그리스어 'kybernan'에서 유래된 것으로 '배를 저어가다', '방향을 이끌다'라는 어원을 가진다.[4] 흥미롭게도 '거버넌스'와 '거버먼트(goverment)'는 같은 어원을 가지고 있으며 두 단어가 유사어로 사용되기도 했다. 그러나 현재 거버먼트는 '통치(統治)', 거버넌스는 '협치(協治)'의 의미로 사용되며 거버넌스는 매우 포괄적으로 사용되고 있다. 이와 같은 변화의 핵심은 더 이상 사회가 중앙집권화된 하나의 권위에 의해 통제되지 않는다는 것에 있다. 즉 과거 정부에 집중되었던 사회적 영향력은 이제 시민단체, 기업, 비정부기구 등 다양한 행위자들에 의해 행사되며 사회는 이들의 상호작용에 의해 유동적으로 변화한다는 것이다.[5] 협동조합 거버넌스도 조합원, 이사회, 직원, 경영진 등 다양한 행위자의 상호작용에 의해 작동된다. 조합원의 참여와 감독을 제도화한 총회와 이사회의 경우 규모와 구성, 운영과 같은 공식적인 구조뿐 아니라 비공식 구조와 관계 등 다양한 요인들의 영향을 받는다. 그렇기 때문에 협동조합 거버넌스를 살펴보기 위해서는 구조뿐 아니라 실제 작동하는 과정에도 주목할 필요가 있다. 이를 협동조합의 거버넌스 실천(governance practice)이라고

---

3 김기태 외, 『협동조합 키워드 작은 사전』, 알마, 2014, 281쪽 참고.
4 https://www.etymonline.com/
5 김기태 외, 『협동조합 키워드 작은 사전』, 알마, 2014, 43쪽 참고.

할 수 있다. 협동조합의 거버넌스 실천이란 사람 중심의 비즈니스를 펼치는 협동조합이 방향과 목표를 설정하고 이를 위해 다양한 이해관계자들이 합의를 이루어가는 과정이다.[6]

거버넌스에 대해 꾸준하게 연구하고 있는 로드 로스(Rod Rhodes) 교수는 거버넌스가 행위자들의 다양한 행위에 의해 만들어지는 복잡한 혼합물이기 때문에 이를 분석할 때는 행위자들이 자신의 신념과 실천에 의해 스스로 해석한 것에 초점을 맞춰야 한다고 주장한다.[7] 조직사회학자인 칼 와익(Karl Weick) 교수는 조직 구성원들이 커뮤니케이션을 통해 급변하는 환경에 대한 각자의 이해를 공유하고 이러한 과정을 통해 새로운 의미를 생성(sense making)한다고 설명한다.[8] 이때 의미를 생성하는 과정은 구성원들의 자발적이고 적극적인 참여와 커뮤니케이션을 통해 이루어진다는 것이다. 이러한 주장은 협동조합의 거버넌스 실천을 살펴볼 때 유용한 시사점을 준다. 환경의 변화가 일어나면 협동조합의 다양한 행위자들은 각자 그 변화에 대해 해석하고 서로 소통하면서 상호작용한다. 이러한 과정을 통해 협동조합의 변화가 만들어지면 그 변화에 대해 회고하는 과정을 통해 비로소 자신들의 행동을 돌아보고 성찰적으로 새로운 의미를 만들어간다.

아이쿱생협은 지난 20년간 많은 변화를 만들었다. 1998년 6개였던 회원 조합은 2017년 8월 현재 90개로 확대되었고, 600여 명이던 조합원은 25만여 명으로, 약 20억 원이었던 사업 금액은 약 5,500억 원으로 늘어났다. 특히 2008년부터 2014년까지 가파르게 규모가 성장했으며 2014년부터 지금까지 성장에 따른 조직 구조 개편과 사업체

---

6 김아영, 조영정, 장승권, 「협동조합의 거버넌스 실천 : 전주아이쿱소비자생활협동조합 사례연구」, 『한국협동조합연구』 34(3), 2016, 73~93쪽.

7 Rhodes, R. A. W. (2007), 'Understanding Governance : Ten Years On', *Organization Studies*, 28: 1243-1264.

8 Weick, K. E., M. Kathleen, and O. David (2005), "Organizing and the process of sense-making", *Organization Science*, 16(4): 409-421.

로서 새로운 도전을 이어가고 있다. 〈표1〉에 의하면 2017년 3월 현재 아이쿱생협은 다른 생협과 비교해볼 때 연합회에 참여하는 회원 조합 수가 가장 많으며 강원도부터 제주도까지 전국적으로 분포하고 있다. 이것은 지역조합의 규모가 일정 수준을 넘으면 하나의 조합을 두세 개로 분화하는 정책과 전국 차원에서 협동조합 사업과 운동을 펼치기 위해 창립 초기부터 전국 물류망을 구축한 결과라고 할 수 있다. 아이쿱생협의 지역조합 분화와 전국 물류망 구축 정책은 거버넌스 관점에서 볼 때 지역조합과 연합회에 상반되는 환경의 변화를 만들어낸다. 지역조합은 조직 분화를 통해 일정 수준으로 규모를 유지할 수 있는 반면 연합회는 회원 조합 수가 늘어나게 된다. 거버넌스 측면에서 볼 때 규모가 커지면 조합원의 참여와 감독이 어려워질 가능성이 높아지고 정책을 결정하기 위해 합의점을 찾아가는 비용과 합의점을 찾지 못해 발생하는 갈등 비용, 타협을 통해 결정된 방안이 효율적이지 못해서 발생하는 비용 등 집단 의사결정 비용이[9] 높아지며 지역조합의 분포 지역이 넓을수록 조합 간 이질성이 높아질 수 있다.

〈표1〉 생협연합회별 회원 조합 수와 분포 지역				
생협 연합회	아이쿱생협	한살림	두레생협	행복중심생협
회원 조합 수 (개)	90	23	29	14
회원 조합 분포 지역	수도권, 강원, 충청, 호남, 영남, 제주	수도권, 강원, 충청, 호남, 영남, 제주	수도권, 강원	수도권, 충청, 영남

자료 : 각 단체 홈페이지 참고 (2017년 3월 현재)

---

9 김기태 외, 『협동조합 키워드 작은 사전』, 알마, 2014, 288쪽 참고.

이 글은 다음 두 개의 질문에서 시작되었다.

"아이쿱생협의 지역조합은 민주적 거버넌스를 지향하는 협동조합으로서 어떻게 조합원에 의한 민주적 통제를 만들어내고 있는가?"

"아이쿱생협의 지역조합은 연합회 회원 조합으로서 다른 조합과 함께 변화하는 환경 속에서 어떻게 새로운 의미를 만들어내고 있는가?"

질문에 대한 답을 찾기 위해서 지난 10년간(2008년부터 2017년 8월까지) 아이쿱생협의 지역조합을 중심으로 이루어진 거버넌스 실천을 탐색했다. 먼저 사업연합회와 활동연합회의 총회 자료집, 연차보고서 등 관련 문헌 자료를 분석했으며 지역조합 이사들과 연합회 대표자, 핵심 활동가들을 대상으로 인터뷰를 진행했다. 탐색 범위는 지역조합에서 권역으로, 권역에서 광역으로 점차 넓혀졌으며 탐색 결과를 바탕으로 지역조합의 실천과 변화를 설명할 수 있는 핵심어를 선정하고 그것을 중심으로 살펴보았다.

2. 지역조합의 변화 : 성장과 성숙

아이쿱생협의 지역조합은 1998년부터 2003년까지는 각 거점 지역에 설치된 물류센터를 중심으로 전국의 대도시에 신설되었고 2004년 이후부터 2017년까지는 규모가 확대된 지역조합이 직접 분화하거나 새로운 조합을 설립하는 방법으로 그 수가 늘어났다. 대부분의 지역 조합은 〈그림1〉과 비슷한 조직 구조를 갖추고 활동가[10]로 참여하는 조합원에 의해 운영되고 있다.

〈그림1〉 지역조합 구조

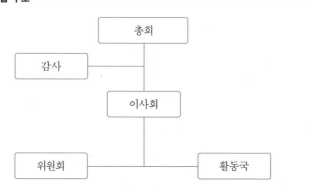

이사회는 총회에서 선출된 이사로 구성되며 총회가 의결한 사항을 집행하기 위한 세부사항을 결정하고 마을모임 위원회,[11] 식생활실천위원회, 물품활동 위원회 등 위원회와 함께 계획을 실행한다. 아이쿱생협의 지역조합 이사회는 일반적인 협동조합 이사회와는 다른 특징을 가지고 있다. 예를 들어 농업협동조합이나 수산업협동조합의 경우 이사회가 필수 의결 기관으로서 협동조합의 업무 집행에 관한 사항을 의결하고 직접 업무를 집행하는 집행부에 대한 견제 및 감시 기능을 수행한다. 그러나 아이쿱생협의 지역조합 이사회는 필수 의결 기관으로서 역할을 다하며, 또한 별도의 집행부를 두지 않고 이사회가 직접 실

---

10 생협에서는 조합의 목적을 달성하기 위해 자발적으로 시간과 에너지, 지혜를 내어 적극적으로 조합 활동에 참여하고 주도하는 조합원들을 활동가라 함. (아이쿱협동조합연구소, 『iCOOP생협 2016년 입문 협동조합 : 더 나은 세상을 만드는 협동조합』, 알마, 2016 개정판)

11 지역조합마다 조직 구조와 구성 단위가 다를 수 있는데 주로 위원회나 팀으로 구성된다.

iCOOP
아이쿱생협 20년사

행을 담당하고 있다. 감사는 1년에 1회 이상 정기적으로 감사를 실시하여 총회에 그 결과를 보고하며 활동국은 조합원 활동이 잘 이루어질 수 있도록 지원하는 역할을 담당하고 있다.

지역조합 법인화(法人化), 조합 자치를 위한 노력

2007년부터 일정 규모를 갖춘 지역조합들을 중심으로 조직의 성격을 임의단체에서 법적인 지위를 가지는 법인으로 변화시키는 작업이 이루어졌다. 지역 조합에게 제공된 '법인 창립 매뉴얼'에 의하면 그 이유를 대외적인 것과 내부적인 것으로 나눠볼 수 있다. 먼저 대외적으로는 지역조합이 제도적 정당성을 확보하여 새로운 소비자운동의 주체로 지역사회에 자리매김하기 위한 것이었으며 내부적으로 이사회 등 기관 운영의 책임성을 강화하고 협동조합으로서 조직 운영의 투명성을 높이기 위해서였다. 이러한 노력을 통해 아이쿱생협의 지역조합들은 협동조합의 민주적 거버넌스 구조를 만들어갔다. 생협법에 근거하여 정관과 운영 규약 등을 정비하고 대의원 선출 등 조합원의 참여 통로를 확보하기 위한 규정 등을 공식화했다.

첫째, 우리가 생협이기 때문에 그렇다. 우리의 사업과 활동을 사회적으로 객관화시킬 필요가 있는데 이렇게 객관화시켜내기 위해서는 법인화가 필요하다.

둘째, 조합의 사업과 활동을 객관화시킴으로서 사업과 활동에 따른 책임성을 높인다. 생협 법인화에 따른 사회적 공인으로서 운영, 회계, 사업에 있어서 규정과 규율을 지키고 조직의 민주성과 투명성에 있어 사회적 모범이 될 필요가

함께하는 —— 아이쿱생협의 거버넌스 실천   141
미래를 위한   : 2008~2017,
활동   지역조합을 중심으로

있다.

셋째, 정부 부처, 지자체 등과의 관계에 있어 민간 파트너로서의 최소 자격이

된다. 지자체, 정부 부처 등의 사업에 있어서의 자격 대상자는 법인(비영리법인

내지 비영리민간단체 등록)이 기본이다.

넷째, 생협의 사회적 위상을 발전시키기 위해 필요하다. 우리나라에서 생협은

법적으로는 사회적경제의 구성원인 비영리 조직의 모습도 있지만 구성원의 이

익을 우선으로 하는 공적(共的) 조직의 모습이다. 앞으로 새로운 소비자운동

을 통해 이러한 법률적 위상을

변화시키는 것이 필요하다.

—아이쿱생협연합회, 『법인 창

립 매뉴얼』, 2007.

지역조합의 법인화는 조합

의 매장 사업과 맞물려서 진

행되었다. 매장 사업의 경험

이 없던 지역조합의 활동가들

은 조직을 법인화하고 안정

적으로 매장과 조합을 운영

하기 위해 노력했다. 그 결과

지역조합의 조합원 수와 조

합의 자산 규모가 빠르게 성

장했다. 〈그림2〉에 나타난

바와 같이 2007년에는 전체

2011년 금천한우물생협 법인창립 (위)
2012년 무진생협 법인창립 (아래)

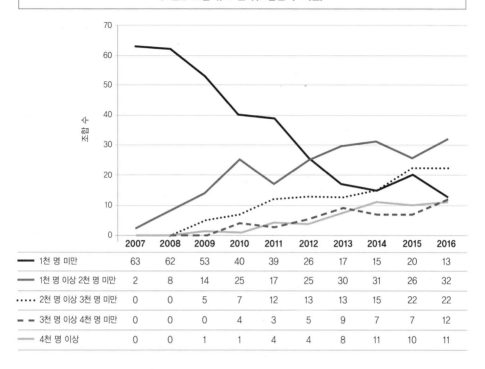

〈그림2〉 조합 규모 변화(조합원 수 기준)

	2007	2008	2009	2010	2011	2012	2013	2014	2015	2016
1천 명 미만	63	62	53	40	39	26	17	15	20	13
1천 명 이상 2천 명 미만	2	8	14	25	17	25	30	31	26	32
2천 명 이상 3천 명 미만	0	0	5	7	12	13	13	15	22	22
3천 명 이상 4천 명 미만	0	0	0	4	3	5	9	7	7	12
4천 명 이상	0	0	1	1	4	4	8	11	10	11

조합 중 약 96% 조합의 조합원 수가 1,000명 미만이었고 조합원 수가 2,000명 이상인 조합은 없었다. 그런데 2016년에는 전체 조합 중 약 86%에 해당하는 지역조합의 조합원 수가 1,000명 이상이 되었고 조합원 수가 4,000명이 넘는 조합이 11개로 증가했다.

2012년에는 전체 73개 조합 중 80%에 해당하는 59개 조합이 매장을 직접 운영했으며 조합이 개설한 매장의 수는 전체 129개 매장 중 96개로, 이는 전체 매장 중 74.4%를 차지했다. 어떤 경우에는 하나의 지역조합이 2~3개의 매장을 운영하기도 했다. 그러나 지역조합이 운영하는 몇몇 매장에서 영업 부진으로 인한 누적 적자가 커지기도 했으며 매장 사업에 많은 노력을 기울이다보니 상대적으로 조합원을 만나는 활동은 축소되는 경향이 나타나기도 했다. 조합 규모의 급격한 성장은 지역조합의 활동가들에게 보람과 성취감을 주기도 했지만 한편으로는 부담과 조합원 참여에 대한 새로운 고민을 안겨주었다.

"생협의 활동과 교육을 통해 1차적으로 자기 계발에 대한 내적 욕구를 실현할 수 있었어요. 이렇게 제 역량을 계발해서 장기적인 비전과 협동의 비전을 찾고 싶어요. 활동가들이 해야만 하는 일도 중요하지만 각자 하고 싶은 일, 실현하고 싶은 일을 구체화할 수 있도록 지역조합이 노력해야 한다고 생각해요. 변화의 힘은 여러 사람이 모여야 만들어지지만 결국 그 여러 사람은 한 사람으로부터 시작되잖아요. 우리 생협 이사들이 모두 시작하는 한 사람이 되어 사회를 변화시키는 힘을 만들면 좋겠어요." (J아이쿱생협 이사 M)

"매장 사업을 시작할 때는 잘할 수 있을까 고민이 많았는데 막상 매장을 시작하고 나니 조합의 규모가 점점 커져서 뭔가 뿌듯했어요. 조합의 자산도 늘고 조합원도 많아지니까 왠지 이사장인 제가 전문 경영자가 되는 느낌이 들었죠. 그런데 어느 순간 조합의 힘은 조합원에게서 나와야 하는 게 아닌가 하는 생각이 들더라고요. 조합원 수는 늘었는데 조합 행사에 참여하는 조합원 수는 그만큼 늘지 않고 매장을 그냥 유기농 물건을 파는 슈퍼마켓처럼 생각하는 사람이 많아진 것 같아서 고민이 됐죠." (S아이쿱생협 전(前) 이사장 B)

조합원 단계별 교육, 조합원 참여를 위한 노력

'성장통'을 앓던 지역조합들은 '성숙'이라는 새로운 과제를 도출했다. 임의단체에서 법인으로의 전환을 통해 협동조합에 맞는 거버넌스 구조를 갖추게 된 지역조합들이 거버넌스 실천에도 관심을 가지기 시작했다. 먼저 조합원의 능동적인 참여를 이끌어내기 위해 산발적으로 이루어졌던 조합원을 위한 교육을 단계별로 정렬하고 참여의 연속성을 높이기 위해 노력했다. 조합원이 처음 경험하게 되는 '가입 교육'과 '신입 조합원 교육'은 주로 아이쿱생협이 협동조합이기 때문에 가지고 있는 특징을 물품 이용 및 조합원 참여 방법과 연결하여 설명한다. '한걸음교육'은 협동조합의 정의, 가치와 원칙, 아이쿱생협의 미션, 비전과 정책, 윤리적 소비와 생산 등에 대해 다루고 있으며 조합원의 적극적인 참여를 통해서만 가능한 협동조합의 민주적 거버넌스를 강조한다. '아이쿱 협동학교'는 인문, 철학, 정치, 경제, 사회, 협동조합(사

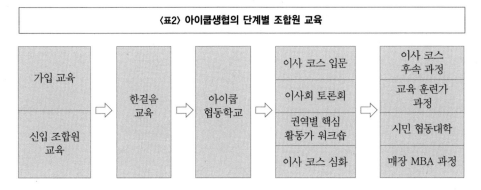

〈표2〉 아이쿱생협의 단계별 조합원 교육

자료 : 『아이쿱소비자활동연합회 연수교육 평가 포럼 자료집』, 2015.

회적경제 포함) 등 조합원의 인문 교양과 사회에 대한 인식 확장을 목표로 진행된다. '이사 코스'와 '핵심 활동가 워크숍' 등 다음 단계로 이루어지는 교육은 지역조합의 핵심 리더를 위한 프로그램이다. 최근에는 조합원을 위한 교육의 내용뿐만 아니라 방법에 대해서도 다양한 논의가 이루어지고 있으며 '참여한 조합원들이 학습과 배움의 과정을 통해 서로의 지식과 지혜를 나누는 장'을 만들기 위한 실험도 진행되고 있다.

핵심 리더 교육, 질적인 변화를 위한 노력

또한 지역조합은 '성장에 맞는 성숙'이라는 과제를 해결하기 위해 활동연합회와 함께 조합의 핵심 리더인 이사들을 위한 교육을 강화했다. 지역조합 이사들을 위한 교육 프로그램 중 가장 대표적인 것이 '이사 코스'다. 2008년부터 시작된 이사 코스는 2016년까지 총 16차에 걸쳐 진행되었으며 1,400여 명이 참여하여 약 1,000명의 지역조합 이사들이 과정을 수료했다. 그리고 2017년 상반기에 교육 과정을 세분화하는 방향으로 프로그램이 개편되었다. 이사 코스는 지역조합 규모가 가파르게 성장하던 시기에 '이사들의 전문 능력 배양과 아이쿱생협의 정체성과 사업 방향, 생협운동과 비전을 스스로 말할 수 있는 리더 배출'[12]을 목적으로 시작되었다. 시행 초기에는 지역조합 이사로서 갖춰야 할 전문성이 강조되면서 지식을 전달하는 데 중점을 두었고 교육 프로그램 안에 자격 검정 시험이 포함되었다. 평가 방식은 지필 고사로 단답형과 간단한 서술형 답변을 요구하는 문항이 출제되

---

12 『제1차 이사 코스 안내문』, 2008.

2012년 아이쿱생협 10차 이사 코스 교육

었고 시험 합격률은 평균 70% 정도였다. 시험에 대한 찬성과 반대를 중심으로 의견이 제출되었던 것이 시간이 흐르면서 이사 코스 참여자들의 상호작용을 통해 시험 실시 여부를 넘어서는 새로운 이야기들이 시작되었다. 가장 큰 변화는 참여자들이 협동조합 이사의 전문성을 다르게 정의하기 시작했다는 것이다. 초기에는 생협 이사로서 역할을 다하기 위해서 '이사의 책임과 역할에 맞는 충분한 지식 확보(재무제표 분석, 조합의 경영 분석)'[13]가 강조되었고 참여자들 역시 전문적인 지식이라고 생각되는 것을 암기하기 위해 노력했다. 그러나 이사 코스가 진행될수록 실제 지역조합 이사에게 요구되는 회계 관련 능력은 전문 지식을 외우는 암기력이 아니라 기본 지식을 바탕으로 조합원의 공동 자산이 본래의 목적에 맞게 사용되고 있는지, 자원의 배분에 대한 판단을 내릴 때 조합원의 필요와 요구에 충실했는지 등에 대해 숙의하고 성찰할 수 있는 힘이라는 데 사람들의 생각이 모아졌다. 그 결과 이사 코스의 평가 방법은 자기 학습 노트 작성과 그룹별 토론으로 변화했고 이사 코스와는 별도로 지역조합 이사회에서 학습과 배움이 일어날 수 있도록 이사회 토론회와 이사 성장 워크숍 과정 등이 신설됐다.

　1,000여 명이 참여했던 이사 코스와 관련 교육을 통해 생성된 또

13 『제1차 이사 코스 자료집』, 2008.

하나의 새로운 의미는 협동조합 교육에 대한 정의다. 이사 코스와 아이쿱생협에서 실시하는 교육에 참여한 경험이 있는 활동가들이 2016년에 20여 차례의 토론과 워크숍을 통해 제작한 『아이쿱 교육훈련 과정 교재』에 의하면 아이쿱생협에서 일어나는 협동조합 교육은 일방적인 지식의 전달이 아니라 "행동과 성찰이 반복적으로 이어지는 실천 과정이다."

협동조합 교육은 비판적 사고를 불러일으키고 조합원 스스로 욕구를 해결해 나가는 실천 과정이다. 교육이 단순한 정보나 지식 전달, 교양교육으로 머무르면 협동조합 운동은 정체되고 조합원 의식은 깨어나지 못한다. 행동−성찰−행동이 반복적으로 이어지게 하는 교육이 진정한 교육이다. 행동과 실천이 일어나지 않는 교육은 죽은 교육이다. 따라서 협동조합 교육은 조합원의 의식적 실천과 행동을 촉진시키는 것이다.

—아이쿱소비자활동연합회, 『아이쿱 교육 훈련 과정 교재』, 2016.

지난 10여 년간 지역조합 이사들을 비롯한 활동가들은 협동조합 거버넌스의 능동적인 행위자로서 협동조합의 사업과 운동에 참여해왔다. 이들의 이야기와 변화에 주목해야 하는 이유는 협동조합의 민주적 거버넌스가 다양한 행위자들의 실천을 통해 구성되기 때문이다. 아이쿱생협의 활동가들은 스스로를 "배우고, 실천하며, 성찰하는 사람들"이라고 정의하고 적극적인 커뮤니케이션을 통해 자신과 지역조합, 아이쿱생협 전체에 일어났던 변화를 돌아보며 새로운 의미를 만들어가고 있다.

3. 권역과 광역의 구성과 변화 : 공익(共益)과 공익(公益)

아이쿱생협에 참여하고 있는 지역조합들은 크게 세 가지 방법으로 의견을 나누고 수렴한다. 가장 기본적인 조합 간 논의 구조는 행정구역을 기준으로 구성된 14개 권역에서 열리는 권역별 대표자회의다 (〈표3〉). 권역별 대표자회의는 매월 정해진 주간에 전국에서 동시에 열리며 회의 개최 전에 모든 조합이 함께 논의하는 전국 공통 논의 안건과 권역별 논의 안건이 상정된다. 회의 자료는 사전에 공개되며 논의의 풍부함을 높이고 논의 결과가 지역조합 이사회에 정확하게 전달될 수 있도록 각 조합에서 대표자를 포함한 2명이 참석한다. 공통 논의 안건의 경우, 권역별로 논의가 이루어지기 때문에 모든 권역의 논의 내용이 전국에 공유되며 취합된 결과는 의사결정을 할 때 참고 자료로 활용된다. 권역별 논의 안건은 회의에 참여하는 지역조합에서 자유롭게 안건을 상정하며 논의를 거쳐 권역 차원으로 실행되거나 필요하다고 판단되면 권역별 대표자회의를 거쳐 전국 공통 논의 안건으로 상정되기도 한다. 그리고 권역별 대표자회의에서 연합회 차원의 의사결정 과정에 참여할 권역 대표자가 선출된다. 현재는 각 권역별 대표자회의에서 아이쿱생협사업연합회 이사와 감사, 아이쿱인증센터의 이사를 추천하고 있다. 권역별 대표자회의는 아이쿱생협의 직원 그룹과 소통하는 창구 역할도 담당하고 있다. 회의 참여자들은 조합 운영이나 아이쿱생협에서 진행되는 일에 대해 궁금한 점이 있거나 제안할 내용이 있으면 권역별 대표자회의에서 발언할 수 있고 그 내용은 회의록에 별도로 기록되며 답변자가 지정된 후에는 정해진 시간까

<表3> 권역별 조합 구성 현황

권역	지방자치단체	지역조합
서울권역 (9개)	서울특별시	강남, 강서, 관악, 구로, 금천한우물, 서울, 송파, 양천, 중랑배꽃
수도권 동부권역 (7개)	경기도 동부지역(광명시, 광주시, 하남시, 군포시, 성남시, 안산시, 안양시, 의왕시) 및 인근의 생활권역	광명나래, 광주하남, 군포, 성남, 안산, 율목, 의왕
수도권 서부권역 (5개)	경기도 서부지역(부천시), 인천광역시(강화군은 제외) 및 인근의 생활권역	계양, 부천, 부천시민, 인천, 인천미추홀
수도권 남부권역 (6개)	경기도 남부지역(수원시, 용인시, 평택시, 오산시, 화성시) 및 인근의 생활권역	수원, 수원미래, 수지, 용인, 평택오산, 화성
수도권 북부/ 강원 권역 (7개)	경기도 북부지역(고양시, 파주시, 김포시, 의정부시) 및 인근의 생활권역, 인천광역시 강화군, 강원도	강화, 고양파주, 김포, 덕양햇살, 의정부, 춘천, 원주해맑은미소(준)
중부권역 (9개)	충청남도, 충청북도, 대전광역시, 세종시	대전, 대전글꽃, 아산YMCA, 천안, 청주, 청주YWCA, 충남내포, 한밭, 홍성
전북권역 (5개)	전라북도	군산, 남원, 부안(준), 솜리, 전주
전남권역 (7개)	전라남도	광양, 구례, 목포, 순천, 순천YMCA, 여수YMCA, 한울남도
광주권역 (5개)	광주광역시, 전라남도 화순군	무진, 빛고을, 빛고을시민, 자연, 화순(준)
경북·대구권역 (8개)	경상북도, 대구광역시	경주, 구미, 대구, 대구정다운, 대구참누리, 대구행복, 상주(준), 포항
부산권역 (6개)	부산광역시	금정, 남부산, 동래, 부산진, 푸른바다, 해운대
울산권역 (5개)	울산광역시	울산, 울산시민, 울산중구, 울산해오름, 울주
경남권역 (9개)	경상남도	거제, 김해, 마산, 사천, 양산, 장유, 진주, 창원, 통영
제주권역 (2개)	제주도	한라, 제주

자료 : 『권역별 대표자회의 규정』, 2017.

지 의무적으로 답변을 하도록 되어 있다. 이러한 과정을 통해 아이쿱 생협은 규모가 빠르게 성장하면서 겪게 되는 소통의 어려움을 해결하기 위해 노력하고 있다.

권역별 대표자회의 외에도 논의의 폭을 확장시킬 필요가 있을 때는 3개의 광역 단위(서울·수도권·제주/ 중부·호남/ 영남)로 나누어 광역 대표자회의가 진행되기도 한다. 마지막으로 전국의 대표자들이 한자리에 모여서 논의를 하는 전국 대표자회의가 열리기도 한다.

권역, 지역조합 간 거버넌스의 거점

지역조합 간 논의와 협력이 이루어지는 가장 기본 단위인 권역은 아이쿱생협의 지역조합 간 거버넌스를 설명하는 데 중요한 역할을 한다. 지난 10여 년 동안 이루어진 권역의 변화를 정리한 〈표4〉를 살펴보면 권역이 지역조합 간 거버넌스의 거점이자 지역조합 확대의 거점이 되고 있음을 알 수 있다. 먼저 같은 행정구역에 속한 지역조합이 권역을 구성하거나 거리상 인접한 지역에 위치한 지역조합들이 권역을 구성하여 기본적인 논의 구조를 유지하고 서로 협력한다. 같은 권역에 참여하는 지역조합들은 다른 지역조합의 분화나 신설 과정을 돕고 그 결과 권역에 참여하는 지역조합의 수가 늘어나면 다시 같은 행정구역에 속하거나 인접한 지역의 조합들이 새로운 권역을 구성한다. 지역조합이 설립되는 경로는 세 가지로 설명될 수 있다. 첫 번째는 기존 지역조합 규모가 성장하여 분화하게 되는 경로가 있다. 조합원 수가 4,000명 이상인 지역조합이 우선적으로 분화할 것인지의 논의 대상이 되며 조합이 검토 후 분화를 결정하게 되면 새로운 조합 설립 과정이 진행된다. 두 번째는 행정구역의 변화 등 외부적 상황의 변화에 따라서 조합 설립이 이루어지기도 한다. 정부의 정책에 의해 대규모 신도시가 개발되거나 행정구역상 지역이 분리되는 경우 조합원의 이용과 참여를 고려하여 새로운 조합 설립 과정이 진행된다. 이 경우도 대부분 첫 번째 경우처럼 기존에 있는 지역조합을 바탕으로 새로운 조합 설립 과정이 진행된다. 세 번째는 아이쿱생협에 참여를 원하는 조합원이 일정 수준 확보되었을 때 조합 설립이 진행되는 경우로 앞에서 설명한 두 가지 경우와 다르게 주로 기존에 아이쿱생협에 참여하는 조합이 없는 지역에서 조합 설립이 진행된다. 이 경우에는 가장 가까운 거리에 있는 인근 지역의 조합이 설립 과정을 돕는다.

〈표4〉 아이쿱생협 권역 변화 추이					
	2005	2008	2012	2014	2015
총 조합 수(개)	62	70	73	80	85
권역 수(개)	8	9	10	11	14
권역 변화	서울, 제주	서울, 제주	서울	서울	서울
	수도권 서부	수도권 서부	수도권 서부	수도권 서부	수도권 서부
					수도권 북부
	수도권 동부	수도권 동부	수도권 동부	수도권 동부	수도권 동부
				수도권 남부	수도권 남부
	중부	중부	중부	중부	중부
		전북	전북	전북	전북
	호남 서부	전남 서부	전남 서부	광주	광주
	호남 동부	전남 동부	전남 동부	전남	전남
	경북	경북	경북	경북	경북
	경남	경남	경남	경남	경남
					울산
			울산·부산·제주	울산·부산·제주	부산
					경남제주

지금까지 살펴본 바와 같이 권역은 지역조합들이 소통하고 논의를 진행하는 공식적인 단위이자 비슷한 지역에 사는 활동가들이 활동의 어려움을 나누고 공감하는 정서적 관계망이 만들어지는 곳이기도 하다. 그동안 지역조합은 권역을 중심으로 협동하는 문화를 만들어왔다. 지역조합은 권역으로 모여서 힘을 모으고 이렇게 모아진 힘을 나누어 다시 더 큰 협동을 만들어가고 있다.

"같은 권역에 속한 조합끼리 아무래도 더 친하게 돼요. 지역도 비슷하고 만날 기회가 많으니까요. 처음 이사장을 시작했을 때 모르는 게 있으면 어디에다 물어봐야 할지, 갑자기 문제가 생기면 어떻게 해결해야 할지 정신이 없었는데 이럴 때 같은 권역에 있는 이사장님들에게 많이 물어봤어요. 같은 권역에 있는 조합 이사장끼리 서로 챙겨주고 도와주는 분위기가 있어서 적응하는 속도가 더 빨라졌던 것 같아요." (J권역 S조합 이사장 L)

지역조합은 혼자 할 수 없는 활동들을 권역의 조합들과 협력하여 펼치기도 하고 조합의 활동을 권역 차원으로 확대하여 시너지를 만들어내기도 한다. 2017년에 이루어진 권역별 프로젝트를 정리한 〈표5〉에 의하면 권역별로 이루어지는 지역조합의 사업과 활동은 다양하다.

권역, 지역사회 활동 참여의 구심점

권역은 아이쿱생협의 지역조합이 지역사회 활동에 참여할 때 중요한 구심점이 된다. 각 권역이 있는 지역사회에서 조합원 삶에 영향을

함께하는 ——— 아이쿱생협의 거버넌스 실천   153
미래를 위한 : 2008~2017,
활동   지역조합을 중심으로

〈표5〉 권역 프로젝트 현황

권역	내용
서울권역	권역 교류 연대와 조합 모임 활성화
	아이쿱인증 홍보
수도권 서부권역	쿱쇼—꽃을 피우다
	물품 활동 활성화
수도권 동부권역	활동가 명랑운동회
	와~ 플레이어(물품 활동)
광주권역	조합원 확대
중부권역	식생활 교육 활동가 역량 강화
전남권역	콩팥 매는 아낙네(물품 이용 활성화)

자료 : 『아이쿱소비자활동연합회 제2차 대표자회의 자료집』, 2017.

〈표6〉 권역별 지역사회 활동

권역	지역사회 활동	구체적 내용
부산·울산 권역 6개 생협	반핵 활동	신고리5, 6호 공청회 참여, 아이쿱생협반핵대책위원회 구성, 탈핵시민강좌 개최, 에너지절약실천운동, 고리 1호기 폐쇄 시민캠프 참여, 고리1호기 폐쇄 1500개 인증샷 캠페인 청계천탈핵전국집회 참여 등
서울권역 6개 생협	사회적경제 네트워크	서울시에 우리밀 및 공정무역 물품 공공시장 참여 방안 제안, 협동조합 활성화를 위한 조례 제정 운동. 협동조합 도시를 실천하기 위한 활동
대구·경북 권역 6개 생협	구미 불산 사고 지원 활동	전국에서 모금된 500만 원을 모금하여 물품으로 재난 지역에 지원, 대구경북 지역의 6개 생협 활동가들이 구미생협 조합원 모니터, 재난 선포 기간 동안에 비조합원 이용할 수 있도록 개방
전북권역 5개 생협	GMO완전 표시제 활동	전북 혁신도시로 이전한 농촌진흥청의 GMO작물 개발 반대 활동, GMO 완전표시제 캠페인

줄 수 있는 의제가 생기면 지역조합은 권역을 중심으로 함께 활동을 펼치기도 하고 전국에 있는 지역조합의 관심과 지지를 이끌어내기 위해 노력한다. (<표6>)

　권역을 중심으로 이루어지는 이러한 활동은 협동조합의 7원칙 중 '지역사회에 대한 관심'[14]과 맥을 같이한다고 할 수 있다. 이러한 활동을 통해 협동조합은 조합원 공통의 이익만을 추구하는 조직이 아니라 모두의 이익을 위해 지역사회에 참여하고 기여하기 위해 노력하는 공익성(公益性)을 가진 조직이라는 것을 확인할 수 있게 한다. 또한 권역을 중심으로 이루어지는 지역사회 참여 활동은 '지역'에 대한 새로운 의미를 만들어가고 있다. 즉 지역조합의 사회 활동 참여는 '지역이 학연이나 지연의 근거지가 아니라 시공간을 공유하는 커뮤니티'로 기능할 수 있다는 것을 보여주고 있다. 지역조합의 조합원들은 모임을 통해 더불어 같이 사는 삶의 가치를 경험하게 되고 권역을 구심점으로 지역조합들이 만들어내는 사회 활동에 참여함으로써 사회적 책임과 타인에 대한 배려라는 협동조합의 가치를 실천하는 경험을 가지게 된다. 또한 각 권역에서 이루어지는 이러한 활동은 아이쿱생협이 다양한 이슈를 중심으로 지역사회와 시민단체 그리고 국제기구와 연대할 수 있는 계기를 마련하고 있다. 결과적으로 권역을 중심으로 이루어지는 지역조합의 사회 참여 활동은 협동조합이 우리 사회의 민주적 시민의식을 높이는 마중물로서 기능할 수 있음을 보여주고 있다.

14　에드가 파넬(Edgar Parnell, 2011), 『협동조합 그 아름다운 구상』(Co-operation the beautiful idea), 염찬희 옮김, 그물코, 2012, 66쪽 참고.

광역, 성장과 변화의 중심

앞에 있는 〈표3〉에 살펴본 것과 같이 2017년 8월 현재 전국의 90개 조합은 14개 권역으로 나뉘어서 조합 간 기본적인 소통을 한다. 때로는 14개 권역을 3개의 광역(서울·수도권·제주/ 중부·호남/ 영남)으로 구분하여 광역별 대표자회의가 개최되기도 하고 이사 교육과 총회 준비 교육 등 조합원과 활동가들을 위한 교육 프로그램이 진행되기도 한다.(〈표7〉) 또한 세 광역의 거점을 중심으로 조합원 행사가 진행되기도 하는데 대표적인 것이 2015년에 열렸던 〈"아낌없이 표시하자" 아이쿱 카트축제〉였다. 식품표시제의 개선을 통해 사회 식품안전기준과 소비자 알권리를 높이는 것을 목표로 진행된 이 축제는 서울과 대구, 광주에서 같은 날 동시에 개최되었다.

권역을 넘어 수도권과 중부·호남, 영남을 아우르는 광역은 아이쿱생협이 지난 20년 동안 변화하고 성장하는 데 중요한 거점이 되어 왔다. 2017년 8월 현재 광역별로 지역조합 수를 살펴보면 수도권·강원·제주 지역에는 전체 조합의 40%가 있으며 중부·호남 지역에는 28.9%의 지역조합, 영남 지역에는 31.1%의 지역조합이 분포하고 있다. 지역조합에 참여하고 있는 조합원 수의 분포를 광역별로 살펴보면 조합 수 분포와는 조금 다른 양상을 보이고 있다. 영남 지역의 조합원 수가 전체 조합원의 37.6%에 해당하는 반면 수도권·강원·제주 지역의 조합원 수는 전체 조합원의 34.3%로 나타났다.(〈표8〉)

그런데 아이쿱생협이 창립한 초기부터 영남지역의 조합원 수가 더 많았던 것은 아니다. 2007년부터 2017년까지 광역별 조합원 수 변

광역	권역	지역조합
수도권 강원 제주	서울권역(9개)	강남, 강서, 관악, 구로, 금천한우물, 서울, 송파, 양천, 중랑배꽃
	수도권 동부권역(7개)	광명나래, 광주하남, 군포, 성남, 안산, 율목, 의왕
	수도권 서부권역(5개)	계양, 부천, 부천시민, 인천, 인천미추홀
	수도권 남부권역(6개)	수원, 수원미래, 수지, 용인, 평택오산, 화성
	수도권 북부/ 강원권역(7개)	강화, 고양파주, 김포, 덕양햇살, 의정부, 춘천, 원주해맑은미소(준)
	제주권역(2개)	한라, 제주
중부 호남	중부권역(9개)	대전, 대전글꽃, 아산YMCA, 천안, 청주, 청주YWCA, 충남내포, 한밭, 홍성
	전북권역(5개)	군산, 남원, 부안(준), 솜리, 전주
	전남권역(7개)	광양, 구례, 목포, 순천, 순천YMCA, 여수YMCA, 한울남도
	광주권역(5개)	무진, 빛고을, 빛고을시민, 자연, 화순(준)
영남	경북·대구권역(8개)	경주, 구미, 대구, 대구정다운, 대구참누리, 대구행복, 상주(준), 포항
	부산권역(6개)	금정, 남부산, 동래, 부산진, 푸른바다, 해운대
	울산권역(5개)	울산, 울산시민, 울산중구, 울산해오름, 울주
	경남권역(9개)	거제, 김해, 마산, 사천, 양산, 장유, 진주, 창원, 통영

〈표7〉 광역별 구성

화 추이를 나타낸 〈그림3〉을 살펴보면 2016년부터 영남지역의 조합원 수가 다른 지역에 비해 더 많아진 것을 알 수 있다. 또한 〈그림3〉과 〈그림4〉에 의하면 수도권과 중부·호남, 영남 지역이 시기별로 각각 역할을 담당하면서 아이쿱생협의 성장과 변화를 이끌어왔음을 알 수 있다. 아이쿱생협의 창립 초기에는 수도권의 활약으로 전국

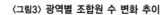

권역	조합		조합원	
	조합 수(개)	비율(%)	조합원 수[15] (명)	비율(%)
수도권, 강원, 제주	36	40.0	75,377	34.3
중부, 호남	26	28.9	61,896	28.1
영남	28	31.1	82,696	37.6
합계	90	100	219,969	100

〈표8〉 광역별 조직 현황 (2017년 8월 현재)

〈그림3〉 광역별 조합원 수 변화 추이

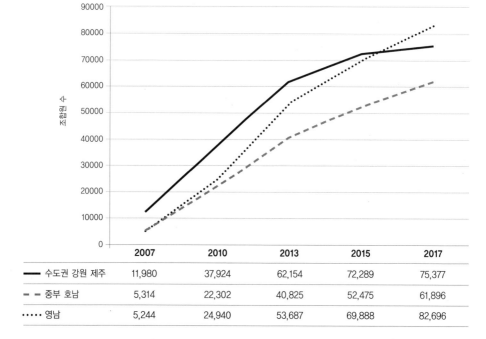

	2007	2010	2013	2015	2017
── 수도권 강원 제주	11,980	37,924	62,154	72,289	75,377
─ ─ 중부 호남	5,314	22,302	40,825	52,475	61,896
····· 영남	5,244	24,940	53,687	69,888	82,696

* 자료 : (재)아이쿱협동조합연구소, 『아이쿱생협 통계 2015』, 2016.
** 2017년은 8월 현재

15 2016년 전국의 지역조합들은 총회에서 모든 조합원이 조합비를 의무적으로 내도록 조합비 규약
을 개정했다. 따라서 이 글에 사용된 조합원 수는 모두 조합비 조합원 수를 기준으로 작성되었다.

물류망이 구축됐다. 수도권에 이어 현재의 아이쿱생협을 가능하게 했던 광역은 중부·호남지역이었다. 중부·호남지역은 2006년부터 2011년까지 수도권과 함께 매장 사업의 성장을 이끌며 직원 교육 프로그램 개발, 매장 경영 전문회사 설립 등 다양한 시도를 했고 아이쿱생협이 영남지역으로 확대되는 데 교두보 역할을 담당했다. 중부·호남지역에 이어 최근 아이쿱생협의 성장을 이끌고 있는 곳은 영남지역이다. 2016년부터 영남권역의 조합원 수는 수도권·강원·제주권역을 넘어섰으며 그 추세는 2017년에도 계속되고 있다. (〈그림3〉)

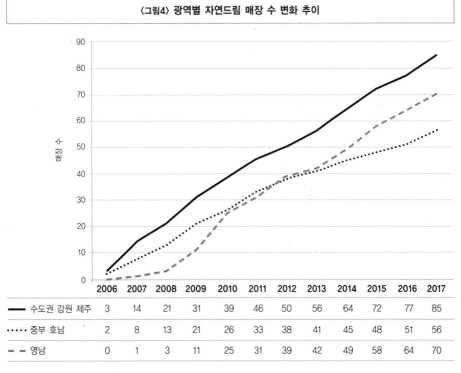

〈그림4〉 광역별 자연드림 매장 수 변화 추이

	2006	2007	2008	2009	2010	2011	2012	2013	2014	2015	2016	2017
—— 수도권 강원 제주	3	14	21	31	39	46	50	56	64	72	77	85
······ 중부 호남	2	8	13	21	26	33	38	41	45	48	51	56
– – 영남	0	1	3	11	25	31	39	42	49	58	64	70

* 자료: (재)아이쿱협동조합연구소, 『아이쿱생협 통계 2015』, 2016.

** 2017년은 8월 현재

4. 전국 연합조직의 구성과 변화 : 집중과 분산

2017년 8월 현재, 90개 지역조합들은 전국 차원의 연합조직인 아이쿱생협사업연합회와 아이쿱소비자활동연합회, 아이쿱인증센터에 참여하고 있다(〈그림5〉).

각각의 연합조직은 다른 목적을 가지고 설립되었으며 핵심적으로 수행하는 역할이 다르다. 세 연합조직의 정관에 명시된 조직의 설립 목적을 정리한 〈표9〉에 의하면 아이쿱생협사업연합회(이하 사업연합회)는 지역조합이 만든 사업연합회로 사업을 통해 협동조합운동의 활성화에 기여하기 위해 노력한다. 아이쿱소비자활동연합회(이하 활동연합회)는 협동조합의 운동을 이끌어가는 연합조직으로 사회적으로 아이쿱의 메시지를 전달하는 데 주력한다. 아이쿱인증센터는 친환경유기식품의 생산과 유통에 대한 신뢰를 높이는 것이 조직의 미션이다.

전국 연합조직, 과제 해결 중심의 유연한 조직 구조

아이쿱생협은 연합조직의 설립 목적에 따라 조직의 성격과 거버넌스를 다르게 구성한다. 사업연합회는 생협법에 근거하여 설립된 비영리단체로 사업 수익에 의해 운영되며 권역별로 추천된 대표자들로 이사회를 구성하고 거버넌스 구조와 실천을 만들어간다. 소비자활동연합회는 지역조합의 수평적 네트워크를 지향하는 조직으로 지역조합의 대표자들이 모두 참여하는 직접민주주의 방식을 채택하고 있다. 아이쿱인증센터는 2004년 발생한 생협 물품의 혼입 사건을 계기로 설립

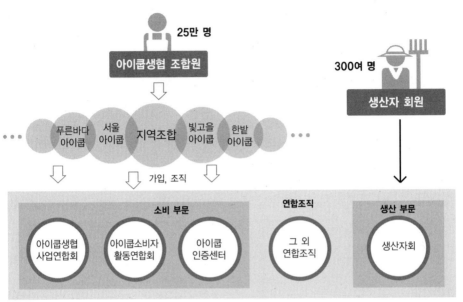

〈그림5〉 아이쿱생협의 연합조직

25만 명

아이쿱생협 조합원

300여 명

생산자 회원

푸른바다 아이쿱	서울 아이쿱	지역조합	빛고을 아이쿱	한밭 아이쿱	

가입, 조직

소비 부문 | **연합조직** | **생산 부문**

아이쿱생협 사업연합회 | 아이쿱소비자 활동연합회 | 아이쿱 인증센터 | 그 외 연합조직 | 생산자회

자료 : 『제18차 이사 코스 심화교육 자료집』, 2017.

〈표9〉 연합조직의 설립 목적

연합조직 이름	정관에 명시된 설립 목적
아이쿱생협 사업연합회	아이쿱(iCOOP)소비자생활협동조합사업연합회(이하, '연합회'라 한다)는 국제협동조합연맹(ICA)이 채택한 협동조합의 정의, 원칙, 가치와 상부상조의 협동정신을 바탕으로 회원 및 조합원의 소비생활의 향상, 생산자와 소비자의 상생, 환경농업의 확산과 지원 및 윤리적인 소비운동을 통한 건강하고 지속가능한 사회의 실현을 목적으로 하며 나아가 국민의 복지와 생활문화 향상에 이바지함을 목적으로 한다. 또한 회원의 사업과 활동을 보호, 지원하고 소비자생활협동조합운동의 활성화를 위해 노력하며 비영리로 운영한다.
아이쿱소비자 활동연합회	본회는 국제협동조합연맹이 채택한 협동조합의 정의, 가치, 원칙과 소비자생활협동조합 간의 협동을 바탕으로 지속가능한 사회를 만들고 삶의 질을 높이며 소비자생활협동조합 간의 협력 사업을 수행하고 새로운 소비자생활협동조합의 설립과 정착을 지원하고 상호간 협력을 통하여 소비자인 국민생활의 향상에 기여함을 목적으로 한다.
아이쿱인증센터	본회는 친환경유기식품의 생산과 유통의 전 과정에 대한 검증 기준을 새롭게 세움으로써 신뢰도를 높여 한국의 유기농업과 협동운동의 발전에 기여하는 것을 목적으로 한다.

되었기 때문에 분명한 미션을 가지고 있으며 권역에서 추천된 대표자들로 구성된 이사회를 통해 지역조합과의 협력을 만들어간다. 사업연합회와 활동연합회의 거버넌스 특징을 비교해보면 사업연합회의 경우 합리적인 의사결정과 책임 있는 집행을 위해 힘을 집중하는 방식을 채택하고 있는 반면, 활동연합회는 다양성과 혁신성을 높이고 활발한 네트워킹을 만들기 위해 힘을 분산하고 있다.

〈표10〉 연합조직의 성격과 특징

조직명	단체 성격	근거법	자치 법규	운영 재원	거버넌스 특징
아이쿱생협 사업연합회	생협연합회 (비영리)	생협법	정관	사업 수익	생협연합회로서 선출직 이사회(대의제)
아이쿱 소비자활동연합회	임의조직	자유	정관	회비, 기타 수입	회원들의 직접민주주의 (전국 대표자회의)
아이쿱인증센터	임의조직	자유	정관	회비, 기타 수입	회원들의 선출직 이사회 (대의제)

자료 : 『아이쿱연합조직 임원 학교 자료집』, 2015.

소비자활동연합회는 지난 10년 동안 가장 큰 변화를 겪었다. 먼저 2002년에 설립된 한국생협연합회가 2008년에 아이쿱소비자생활협동조합연합회(이하 아이쿱생협연합회)로 이름을 변경했고 2012년에는 다시 소비자활동연합회로 바뀌었다. 첫 번째 변화가 아이쿱생협의 정체성 선언과 함께 이루어진 명칭의 변경이었다면, 두 번째는 지역조합과 연합회의 관계에 대한 문제의식을 바탕으로 이루어진 질적인 변화였다.

기존의 연합회와 목적은 동일하나 위상에서 차이가 있다. 기존 연합회는 일정한 강제력을 유지하면서 상급기관으로 역할을 해왔다. 이는 지역생협의 자유로운 연합과는 일정한 차이가 존재한다. 대표적인 기관이 바로 이사회의 설치에 관한 것이다.

이사회를 설치하는 이유는 무엇인가? 무엇을 결정하기 위해서이다. 무엇을 결정한다는 것은 곧 집행해야 한다는 것이고 집행력은 일정한 강제력을 전제로 한다. 강제력을 갖는 조직형태는 곧 상급조직의 관성을 갖게 된다. 소비자 활동에서 강제력은 바람직하지 않다.

(…중략…)

그렇다면 무엇을 결정하지 않는 회의는 어떤 의미가 있는가? 강제력을 갖지 않는 결정이라고 하더라도 결정은 할 수 있다. 다만 의견을 모으는 과정에서 다양한 생각의 차이를 알 수 있고, 이 과정에서 여론을 만들어낼 수 있을 것이다. UN의 많은 회의는 강제력이 없지만 많은 회의와 결의가 이루어지고 있다. 논의 주제가 대부분 소비자 활동에 관한 것이라면 자유로움, 스스로의 결정이 더욱 중요하므로 회의를 통해 협력을 구하는 과정에서 보다 많은 동의를 얻기 위해 노력해야 하고 결과적으로 동의하는 지역조합이 중심이 되어 참여하는 구조가 올바른 협동 방식이 아닐까? 따라서 연합회가 일상적인 상급 조직으로 굳어지지 않게 하기 위해서는 결정 구조를 상설화하지 않는 것이 바람직하다.

—「아이쿱생협연합회와 아이쿱생협연대」, 『제2차 아이쿱그룹경영회의 자료집』,
  2011.

아이쿱생협연합회는 스스로 지역조합의 자유로운 연합조직으로 변화하기 위해 2011년 8월 이사회에서 '연합회 조직 발전 방안 마련을

위한 TF팀 구성'을 결정하고 논의를 시작한다. 그리고 2012년 2월 총
회에서 소비자활동연합회로 변화한다. 당시 소비자활동연합회에 참
여했던 연합회 활동가들은 조직의 변화에 대해 다양한 눈으로 바라
보고 있었다.

"직원들이 중심으로 운영되던 연합회를 활동가 중심으로 바꾸자고 했을 때
처음으로 들었던 생각은 '과연 우리가 할 수 있을까?'였어요. 연합회가 처음
부터 직원들과 같이 있었기 때문에 예산이나 운영 등등 이걸 누가 하지, 어떻
게 하지, 고민이 많았죠. 처음 활동연합회를 만들었을 때는 정신이 없어서 잘
몰랐는데 우리가 무엇을 할지 생각하고 예산을 짜면서 조금 실감이 났던 것
같아요. 협동조합은 조합원이 주인이라는데 우리가 이렇게 주체적으로 할 수
있구나 하는 생각이 들어서 뿌듯했죠." (활동연합회 활동가 M)

"생협연합회를 조합원 중심의 조직으로 바꾸는 회의에서 '조합원 권력'이라는
말이 나왔어요. 처음에는 그게 무슨 말인가 싶었는데 논의를 계속하면서 조합
원이 협동조합의 중심이 되어야 한다는 생각이 굳어졌죠. 하지만 그건 완성된
상태는 아니고 계속 그렇게 추구해 나가는 것 같아요." (활동연합회 활동가 J)

2012년에 출범한 소비자활동연합회는 2014년에 1기를 마치고
2015년에 2기를 시작했다. 2기 활동연합회에는 전국의 대표자들이
직접선거로 회장을 선출하는 새로운 시도와 함께 시작되었으며 '조합
의 합의와 자발성'에 의해 작동되는 연합조직을 만들기 위한 실험을
계속하고 있다.

활동연합회는 조합의 연합체이며 조합원 자치 조직으로서 조합원운동을 만든다. 회장 1인에게 부여된 결정권이 강력할 수 있지만 그것은 개인이 아니라 조합원 힘을 상징한다. 생협연합회 의사결정 방법은 조합 대표자로 구성된 전국 이사회가 지역조합운동의 방향을 만드는 것이었다. 미숙한 생협 운영의 실패를 줄이기 위한 집중과 지원이 필요한 구조로 적절했지만 연합회의 결정이 곧 조합의 방향으로 이어지는 구조였다. 생협연합회 사업 계획이 강제력을 가졌다면 활동연합회 사업은 강제력이 아니라 조합의 합의와 자발성으로 만들어지고 지역조합을 강화하는 수단이다. 활동연합회는 조합원운동을 위한 의제를 만들고 조합원 사업과 조직의 전략을 소통하는 중심이며 조합의 파트너이다. 조합의 필요에 의해 구성된 연합회는 조합과 함께 활동하며 연합회의 성과는 조합과 조합원의 몫으로 돌려지게 된다.

—아이쿱소비자활동연합회, 「아이쿱소비자활동연합회 정체성」, 『신임 이사장 연수 자료집』, 2017.

협동조합의 민주적 거버넌스에 대한 오해와 이해

2015년에 아이쿱생협은 〈예외 없는 식품완전표시제 캠페인〉을 전국 차원으로 진행했다. 캠페인을 통해 아이쿱생협은 우리 사회의 식품 안전 기준을 높여 소비자의 알권리를 찾자는 메시지를 많은 사람들에게 전달함으로써 소비자생활협동조합으로서의 정체성을 드러내는 계기를 마련했다. 그러나 원래는 캠페인 대신 2015년 5월에 〈우리 농업 지키기 10만인 소비자 대회〉가 개최될 예정이었다. 어떻게 2014년 6월부터 준비되었던 행사가 불과 2개월을 남겨 놓고 전혀 다른 성격의 캠페인으로 전환되었을까? 캠페인의 의제가 바뀌는 과정을 통해 협동조합의 민주적 거버넌스에 대한 몇 가지 오해에 대해 살펴보자.

〈캠페인 전환 논의 과정〉

2014년 6월 : 10만인 대회 준비팀 구성(활동연합회 활동가와 직원들을 중심으로)

2014년 7월 : 10만인 대회 추진위원회 구성(권역별로 2명의 대표자를 선출)

2014년 10~2월 : 제1, 2, 3, 4, 5차 10만인 대회 추진위원 전체회의

2015년 2월 : 활동연합회 전국 대표자회의에서 10만인 대회 추진 결의문 채택(지역조합들도 각 총회에서 결의문 채택)

2015년 2월 : 제6차 10만인 대회 추진위원 전체 회의

2015년 3월 : 제7차 10만인 대회 추진위원 전체 회의(10만인 대회 연기 및 새로운 캠페인 진행하기로 결정/ 투표 실시)

2015년 3월 : 전국 이사장 연수에서 축제 연기 및 성격에 대한 논의 진행

2015년 4월 : 제8차 10만인 대회 추진위원 전체 회의(추진단을 전국으로 확대 재구성할 것을 활동연합회에 제안)

2015년 4월 : 권역별 대표자회의에서 〈예외 없는 식품완전표시제 캠페인〉 진행 논의

2015년 4월 : 전국 대표자회의에서 캠페인 및 10월 완전표시제 축제를 진행하기로 결정

아이쿱생협은 2005년에 〈우리 쌀 지키기 우리 밀 살리기 소비자 1만인 대회〉를 개최했다. 1만인 대회를 통해 수입 쌀에 대한 시장 개방

문제를 사회적 과제로 부각하고 소비자생활협동조합의 정체성을 시민운동 단체라기보다는 사회적 문제에 대해 대안을 모색하고 실천하는 조직으로 정리하기 위해 노력했다. 1만인 대회 개최 이후 10년이 지난 2015년의 현실도 별반 다르지 않았다. 오히려 농업과 농촌은 더 심각한 위기 상황에 놓여 있었기 때문에 소비자생활협동조합으로서 다시 한 번 이런 현실을 사회적 과제로 부각하기 위해 〈우리 농업 지키기 10만인 소비자 대회〉가 기획되었다. 10만인 대회는 〈우리 농업을 지키는 100만 소비자 서약운동〉 등도 함께 진행하면서 최대한 많은 사람의 참여를 이끌어내는 것을 목표로 했다. 이러한 목표를 달성하기 위해 권역별로 2명씩 대표자를 선출하여 '10만인 대회 추진위원회'를 구성하고 본격적인 준비에 돌입했다. 그러나 10만인 대회를 두 달 정도 앞둔 2015년 3월에 대회 연기와 캠페인 내용에 대한 재설정이 결정됐다. 치열한 토론과 신중한 투표[16]로 10만인 대회 연기 및 의제 재설정이 결정된 이유는 10만인 대회의 미션인 많은 사람들의 참여를 이끌어내기 위한 준비가 미흡했고 더 많은 참여를 이끌어내기 위해서 의제를 다시 설정할 필요가 있다는 점 때문이었다.

추진위원회의 결정에 대해 다양한 의견들이 나왔는데 그 중에는 "추진위원회가 그런 결정을 내릴 권한이 있는가?"도 포함되어 있었다. 권역에서 추진위원을 추천했지만 대표권까지 부여한 것이 아니라는 것이었다. 그동안 지역조합들은 의사결정을 위해 직접민주주의 방식과 대의제를 상황에 따라 적용해왔기 때문에 이례적인 상황이 아니었음에도 불구하고 추진위원의 대표성에 대해 많은 문제 제기가 있었다. 이 부분에서 협동조합 거버넌스에 대한 첫 번째 오해를 발견할 수 있

---

16 당시 총 17명이 투표에 참여했는데 1표 차이로 10만인 대회 연기 및 내용 재설정이 결정됐다.

다. 바로 '과정과 절차에 대한 집착'이다. 많은 사람들이 협동조합의 민주적 거버넌스를 위해 과정과 절차를 정확하게 설계하는 일에 집중한다. 물론 거버넌스 구조를 만드는 일은 매우 중요하다. 그러나 그것이 실제 상황에서 의도한 대로 작동하기 위해서는 구조가 만들어진 맥락에 대한 이해와 의도한 대로 작동할 수 있도록 함께 노력하겠다는 합의가 필요하다. 추진위원의 대표성에 대한 논쟁은 이후 권역별로 대표자를 추천할 때 대표자의 권한과 책임에 대해서도 분명하게 정리하는 변화를 만들어냈다.

추진위원회의 결정 이후 전국 이사장 연수, 10만인 대회 추진위원회의, 권역별 대표자회의, 전국 대표자회의 등을 통해 밀도 높은 논의가 이어졌다. 이러한 과정을 통해 지역조합의 대표자들은 10만인 대회를 준비하면서 놓쳤던 것이 무엇인지 공유하게 되었고, 이를 바탕으로 새롭게 설정된 〈예외 없는 식품완전표시제 캠페인〉을 성공적으로 진행할 수 있었다. 만약 추진위원회의 결정 이후 숙의 과정을 거치지 않고 바로 다른 캠페인으로 전환되었다면 어땠을까? 이 부분에서 협동조합 거버넌스에 대한 두 번째 오해를 찾을 수 있다. 협동조합의 민주적 거버넌스는 정답을 찾으면 끝나는 단답형 문제 풀이가 아니다. 그렇기 때문에 거버넌스 실천에 대해서 관심을 가질 필요가 있다. 참여자들이 달라진 환경 속에서 어떤 의미를 만들어내는지, 그렇게 만들어진 의미가 참여자들의 상호작용을 통해 변화시키는 것은 무엇인지에 대해 관심을 가져야 한다.

*

　지금까지 지난 10여 년 동안 민주적 거버넌스를 지향하는 아이쿱
생협의 지역조합들이 어떻게 조합원에 의한 민주적 통제를 만들어왔
으며 변화하는 환경 속에서 어떤 새로운 의미를 만들어왔는지 살펴보
았다. 지역조합이 모두 참여하는 연합조직의 거버넌스는 조직의 미션
과 비전에 따라 다른 특징을 가진다. 사업연합회는 의사결정력과 집
행력을 높이기 위해 힘을 집중하는 거버넌스를 채택했다면 활동연합
회는 다양성과 혁신성을 높이기 위해 힘을 분산하는 거버넌스를 채택
했다. 조직 규모의 급격한 성장을 경험한 지역조합들은 임의단체에서
법인으로 전환하고 조합원과 임원들에게 다양한 교육·훈련 프로그램
을 제공함으로써 성숙한 거버넌스 제도와 실천을 만들기 위해 노력했
다. 또한 같은 행정구역에 속하거나 가까운 거리에 있는 다른 지역조
합과 권역을 구성하여(집중) 다양한 지역사회 활동을 전개했으며 때로
는 광역별로 나뉘어(분산) 아이쿱생협의 성장과 변화를 이끌어갔다. 이
과정에서 공익(共益)을 넘어 공익(公益)을 추구하는 협동조합의 정체성
에 대한 새로운 의미를 생성했다. 성장과 성숙, 공익(共益)과 공익(公益),
집중과 분산은 아이쿱생협의 거버넌스 특징을 설명하는 데 매우 유용
한 개념이라고 할 수 있다.

활동과 배움으로 성장하는
조합원

김미라

조합원이 되어 자연드림을 이용하다

2002년에 아이쿱생협의 전신인 한국생협연합회가 창립되었다고 하지만, 2009년 조합원으로 가입하기까지 내게 아이쿱은 금시초문인 조직이었다. '생협'이라는 단어 자체도 너무 낯설었다. 심지어는 '사람을 모으니까 다단계 조직인가'라는 생각도 했었다. 그러던 어느 해, 바로 집 앞에 자연드림 매장이 생겼고 이미 생협에서 활동가로 있던 선배 언니는 나와 마주칠 때마다 생협에 가입해 함께 활동하자고 종용했다. 그때마다 거절을 하면서도 속으로는 '똑똑한 언니가 왜 저런 이상한 단체에서 저러고 있지?'라는 의심 어린 생각을 늘 했었다. 그때는 자원 활동에 대한 개념도 없었기 때문에 한편으론 선배 언니가 생협에 '취직'을 한 것으로 생각했다. 어쨌든 선배 언니 때문에 조합원으로 가입을 하게 되었고, 또 매장이 바로 집 앞이니 가끔씩 이용은 하게 되었다. 하지만 사실 가입했을 때 낸 기초출자금 3만 원과 매달 내는 조합비 2만 5,000원이 아깝다는 생각이 컸다. 더구나 내 돈 내고 내가 장보는 건데 매장을 이용할 때마다 적은 돈이었지만 '매장이용출자금'이라는 것까지 나갔다. 협동조합의 '협' 자도 몰랐던 때이니 그 돈이 어떤 성격을 가지고 있고 어떻게 쓰이는지 알 턱이 없었다. 물품 구매가 활동으로까지 이어지지 않았더라면 아마도 조합을 탈퇴하지 않았을까 싶다.

처음 생각의 변화를 가져다준 건 다름 아닌 '빵' 때문이었다. 출산과 육아를 거치면서 쌓이는 스트레스를 프렌차이즈 빵집의 두툼한 모카크림빵과 1000㎖ 우유로 풀던 그때 내게 남은 것은 아토피와 비대해진 몸뿐이었다. 몸이 가려워 수시로 긁어댔고, 그런 상태에서 모유 수유를 받은 둘째는 겨울만 되면 급성 알레르기 천식을 앓아 나를 죄책감에 빠뜨렸다. 그러면서 내가 먹는 먹거리에 대해 고민을 하게 되었다. 그때 만난 것이 자연드림의 빵이었다. 자극적인 문구와 화려한 광고처럼 달콤한 맛과 싼 가격이 능사는 아니었던 것이다. 조합 활동을 하면서 빵 하나에 얽힌 우리밀 이야기와 생산자 이야기를 들으면

자연드림 차량

서, 비로소 '윤리적 소비'라는 개념을 만나게 되었다. 내가 먹는 빵이, 혹은 두부와 우유가 그저 단순한 소비재에만 그치는 것이 아니라 그 것이 우리 농업을 살리고 지속가능한 생산의 토대를 만들며, 결국 우리 사회를 건강하게 만든다는, 어쩌면 낡은 명언과도 같은 말들이 비로소 '내 것'이 되었다. 그 후로는 일반 마트 대신 자연드림 매장의 단골이 되었고 가입비로 냈던 기초출자금과 매달 내는 조합비가 아깝다는 생각에서 벗어나게 되었다. 조합원이 늘면서 조합비 1만 원 시대가 열렸지만, 어쩌면 2만 5,000원 조합비 시대 때 더 큰 가치를 경험한 것 같다. 수매선수금이나 책임출자금을 통해 조합원으로서 생협 발전에 기여한다는 뿌듯한 생각도 이때의 경험이 기초가 되지 않았나 싶다.

그렇다고 내 경험이 특별한 것은 아니었다. 이웃이나 친구가 사용하는 물품을 보고 그들의 권유로, 혹은 건강상의 문제로 생협 물품들을 이용하게 되는 저마다의 공통된 경험들이 있을 것이다. 가입 동기가 물품이든 이웃의 권유든, 결국 조합원의 위치를 오래 유지할 수 있게 하는 건 생협 먹거리에 대한 무한 신뢰가 아닐까 싶다. 신뢰에 기반한 물품의 오랜 소비가 결국에는 협동조합 활동으로 이어지고, 그것이 지역과 사회에 대한 관심을 확장하는 하나의 요소로서 작용하는 것이다.

물품을 넘어서 마을모임과 소모임으로 나를 채우다

물품에서 출발한 생협에 대한 관심은 마을모임을 시작하면서 더욱 깊어졌다. 알고 지내는 이웃 엄마들끼리 모여 이야기하는 3종 세트(아이 교육, 남편, 시댁)에 지친 내게 뭔가 생산적인 이야기를 풀어놓을 돌파구가 필요했고, 그 기초 버전이 마을모임이 아니었나 싶다. 허름한 사무실과 몇 명 수용하지도 못하는 조합의 교육 공간에서 마을모임이나 소모임이 활발히 진행되던 광경을 나는 지금도 잊지 못하고 있다. '삭막한 아파트에 둘러싸여 오로지 이기심으로만 채워진 마을에서 이런 모임이 활발하게 이루어지고 있다니' 하고 놀라면서 마을모임에 참여했다. 그리고 생협의 물품들을 직접 먹어보고 판단해서 그것을 생산에 반영할 수 있다는 사실에 놀라지 않을 수 없었다. '그들'이 일방적으로 생산한 물품을 소비하는 것에 그치지 않고 '엄마의 눈'으로 깐깐하게 물품을 심의하는 과정은 내가 생협의 조합원이고, 의사결정권자의 한 사람이라는 의식을 물과 공기처럼 스며들게 만들었다. 각자의 집을 돌며 안건지를 앞에 두고 물품에 대한 평가와 기준, 생협의 행사들 그리고 변동사항을 이야기하고 함께 나누던 뜻 깊은 시간들이었다.

2000년대 초에 만들어졌으니 벌써 15년 정도가 되었지 싶어요. 처음엔 인원이 너무 많아 세 개의 마을모임으로 분리되기도 했죠. 그런데 공군부대 근처라는 특성상 얼마 살지 않고 이사 가는 집이 많았어요. 그래서 분리되었다가 또 합쳐지기도 했다가, 지금은 여덟아홉 명이 모인 하나의 금산마을모임으로 운영되고 있어요. 기본적으로 안건지를 공유하는 활동은 늘 해왔고, 모임이 오래되다보니 더하기 활동으로 이제 안 해본 것이 없을 정도지요. 천연 모기 기피제, 천연 세제 만들기부터 육아와 관련된 다양한 정보 공유까지···. 그래도 가장 호응도가 높았던 건 역시 반찬 만들기였어요. 매달 돌아가면서 각자의 집을 개방하여 마을모임을 하는데, 처음 들어온 사람은 아무래도 서로 친해질 시간이 필요하니까 1년 동안은 집을 개방하는 유예 기간을 두고 편하게 모임에 참석할 수 있도록 하고 있고요. 다들 나이가 있는지라 모임 일정을 깜박하는 경우도 있는데, 미국에 잠깐 살러 간 조합원이 카카오톡으로 모임 날짜와 장소를 알려주기도 해서 깜박깜박하는 우리들을 챙기기도 해요. 조합 활동은 상대적으로 덜 적극적이지만 그래도 조합 소식에 민감하고 완전표시제 캠페인 펀딩에도 두말없이 참여하는 사람들이에요. 이제는 마을모임이 삶의 위안이고 활력소가 되는 것 같아요. (금산 마을모임지기)

갈수록 마을모임 수가 줄어든다는 걱정은 있지만 조합 초기부터 함께해온 마을모임도 존재한다. 그밖에 적어도 3~4년 된 마을모임이 각 아파트별로, 혹은 동네별로 조직되어 여전히 조합을 구심점으로 조합원들의 참여를 이끌어내고 있다. 마을모임은 새로 가입한 누군가에게는 사랑방 구실을 톡톡히 하는, 생협으로 뭉친 사람들의 이야기가 있는 공동체이다.

마을모임보다 좀 덜 부담스럽고 개인의 자유로운 선택이 더 많이 작용하는 곳이 다양한 소모임들이지 않나 싶다. 생협 초기에는 아토피 모임이나 천연화장품 만들기 소모임 정도가 있었지만 이제는 개인의 다양한 관심사가 반영된 영어나 중국어, 일본어 등의 어학소모임부터 캘리그라피, 꽃꽂이, 영화 보기 같은 취미 소모임, 그리고 주부들

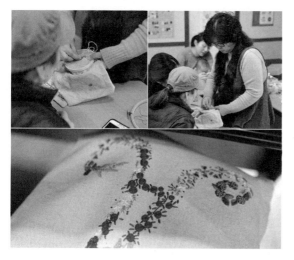

청주아이쿱자수모임

의 가장 기본적인 고민을 반영한 반찬 소모임 등 여러 소모임들이 생겨났다. 우쿨렐레나 기타, 오카리나 같은 악기를 다루는 모임도 있어 조합 행사 때 카페에서 연주회를 선보이기도 하고 외부 공연에 게스트로 초대받기도 한다. 뜨개나 바느질 소모임은 전시회 개최뿐만 아니라 나눔 바자회의 물품을 담당하고, 그 수익의 일부를 조합에 기부하기도 한다.

모두가 각자 가지고 있는 재능이 있지만 그 다양한 재능들을 발휘할 기회가 없다가 소모임을 통해 남을 위해 나누기도 하고 서로 협동도 하면서 행복한 결과물을 내기도 한다. 무엇인가를 배우기 위해 학원에 등록해서 비싼 비용을 들여야만 하는 배움이 아니라, 서로가 서로의 재능을 나누며 함께하기 때문에 가능한 배움들이 생협에는 있다. 생협의 공간은 그런 배움과 활동을 위해 언제나 그 가능성의 문을 열어두고 있다. 결국, 브런치보다는 생협이다.

위원회 활동으로 생협에 한 발짝 더 다가서다

마을모임에서 활동을 더 확장하지 못하고 있던 차에 위원회 활동을 권유했던 선배 언니의 '한 달에 한 번만 나오면 돼'라는 말은 매우 유혹적이었다. 활성화되어 있는 위원회 중 편집위원회(현 홍보위원회)에 참여하여 주로 조합 소식지를 만드는 활동을 하게 된 계기였다. 위원장이었던 선배 활동가의 조언에 따라 조합과 연합회의 소식을 모으고 조합원을 인터뷰하고 글을 구성하여 하나의 책자로 만들어내기까지의 과정은 어쩌면 조합의 모든 활동에 신경을 곤두세우고 있어야 하는 활동이었다. 자연스레 조합의 여러 가지 행사며 교육 일정들을 숙지하고, 또 참여하는 계기가 되었다. 허름하고 좁은 조합의 교육 공간에서는 끊임없이 소소한 강좌들이 열리고, 외부나 연합회 강사를 초빙한 다양한 활동가 교육이 활발하게 진행되고 있었다. 아토피 모임이나 화장품 만들기, 아이들의 교육과 육아, 면생리대 만들기와 같은 소소한 강좌에서부터 삶에 대한 진지한 성찰을 하게 하는 인문학 강의, 그리고 내가 사 먹는 물품을 생산하는 생산자들의 이야기까지, 폭넓은 소통들로 공간이 가득 채워졌다. 광우병이나 핵, 선거와 같은 민감한 사회적 이슈에 대한 묵직한 강의도 있었다.

관에서 주최한 어떤 강연을 다녀오신 조합원이 주최 측 관계자에게 "살다 살다 이런 별 '거지같은' 강의는 처음 들어봤다. 강의가 어떠해야 하는지를 보려거든 아이쿱생협을 가보라"고 일갈했다는 말이 있는데, 그만큼 조합에서 열리는 많은 강의의 질이 높다고 볼 수 있다. 소식지 내용을 쓰기 위해 듣던 강의가 점점 일상에서 접하기 어려운

열린임원학교 워크숍

'공부'가 되면서 삶의 허전한 일부분을 채우는 시간이 되었고, 의외로 사람에 대해 까다로운 내 성격을 좀 유연하게 만드는 계기가 되기도 했다.

그러나 위원회 활동 중 가장 인상적인 경험으로 다가온 것은 상반기 활동가 워크숍이었다. 활동가 워크숍 참여는 처음이었고, 또 그날의 기록을 소식지에 싣는 역할을 맡게 되어 한발 떨어져 전체적인 진행을 지켜보게 되었다. 지금이야 하도 많이 접해서 워크숍 방식이 늘 그렇지 싶지만, 조를 나누어 공통의 주제로 토론을 하고 그 토론 결과를 바탕으로 각 조의 발표자가 앞에 나와 발표를 하는 과정이 너무나도 유쾌하고 자연스러웠다. 모두가 참여하고 누구도 소외되지 않는 그 과정들을 지켜보며 나는 생협의 역동성이 바로 저기서 나오는구나 싶었다. 의견을 모아 공론화하고, 또 그 과정에 누구나 참여하고, 목소리를 다양하게 내는 과정…. 진정한 민주적인 모습을 그 와글와글한 현장에서 본 것이다. 요즘 가끔 시민사회단체의 회의에 참석하여 의견을 낼 기회가 있었는데, 나는 어디에서도 그때처럼 활발한 의사결정 방식을 본 적이 없다. 각 단체의 대표가 참여하는 회의 결과를 두고 내가 참여하지 않았으니 처음부터 다시 논의하여 결정하자고 하는 사례도 있다고 들었다. 이런 일방적 의사결정 과정이나, 누군가는 항상 목소리를 높이지만 누군가는 아예 의견을 낼 분위기조차 주어지지 않는 회의 방식은 참석한 사람들의 피로도를 높일 뿐이다. 날마다 아줌마들이 모여 떠들기만 하는 조직이라는 편견을 가지고 목소리를 높이는 사람들에게 모든 과정이 이런 민주적 절차로 이루어지는 생협의 시스템을 체험하게 하고 싶다. 우리의 방식은 재미있었고, 또 옳았다.

교육으로 협동을 배우다

　생협 활동을 나름 한다고 했지만 누가 생협에 대해 물으면 당황해서 버벅거리던 때였다. 생협 활동에 대해 열망만 가득했지 출자가 무엇이고 차입은 또 무엇인지, 인증센터는 어떤 곳이고 물품 취급 기준은 어떠한지 명확하게 설명하지 못하는 기초 활동가에 불과했다. 그러던 어느 날 『생협 활동가 첫발 내딛기』라는 파란색 자료집이 주어졌다. '한걸음교육'의 시작이었던 것이다. 이틀에 걸쳐 협동조합이 무엇인지, 아이쿱생협은 언제 생겨나 어떤 역할을 하고 그 성과는 무엇인지, 우리가 바꾸고자 하는 식품 질서란 어떤 걸 말하는지에 대해 비로소 체계적으로 가닥이 잡히기 시작했다. 로치데일공정선구자협동조합이나 협동조합 생태계가 이미 오랜 역사를 통해 형성된 영국과 이탈리아의 사례들, 조합비의 쓰임과 정보 공개를 기본으로 하는 인증 시스템 등의 이야기들을 들으면서 한국 사회에서 아이쿱생협이 제대로 발전한다면 대기업 위주의 경제구조를 바꾸는 데 일조할 수 있겠다는 생각을 어렴풋이나마 하게 되었다. 그때가 2012년이었다. 그러던 내가 이제는 조합원들을 대상으로 한걸음교육을 하고 있다. 내가 생협에서 느꼈던 감동을 전달하고 생협이 전 세계적으로, 또 우리 사회에서 어떤 역할을 하고 있는지 제대로 알리기 위해 매번 극도로 긴장하지만, 강의를 들은 조합원들이 생협에 대해 좀 더 알게 되었다는 평가를 남길 때는 뿌듯하기 그지없다. 조합원들을 대상으로 하는 교육이지만 결국 내게도 교육의 확장인 동시에 심화 과정이다. 배워서 남도 주고, 배워서 내가 더 단단해지지 않았는가.

한걸음교육에 더해 생협에 대한 의식을 더욱 넓히게 된 것은 권역 협동학교였다. 다른 지역 활동가들을 만나는 것도 좋았지만, 특히 기억에 깊이 남아 있는 부분은 신성식 현 아이쿱클러스터 CEO가 그려 보이던 생협의 4기 발전 전략이었다. 클러스터를 만들고 활동가 복지를 강화하고 더 넓게는 생협의 생태계를 구축하자는 이야기들이 의심도 없이 다가왔다면 거짓말이었겠으나(사기꾼인가 싶었다) 말대로만 된다면 생협이 만들고자 하는 미래가 우리 사회에서 충분히 유효하겠다는 생각을 했었다. 그런데 2014년, 그 미래가 바로 눈앞에서 펼쳐진 것이

아이쿱생협 한걸음교육

다. 구례자연드림파크로! 극장도 하나 없는 구례군에 자연드림파크
가 생기면서 고용이 창출되고 병원이 생기고 문화가 바뀌는 과정을 얼
마나 가슴 뛰며 지켜보았던가. 그곳은 단순한 공방이 아닌 희망적인
미래 삶을 확신할 수 있는 산 증거였고, 활동에 대한 확신이었다. '진
짜로' 사회 변화가 가능하다는 것을 믿게 한 지표 같은 곳이었다. '활
동에 부정적인 남편들을 구례에 하루만 데려가면 태도가 바뀌고 생협

활동 열심히 하라고 한다'라는 말이 그냥 나온 것이 아니다. 그만큼 구례와 괴산의 클러스터는 단순한 클러스터가 아닌 아이쿱생협의 규모를 보여주고, 신뢰의 상징이 되는 곳이다.

활동에 '미친 이사님'이 되어 종횡무진하다

기초 활동가로서 자리를 잡아가면서 그에 비례하여 생협에 대한 애정도 커졌지만, 더불어 이해가 안 되는 일들이 생기기 시작했다. 그 첫 번째가 기초 활동가들은 그렇다손 치더라도 핵심 활동가로 일하고 있는 이사들이나 이사장, 국장 등의 직급들이 받는 활동비였다. 거의 하루도 빠짐없이 조합에 나와 조합의 여러 일정들을 챙기고 온갖 연대 행사에 참여하고 조합원을 대상으로 한 무수한 행사를 진행하는 사람들이 '그것밖에 안 받아?'라는 의문이 들기 시작한 것이다. 기초 활동가로 있으면서도 자원 활동에 대한 이해가 전혀 안 되어 있던 때였다. '이건 노동 착취야'라고 입에서 불을 뿜었다. 그리고 이사회를 거쳐 위원회에 전달되는 회의 내용이나 기타 연합회 기조에 따른 것들을 실행할 때 늘 그 이상의 정보를 모른다는 것이 답답해지기 시작했다. 그 의사결정이 궁금해지기도 했다. 그래서 스스로 이사가 되기로 했다. 의사결정의 핵심 단위가 되면 실천을 해도 더 하고, 비난을 해도 알고나 할 것 아닌가. 그 후 총회에서 보선을 통해 이사가 되었고, 그해 9월과 10월 부산을 오가며 이사가 되기 위한 워크숍에 참여하고 시험을 치르며 가을을 보냈다. 제주도까지 이사 연수도 다녀왔다. 제주도에서의 가장 큰 소득은 전국 아이쿱 활동가들을 만나 서로가 처한 활동의 어려움들을 듣는 시간이었다. 시간이 없다는 핑계로 그동안 출제되었던 기출문제만 붙잡고 겨우 시험 합격의 마지노선만 유지했던 나와는 달리, 책 내용을 녹음해서 농사일을 할 때 그것을 들으며 일했다는 한 생산자의 이야기는 나를 숙연하게 했다. '이게 뭐라고 저렇게까지 치열할까' 의문도 들었지만 코끝이 매워지는 것은 어쩔 수가 없었다. 한편 젖먹이 갓난아이를 데리고 연수를 오신 분도 있었는데, 연수 기간 내내 남편이 따라다니며 수유할 시간에만 잠깐잠깐 아이를 데려오고는 했다. 나라면 꿈도 꾸지 못할 일이었다. 같은 조에 배정된 활동가들이 각자 자기 조합의 사정을 이야기하면서 활동의 어려움을 풀어낼 때는 '조합 활동이 모두 잘되는 것은 아니구나'라는 생각과 함께 '그럼에도 이 길을 가는 사람들의 열정은 무엇 때문일까'라는 생각을 많이 했다. 가끔 전국 단위의 워크숍이나 권역 단위의 행사에서 그때 같이 이사 코스를 수료했던 활동가들을 만나기도 한다. 벌써 이사장이 된 분들도 있다. 그만두지 않고 열심히 활동하고 있다는 안도감과 자랑스러움이 동시에 드는 것은 나만의 생각일까.

요행히 시험에 붙어 '진짜' 이사가 되었고 이때부터 본격적인 재미를 느끼게 되었지만, 무한 책임이 활동을 압도하는 날들이 드디어 내 앞에 펼쳐지기 시작했다. 두 달에 한 번 소식지를 만들고, 인문학 강좌와 전시회를 기획하고, 공동체 영화 상영을 하는 모든 일들이 우리의 계획과 실행으로 이루어졌고, 또 그것을 접하는 조합원들의 반응이 뿌듯한 성과로 돌아오는 한 해였다. 그 모든 것이 다시 활동을 해나가는 힘이 되었다. 혼자서는 생각지도 못할 것들이 여러 사람의 생각이

이사 코스

모이면 새롭고 다양한 의견들이 나오고 그것이 시너지 효과를 발휘한다는 것을 온몸으로 배우는 시간이었다. 힘들었지만 그만큼 재미가 났다. 위원회를 이끌기 전에는 그냥 한 개인으로서 예민한 시각을 가진 정도였다면, 위원회를 이끌게 되면서는 사람들과 화합하고 내 이기심을 억누를 수 있게 되었다. 리더로서 판단하고 그만큼 희생도 하는 과정 속에서 오만하고 편협했던 40대의 나라는 틀을 조금이나마 깰 수 있는 기회가 되지 않았나 싶다.

그러나 이사라는 자리가 결코 재미와 유쾌함만 가져다주는 건 아니었다. 이사회를 거듭하면서 우리가 결정해야 하는 일들이 많아질수록 더불어 그 부담감은 한없이 늘어났다. 재무제표를 보며 조합의 살림을 걱정하고, 마른 표고버섯 하나 매장에 들이는 일에도 예민해질 수밖에 없었다. 조합의 사고뿐만 아니라 우향우 사건이나 직원 뇌물 사건과 같은 연합회 차원의 사고라도 발생하면 강한 피드백을 하는 조합원들이나 조직을 폄하하는 외부인들을 상대하느라 진땀을 흘리기도 했다. 수매선수금이나 책임출자금에 가입시키기 위해 조합원들을 독려하는 일, 식품완전표시제와 Non-GMO 캠페인을 더 널리 알리는 일, 그리고 지역에서 권역자회사로 제3매장을 내기까지의 온갖 과정에서의 판단과 책임도 모두 우리의 몫이었다. 좋은 사례를 만들기 위해 논의에 논의를 거듭하는 시간들이 반복되었고, 그 속에서 이해되지 않고 납득되지 않는 부분을 합의해내기까지 오랜 시간이 걸렸다. 우리가 의사결정 단위라는 사실을 날것으로 체감하는 시간이었다.

그렇게 단련이 되었다. 그리고 그 단련된 힘을 바탕으로 시민·사회단체에 참여했다. 특정 정당이 수십 년째 지배하고 있는 지역의 정치 풍토를 바꾸고 생활정치를 실현하자라는 취지에서 단체도 만들었다. 그곳에서 신문을 만들고, 집회를 하고, 주민소환을 위해 길거리 서명을 받았다. 1인 시위도 두렵지가 않았다. 모두 생협에서 배운 질서와 강단 덕분이었다. 오늘 이 시점에도 어느 지역에서는 핵발전소 반대 운동이, 또 어느 지역에서는 무상급식을 위한 학부모 활동이, 그리고 또 어느 지역에서는 GMO 반대 운동이 한창일 것이다. 무한 연대의식과 당위의 지지를 보낸다.

세상을 보는 시각을 만나다

조합에서도 수많은 강좌나 배움의 기회가 있었지만, 연합회 차원의 '포럼'들은 또 다른 신세계를 열어주었다. 핀란드, 스페인, 일본에서 온 학자들이 이야기하는 것을 알아듣기 위해 처음 통역기를 써본 것도 포럼에서였다. 내용도 내용이었지만 그냥 그 자리에 참석하는 것만으로도 뿌듯하고 행복했다. 주로 서울에서, 또 어느 날은 대전 등지에서 포럼이 열렸다. 한국과 일본의 소비 트렌드, 협동조합 법제도에 대해 들었고, '저성장기 생협의 미래 전략'에 대한 토론도 있었다.

어느 날은 페루에서 날아온 바나나 생산자 매니저가 우리 앞에 서 있고는 했다. 공정무역이 그 지역의 교육과 의료를 바꾸고 생활환경을 개선한다는 것을 직접 듣고는 매장에 들어오는 바나나에 심하게 감정이입이 되기도 했다. 포럼은 아이쿱생협이 단지 우리나라에만 한정된 조직이 아니라 세계와 함께 끊임없이 그 진로를 모색하고 발전하고자 하는 조직이라는 걸 의식 속에 새기는 계기였고, 다양한 주제들로 생협의 발전을 위해 노력하고 있음을 보여주는 장이었다. 또한 내가 이 단체에 속해 있다는 자부심을 주기에 충분한 시간이었다.

그리고 또 다른 혜택으로 '열린임원학교'를 마쳤다. 2주마다 한 번씩 '생활 속의 민주주의, 사람 중심 경제, 지속가능한 미래-생활 속의 협동' 등 각자 다른 주제가 우리를 기다리고 있었다. 다양하고 갈수록 심화되는 내용의 주제는 4차 산업혁명 시대에 대한 우려와 호기심을 동시에 갖고 있던 내게 '기술은 인간의 자유와 노동을 위해 통제되어야 하고 인간은 새로운 섹터를 짜는 것이 필요하다'라는 말로 아직 오지 않은 미래에 대한 우려를 정리할 수 있도록 해주었다.

민주적 질서를 배우는 이사회와 총회

아이쿱생협의 여러 가지 활동과 교육 등의 모든 과정이 나를 견인하는 요인으로 작용했다. 그중에서 정말 한 사람의 주부로 존재할 뿐이었던 내게 그나마 높은 전문성을 요구하고 민주적 질서를 익히게 한 것은 매주 월요일 아침 10시에 진행된 이사회였다. 이사장과 10여 명의 이사로 구성된 이사회에 참여한 지 여러 해가 지났지만 거의 100% 출석이 이루어질 정도로 참석률이 높다. 안건과 논의를 위해 끊임없이 토론하고 안건에 대한 최선의 결론을 내기 위해 때로 목소리를 높이기도 하지만, 그것이 감정적으로 흘러 서로를 미워하며 '이사회'라는 과정 자체가 소홀히 다뤄지는 것을 나는 본 적이 없다.

자기 목소리를 내지 못하는 강압적인 과정이 만들어진 적도 없었다. 자유로운 의사 표현과 누구나 참여하게 만드는 진행, 서로에 대한 존중과 배려가 기본으로 깔려 있는 이사회는 오히려 매번 내 위치를 상기시키고, 내가 동의하고 재청한 결정에 대해 책임감을 가지고 돌아보게 하며, 그야말로 '회의의 기술'과 '상대방 의견을 존중하는 법' 그리고 가장 최선의 결론을 내기 위해 의견을 모으는 고군분투의 과정을 부지불식간에 학습하게 만들었다. 그 모든 과정에서 언제나 조합원이 우선이었다.

이런 경험은 1년에 한 번 치러지는 총회에서도 마찬가지였다. 총회를 준비하기 위해 일단 총회 준비위원회를 발족하고, 사전 모임을 통해 총회의 안건이나 주요 쟁점을 충분히 숙지하게 된다. 대의원들의 조직률을 높이기 위해 추천과 자천의 방법도 쓰고, 재미와 배움을 통해 대의원의 역할을 충분이 인지할 수 있는 '대의원 놀이터'도 진행하고 있다. 총회 당일 의안에 따라 엄격하게 치러지는 총회의 절차야 이루 말할 수 없겠지만, 그 과정에서 한 사람이라도 더 참여하도록 하고 주최가 되도록 하기 위해 대의원들의 이름표를 배부하고 간식을 담당하는 세부적인 부분에서부터 회의 진행 담당자를 정하고 서기를 지명하는 일까지 모두가 '참여' 자체를 바탕에 두고 있다. '역할'을 경험한 조합원들은 조합에 대한 애정이 더 높을 수밖에 없고 참여율 또한 높다. 이런 바탕 위에서 총회가 법적 기구로서 보다 큰 위상을 갖고, 조합원들과의 강력한 소통 기구이면서 의결 기구가 되는 것을 매년 보아왔다. 이러한 장점은 다른 단체와 비교해도 뚜렷하게 부각된다.

개인적으로 속해 있는 단체가 많아 해마다 서너 번은 총회를 치른다. 그러나 다른 단체들은 많이 형식적이다. 아이쿱생협은 법인으로서 총회의 요건에 맞게 진행하는 것이 굉장히 인상적이고, 총회자료집의 축적도 뛰어나다. 올해와 내년 사업 보고가 체계적이다. '대의원 놀이터'를 통해 총회가 더 잘 진행될 것 같다. 대외적으로도 총회가 아이쿱생협으로서의 정당성을 부여하는 역할을 하는 것 같다. (수원미래아이쿱생협 전 이사장 박성순)

생각해보면 아이쿱생협에 가입한 후 수많은 배움과 교육, 활동이 나로 하여금 소속감을 느끼고 자존감을 갖게 했으며, 내 삶을 스스로 설계해나갈 수 있는 큰 그림을 그리게 했다. 더불어 지역과 우리 사회에 대한 관심의 끈을 놓지 않게 만들었다. 여성으로서의 불평등과 불합리에 맞설 수 있는 힘을 배우게 했으며, 90% 이상의 여성 활동가들 속에서 연대에 대한 강렬한 매력을 느끼게 했다. 그 속에는 여러 가지 악조건 속에서도 활동의 끈을 놓지 않고 있는 활동가들도 있고, 생협의 활동이 조금이나마 세상을 바꾸는 힘이 된다는 운동성을 믿고 그 가치에 동의하는 사람들도 있다. 또한 우리가 꿈꾸는 미래가 결코 허황된 공상이 아니라는 것을 보여주는 아이쿱의 끊임없는 혁신이 있고, 그 길을 함께 걸어가는 수많은 활동가들이 있다. 내가 조금 부족하더라도 누군가는 그 자리를 채워줄 것이라는 연대의 힘을 믿고 나 또한 그런 역할을 할 수 있으리라 본다.

좀 더 큰 바람이 있다면 이제 생협 활동가들이 검은 양복의 남성들이 전체 83%를 차지하고 있는 국회로까지 진출했으면 좋겠다. 그곳에서 생협 활동으로 배운 활기와 민주적 질서를 유감없이 발휘했으면 좋겠다. 우리가 배워야 할 것은 이미 생협에서 모두 배웠다.

다 함께 행복한 세상 만들기

백은숙

엄마에서 활동가로 : 식품 안전 활동

생협은 내게 어떤 의미였을까. 이제와 돌이켜보면 단순히 건강한 식생활을 위한 방편이 아니라, 내 삶을 바꾼 새로운 세상이지 않았나 싶다. 순전히 아이의 건강 때문에 생협의 문을 열고 들어섰지만, 이제는 내 인생의 기준이 되었다. 어떻게 이 사회를 바라봐야 할지, 어떤 새로운 일을 시작해야 할지, 아이들의 교육과 사람들과의 관계에서 어떤 결정을 내려야 할지, 이 모든 문제들을 판단하는 중심에 생협이 있다.

큰아이는 발달장애 진단을 받았다. 처음 그 무시무시한 '선고'를 받고 아이를 치료하기 위한 방법을 찾기 위해 사방팔방 뛰어다니던 중에, 후배의 권유로 아이쿱생협을 만나게 되었다. 2002년 당시에는 '한국생협연대'라는 이름이었다.

지푸라기라도 잡고 싶은 심정으로 먹거리를 바꿔나가기 시작했다. '우리아이 착한새우', '우리밀 건빵', '친환경 과일음료' 같은 것들을 싸들고 다니던 시절이었다. 협동이니 조합원이니 활동이니, 그런 말들은 아득한 메아리에 지나지 않았다. 큰아이의 발달장애는 단시간에 나아지지 않았지만, 몸 하나는 아픈 데 없이 자랐다. 그사이 동생 둘이 건강하게 태어났고, 생협과 함께 그 아이들을 잘 키워내고 있다. 어쩌다 조합원이 된 계기를 서로 말할 때가 있다. 눈물 없이는 들을 수 없는 사연들 속에서 대부분의 주인공은 아이들이다. 가뭄에 콩 나듯 윤리적 소비라는 가치가 마음에 들어서 가입했다고 하는 이들도 있는데, 그럴 때면 모두 '오!' 감탄사를 날려주기도 한다. 아이의 건강과 행복을 위해서라면 어떤 것도 마다하지 않을 사람들 '엄마'라는 존재!

도대체 우리 아이와 가족을 아프게 하는 게 무엇 때문인지 궁금했다. 그 궁금증을 풀어보려고 생협에서 사람들과 만나 이야기도 해보고 식품 안전에 대한 교육도 받았다. 방부제와 농약, 쥐도 먹지 않는다는 수입 밀가루, 알록달록 색소가 들어간 과자, 오래 보관하려고 넣는 첨가물, 진짜 같은 맛을 내려고 들어간 온갖 착향료며 화학물질들, 어느 것 하나 제대로 된 음식을 찾아볼 수가 없는 시중 먹거리들의 실체를 알게 되었다. 이런 걸 우리 아이들이 먹게 내버려둘 순 없었다. 하지만 내 아이만 생협 먹거리를 먹어서 해결될 문제가 아니었다. 과자 봉지를 들고 동네 놀이터에 나가 다른 엄마들한테 권해보기도 하고, 어린이날이나 아이 생일날 어린이집과 학교에 생협 과자를 박스째 사 보내기도 했다. 그리고 친구들과 지인들을 조합원으로 가입시켰다.

내가 알고 있는 사실을 다른 엄마들에게, 우리 아이 친구들에게도 알려줘서 더 이상 몸을 해치는 먹거리를 먹지 않게 하고 싶었다. 우리가 소비하는 상품들 대부분 대기업의 이윤을 위한 수단이었으며, 한 개인이 노력한다고 해서 피할 수 없을 만큼 만연해졌다. 아이가 품 안에 있을 땐 내가 조절할 수 있지만, 학교에 들어가 급식을 하고 문방구나 마트에서 눈과 입을 홀리는 음식을 사 먹게 되니 더 큰일이었다.

그러다가 식품안전위원회 위원이 되었다. 내 아이가 다니는 유치원과 학교, 또 다른 조합원의 아이가 다니는 어린이집에 공문을 보내고 선생님을 만나 강의할 곳을 뚫었다. 색소 실험도구며, 인형극 소품, 맛보일 물품을 싸들고 다니며 아이들과 학부모들 앞에서 식품 안전 교육을 하게 되었다. 한 사람 두 사람 더 많은 사람들이 우리 몸을 위협하는 식품의 실체를 알게 된다면 바꿀 수 있는 힘이 생길 거라 믿었다. 그렇게 '엄마'는 협동조합의 '조합원'이 되었다가, 스스로 기꺼이 '활동가'란 이름표를 달게 된 것이다.

활동가는 어떤 사람인가 생각해본다. 나의 변화로부터 시작해 크든 작든 타인에게 영향력을 미치고 변화를 이끌어내는 사람이 활동가가 아닐까. 활동가가 된다는 건 대단한 일이 아니기도 하고, 한편 대단한 일이기도 하다.

식품안전위원회에 들어가 위원 활동을 할 땐 정말 열정만으로 했던 것 같아요. 보따리장사처럼 짐을 싸서 이곳저곳 강의를 다녔지만 전혀 힘들지 않았어요. 그렇게 강의를 다니며 식생활지도사 과정을 들었고 스스로 역량이 강화된다는 느낌이 들었어요. 식품 안전 강의 자료가 더 풍부해졌죠. 전국의 활동가들이 웹하드를 통해 자료를 공유했고, 수시로 연락을 하며 문제를 해결했어요. 활동가들끼리 서로 정보를 주고받고, 돕는 그런 체계가 잘되어 있었던 것 같아요. 그것도 협동의 힘인 거죠. (김경순 조합원)

우리 사회의 식품 안전 문제, 농업 문제를 사회적인 운동으로 확대해나가는 것은 당연히 우리가 해야 할 활동이었다. 우리쌀과 우리밀을 지키고 살리기 위한 노력들, 학교급식법 개정과 조례 제정을 위한 운동, 아질산나트륨 추방 운동, 광우병 위험 미국산 소고기 수입 반대 운동 등을 통해 안전한 먹거리 환경을 만들기 위한 노력을 했다. 우리는 생협의 사회적 활동이 대안을 만들 수 있다는 희망을 가지게 되었다.

조합원이 되고 처음 참여한 생협 행사가 2005년 '우리쌀 지키기 우리밀 살리기 소비자 1만인 대회'였어요. 아는 언니가 가자고 해서 해남에서 출발한 소달구지가 우리 지역에 오는 날 별 생각 없이 나갔죠. 서울 행사에도 갔어요. 여의도에 소달구지가 도착했을 때 전국 조합원이 모인 모습은 감동적이었어요. 아이를 데리고 버스를 4시간이나 타고 간 행사여서 고생스러웠지만, 아이쿱의 힘을 그때 크게 느꼈다고나 할까요? 그날 이후로 조합으로 돌아와 활동을 더 열심히 하기 시작했던 것 같아요. (이은주 조합원)

식품에 대한 사회적 기준을 높여가는 활동은 2015년부터 '예외 없는 식품완전표시제 캠페인', 'GMO 완전표시제 법제화를 위한 캠페인'으로 이어졌다. 현대사회의 식품 환경 속에서 우리가 먹는 음식에 대해 소비자는 알권리가 있으며, 선택권과 결정권을 온전히 가지려면 식품에 대한 모든 정보가 공개되어야 마땅하다. 그것은 안전한 사회를 만들기 위한 기본이다. 모든 정보가 투명하게 공개되어 있을 때, 대안 물품을 만들고 사회적 기준을 높이는 일이 가능하다. 우리는 캠페인을 알리고 시민들의 참여를 독려하기 위해 사람들이 많이 모일 것 같은 곳이면 어디든 홍보물과 자연드림 시식 물품을 싸들고 찾아다녔다. 자연드림 매장 앞에서, 지역 곳곳의 크고 작은 행사장에서 'Non-GMO 압착유채유'로 부추해물전을 부치고, 어묵탕을 끓이며 사람들의 발길을 멈추게 하고 서명을 받았다. 2017년에는 '바디버든 줄이기 캠페인'을 시작했다. 바디버든(body burden)은 생활 속에서 우리 몸에 쌓이는 해로운 화학물질의 총량을 말하는데, 우리 몸을 위협하는 먹거리뿐 아니라 모든 화학물질을 줄이기 위한 캠페인이었다. 이 또한 소비자의 알권리를 찾고, 모두가 안전하고 행복한 삶을 살아가도록 하는 조합원 활동이었다.

사회참여 단절, 사회적 연대로 극복하다

아이쿱 조합원이어서 좋은 많고 많은 점들 중에 사회참여 활동이 있다. 신문을 보고 이슈에 관여하고 행동하는 건 학생 때나 하는 일이라고 생각했다. 하지만 엄마가 되고 보니 식생활에 대해서 관심이 생기고, 먹거리의 순환체계가 우리 농업을 살리는 일과 밀접하다는 가치에 공감해서 생협에 가입했다. 생협의 소소한 모임에서 불공정한 세

연대 활동

상을 지적하고 서로 공감하며 바꿔나갈 방도에 대해 이야기를 펼쳤다. 그러면서 거리에 서는 날도 많아지기 시작했다. 매주 수요일 일본군 '위안부' 피해자 할머니들이 일본대사관 앞에서 피해자들의 명예 회복과 일본의 사과를 촉구하는 수요시위에 함께한 시간이 횟수로 9년째에 접어들었다. 인권과 역사 해결은 누구나 외치는 보편적 과제가 되었고, 그 대열도 무척 커졌다. 엄마가 되어 아이들과 함께 수요시위에 참여하는 것은 뿌듯한 일이었다.

2011년 3월 동일본대지진에 이어 발생한 후쿠시마 원전 사고 이전까지 '핵발전소 반대'는 환경운동단체의 구호인 줄만 알았다. 사실 무지하고 무관심했다. 그런데 핵발전소 하나로 인해 나와 내 주변의 모든 삶이 한순간에 깨질 수 있다는 것을 후쿠시마 원전 사고가 알려주었다. 미래의 재앙으로 남을 핵발전소가 세계에서 가장 밀집해 있는 곳에 우리는 살아가고 있고, 더구나 수명이 다한 노후 원전이 가동되고 있으며 새로운 원전의 건설이 재개되고 있는 현실이다. 밀양 할매들의 송전탑 반대 운동은 어떠한가. 일본군 '위안부' 피해자 할머니들이 전쟁 없는 평화로운 세상을 아이들에게 물려주고 싶어하는 것처럼, 그분들이 원하는 세상은 미래세대에게 물려줄 안전한 사회이다.

2014년 세월호 참사를 겪으면서 조합원들의 연대와 참여는 더 큰 물결을 이루었다. 그 많은 생명들이 속수무책으로 허망하게 죽어가는 모습을 화면으로 지켜보면서, 일상에서 우리가 할 수 있는 것들을 찾기 시작했다. 우리는 먼저 유가족으로 남은 그들에게 손을 건넸다. 우리가 할 수 있는 일들이란 겨우 함께 밥을 먹고, 함께 길을 걷고, 이야기를 나누고, 때로는 함께 우는 게 전부였다. 연대와 참여는 거창한 일 같지만, 사실은 아픔을 겪고 있는 이들과 함께하며 공감하는 것이 시작이다. 모여서 밥도 먹고 회의도 하는 일상의 공동체는 유사시에 큰 힘을 발휘할 수 있는 매우 중요한 실천 공동체이기도 했다. 우리의 연대는 생활 속의 소박한 만남에서 시작되고, 우리가 서 있는 이 자리가 바로 연대의 시작점이었다.

우리는 항상 공유할 수 있는 여건이 갖추어져 있다. 일상에서 만남을 지속하고 있기 때문이다. 연대와 실천은 생활 속 공동체에서 시작되고 꽃이 핀다. 일본군 '위안부' 피해자 할머니들이 머무는 거처에서 해마다 김장을 하거나, 세월호 유가족들의 치유 공간에서 밥 먹고 뜨개질을 하며 팽목항을 찾아 정기적으로 먹거리를 나눈 일들은 생협 조합원 다수가 엄마여서 가능했다. 그리고 우리도 그 아픔의 당사자나 다름없다고 생각했기 때문이다. 피켓을 들거나 마이크를 잡고, 앞치마를 두르거나 작업복을 입고 우리 사회의 현장에 참여하는 일이 더 나은 세상을 앞당기고 미래세대에게 그런 세상을 물려주는 것이라고 믿는다. 생협에서 활동한 횟수만큼 아이들은 자랐고, 나는 이제 '엄마'이면서 사회와 만나는 '사회적 존재'로 성장했다. 그 다리를 아이쿱이 놔주었다.

정치는 일상에서 이루어진다 : 생활정치 어디까지 해봤니?

2016년 늦은 가을부터 2017년 이른 봄까지 온 국민들이 함께 밝혔던 촛불의 감동과 힘을 기억한다. 촛불 하나가 정치를 바꿀 수 있다는 걸 경험했다. 정치가 불신을 만들었지만 불신만 하고 외면해서는 그 무엇도 바꿀 수 없다는 것을 불에 덴 듯이 깨달았다. 최면에 걸린 듯 힘들고 아픈 일상을 내 탓으로 돌리며 살았던 우리지만, 삶이 힘든 것은 내 탓이 아니다. 정치 탓이다. 우리가 오랫동안 애써왔던 안전한 먹거리를 위한 시스템 만들기, 안전한 세상 만들기도 정치를 바꾸면 이룰 수 있다. 나와 가족을 넘어 타인에게 눈을 돌린 엄마들,

다 함께 행복하게 살기를 바라는 협동조합 조합원들은 그럴듯한 구호, 번지르르한 공약만 내거는 게 정치가 아님을 알고 있다. 우리가 함께 잘 살기 위해서는 몇몇 사람만 배불리는 정책을 바로잡고, 공공의 이익을 위한 정책 마련과 예산 집행이 이루어져야 한다.

생활정치학교

생활정치란 말이 생소하게 들리던 2014년, 아이쿱생협은 '진주의료원 폐업'으로 제기된 사회공공성 강화 운동을 힘 있게 펼쳤다. 그 과정에서 공공성을 지키는 것이 '정치'의 아주 주요한 영역임을 확인했다. 지역조합들은 생활 의제를 중심으로 생활정치 소모임을 만들기도 했다. 일상의 불편함을 해결하기 위한 방법을 같이 찾아보기도 하고, 의회 방청을 함께 하기도 하며 내가 낸 세금이 어떻게 쓰이는지 직접 확인하는 활동도 했다. 2014년과 2015년 진주 지역에는 당시 홍준표 도지사의 '무상급식 폐지'와 '진주의료원 폐쇄' 결정이라는 폭탄이 떨어졌고, 시민들은 이에 분노했다. 물론 그 결정으로 이익을 얻은 집단도 있겠지만 도지사의 잘못된 정책 방향이 지역 주민의 삶에 갑자기 불편한 변화를 일으켰다. 진주아이쿱생협은 지역 연대 활동으로 '진주의료원 시민대책위'에 적극적으로 결합했고, 무상급식 지키기 연대 활동도 활발히 진행했다. 생활정치특별위원회를 꾸리고, '진주시의회 모니터링단'을 만들어 조합원들이 의회 방청에 참여하도록 했다. 모임별로 참여할 경우 우리밀 피자 쿠폰을 제공하는 등 조합원의 의회 모니터링을 이끌었다.

활동가들은 예산학교 프로그램을 만들어 교육을 받고, 마을 소모임을 통해 '찾아가는 예산학교'를 진행하며 우리가 낸 세금이 어디에 쓰이는지, 지역 예산이 어떻게 쓰이는지 관심을 갖고 살펴볼 수 있도록 했다. 그리고 조합 교육실에서 시의원들과 의회 방청 결과 보고도 하고, 모니터링에 참여한 조합원들과 의원들이 간담회를 진행하기도 했다. 이를 통해 조합원들은 우리가 살고 있는 지역의 예산을 살펴보는 것이 시정에 참여하는 손쉬운 방법 중에 하나라는 점을 알게 되었다. 그리고 우리의 현실을 바꾸어나가는 방법은 예산을 시민들을 살기 좋게 하는 데 쓰고, 법규를 제대로 만드는 것이라는 사실을 깨닫게 되었다.

예산을 전문가처럼 분석하는 건 어려운 일이지만, 내가 낸 세금이 어디에 쓰이는지에 관심만 가져도 변화는 일어난다. 지역 축제가 내용보다는 돈만 많이 들어가는 과시형 축제가 아닌지, 지방의회가 외유성 해외연수를 너무 자주 가지는 않는지, 왜 우리 동네는 도서관이 없는지, 상수도 수도관이 오래되었다는데 왜 교체를 하지 않는지, 관심을 가지고 들여다봐야 바꿀 수도 있다.

집안일은 잘 챙기지도 못한 채 생협 활동을 한다고 바쁘게 돌아다니는 나를 보며, 남편이 예전에 핀잔을 주듯 한 말이 있다. '나라를 구하러 다니는 것도 아닌데 뭐가 그리 바쁘냐'고. 아마도 이런 비슷한 말을 들어본 활동가들이 제법 있을 것이다. 지금은 가끔 지역 방송사 뉴스에서 기자회견문을 읽고 있는 내 모습을 보고서도 남편은 그러려니 하는 표정이다. 이제 '나라 구하러 다니는 것' 정도는 아니더라도, '나라가 제대로 굴러가게 하는 데 도움이 되는 일' 정도는 한다고 생협 활동가인 나를 인정했다고, 그렇게 믿고 싶다. 지역에서 연대활동을 하고, 생활정치 활동을 하면서 기자회견장에 서는 일이 비교적 잦다. 얼마 전에는 지역민이 함께 즐겨야 하는 지역 축제장에 가림막을 치고 비싼 입장료를 받는 등 축제를 돈벌이 수단으로 전락시킨 지자체에 항의하는 기자회견장에 다녀왔다. 누군가는 먼저 나서야 하고, 함께하며 목소리를 내어야만 우리가 원하는 사회를 만들 수 있다.

활동은 공익 추구다 : 자원봉사와 나눔 활동

'협동'과 '나눔'이라는 말만큼 아름다운 말도 없다. 협동조합이 협동과 나눔을 으뜸 가치로 여기는 것은 협동조합의 태생부터가 그러하기 때문이다. 우리의 활동이 공익을 추구하는 것은 이윤 중심이 아니라 사람 중심의 경제구조를 만들고자 하는 협동조합의 당연한 본분이다. 협동조합으로 더 나은 세상을 만들어가는 운동은 이미 그 자체로서 공익적 성격을 지니고 있다.

인간은 본질적으로 함께 어울려 살아가야만 하는 존재라고 한다. 하지만 우리가 살아가는 사회 현실은 여전히 서로 협동하고 의지하며 살아가는 공동체 관계보다 경쟁이나 종속 관계일 때 더 큰 힘을 발휘

자원봉사

한다. 이런 현실을 어떻게 바꿀 것인가. 우리가 할 수 있는 일은 협동조합의 원칙을 잘 지키며 지속적인 협동과 나눔을 지역에서 실천해나가는 일이다.

조합들마다 상시적으로 나눔을 실천하는 활동 단위들이 있다. 어떤 조합은 나눔바자회 수익금 전액을 '위안부' 할머니를 기리는 소녀상 건립 기금으로 내놓기도 했다. 활동가들은 외부에 나가 강의 활동을 해서 받은 강사비의 10%를 나눔을 위한 기부금으로 적립한다. 조합 플리마켓에 참여해서 벌어들인 수익금의 10%도 나눔 기금으로 쓰인다. 공정여행을 다녀온 조합원들은 연말에 김장 나눔 행사에 함께 참여한다. 지역 장애인복지관에서 우리밀 국수 나눔 행사를 하고, 아이쿱씨앗재단과 지역조합의 매칭으로 함께하는 연말 나눔 행사는 이제 한 해를 마무리 짓는 주요한 활동으로 자리 잡았다. 이 모든 나눔 활동은 관계와 공동체를 회복하고자 하는 협동조합의 중요한 역할이다. 이런 활동들이 모여서 지역과 세상의 변화를 이루어갈 것임이 분명하다.

자원봉사 활동은 특별한 사람이 하는 특별한 활동이 아니라, 누구나 언제라도 어디서든 참여할 수 있는 활동이다. 이웃과 지역사회의 문제, 나아가 사회 전반의 '삶의 질'을 향상시키기 위해 스스로 해결하고자 노력하는 활동이다. 조합원 스스로 자신의 자원봉사 활동을 확인하고, 아이쿱의 활동을 한눈에 볼 수 있는 '아이쿱 놀e터'란 앱도 개발되었다. 조합원 활동에 참여한 결과물로 모인 '에너지'를 나눔에 기부할 수 있다. 아이쿱 조합원들의 자원봉사 활동은 더 깊고 넓은 강줄기가 되어 땅을 적시고 색색의 아름다운 꽃을 피울 것이다.

협동조합 마을을 구상하다 : 협동조합 생태계

아이쿱생협의 성장은 협동조합이 이루어야 할 사회를 상상하게 하고, 그 가능성을 보여주었다. 조합원들은 함께 행복한 삶을 만들기 위해, 먹거리 안전을 넘어선 다양한 활동을 도모하고 있다. 우리 생활에서 불편한 것들을 함께 해결하고, 없는 것을 새로 만들어보기도 하고, 혼자 하는 것보다 협동해서 더 이로운 결과를 가져오는 일들을 시작했다.

진주 미래여성병원에서 기획부장을 맡고 있는 서동원 조합원은 2009년 전국에서 처음으로 자신이 근무하는 병원을 아이쿱 급식단체 병원으로 만들었다.

병원장님을 설득하기가 쉽지 않았어요. 적자의 위험 부담이 너무 컸으니까요. 하지만 아이를 가진 임신부나 산모들에게 먹거리는 너무나 중요했기 때문에 포기할 수가 없었죠. 지역조합 활동가들이 매주 병원에 와서 산모들을 대상으로 식품 안전 강의도 했고, 생협 홍보물을 병원 구석구석 가져다놓기도 하면서 아이쿱을 알려나갔어요.

서동원 조합원은 병원에 오는 사람들이 몸에 좋은 음료를 선택할 수 있도록 병원 음료수 자판기에 생협식혜, 과일주스, 공정무역 코코아 등의 마실거리를 넣어 판매를 시도해보기도 했다. 또 '바디버든 줄이기 캠페인'에 병원 임신부들과 함께 체험단으로 참여하기도 했다. 안전한 먹거리를 조합원의 식탁만이 아니라 학교에서, 병원에서, 우리 사회 어디에서든 먹을 수 있어야 한다는 신념이 곧 그의 열정이 되었다.

울주군 쌍용하나빌리지 아파트에 사는 조합원들은 '왜 우리 아파트엔 그 흔한 카페 하나 없지? 우리가 한번 해볼까?' 하는 생각으로 꿈을 꾸기 시작했다. 2년 동안의 준비 끝에 드디어 '함께 꾸는 꿈'이라는 열 평 남짓한 소담한 카페를 열었다. 이 카페의 사장은 개인이 아니다. 9명의 소유 노동자와 16명의 출자자가 모여 만든 협동조합 카페다. 카페는 마을과 주민을 잇는 작은 소통의 공간이 되었다. 또 좋은 일자리를 만들었고, 카페 수익금 일부는 마을에 다시 기부하고 있다. 사실 카페를 만들기 전에 아파트 도서관을 먼저 만들기도 했다. 이 역시 '우리 아파트엔 왜 도서관이 없지?'라는 생각으로 시작되었다. 그렇게 해서 만든 '꿈샘도서관'은 마을 주민들이 함께 관리하며, 아이들과 마을 주민을 위한 다양한 프로그램도 진행하고 있다.

대전에 있는 민들레의료복지사회적협동조합은 '건강한 삶, 건강한 마을, 건강한 공동체'를 위해 지역주민들(조합원)과 의료인이 협동하여 의료기관을 개설, 운영, 이용하고 있다. 또한 협동조합 간 연대를 통해 사회적 약자를 위한 의료 지원을 꾸준히 전개하고 있다. 병원의 이익보다 조합원의 건강이 더 우선되며, 환자를 가족처럼 대하는 조합원 가족 주치의가 있다는 것도 일반 병원과는 다른 점이다.

그리고 대구 강북희망협동조합은 안전한 '집밥'을 먹을 수 있는 식당 '삼백한우뼈탕'을 열었다. 개인의 영리를 목적으로 하는 어느 식당이 아니라, 지역 주민 140명이 십시일반 출자한 협동조합 사업체다. 300명의 조합원이 출자하기를 바란다는 뜻으로 삼백한우뼈탕이라고 이름을 지었다고 한다.

조합원들은 통신, 의료, 보험, 교육, 주택 등 다양한 협동조합으로 기존의 불합리한 경제구조를 대신할 건강한 협동조합 생태계를 만들어가고 싶어한다. 그러나 현실은 그리 만만치 않다. 너무나 깊이 뿌리내린 자본과 이익을 추구하는 경쟁 구조를 바꾸어내기가 쉽지 않다. 언제쯤 우리는 '요람에서 무덤까지' 협동조합 속에서 인생을 보낼 수 있을까? 지금도 조합원들은 자신이 발 딛고 선 자리 곳곳에서, 여러 모양과 색깔로 협동조합 마을을 짓기 위한 구상을 하고 있다. 협동은 불가능을 가능하게 한다는 것을, 협동은 힘이 세다는 것을 우리는 믿고 있다.

우리의 쇼핑이 세상을 바꾼다

소비는 우리가 생활을 하는 데 매우 중요한 행위이다. 소비는 그저 필요한 물건을 사고 배를 채우기 위한 1차적 목적을 넘어서는 변화의 힘을 가지고 있다. 세상에는 무수히 많은 상품이 생산되고 있고, 그 경로 또한 다양하기 때문에 소비자 한 사람의 선택이 갖는 의미가 더욱 중요해졌다. 개인의 의지와 권리가 모여 사회를 움직이고 정치권력을 바꾸는 힘이 되듯, 개개인의 선택이 모여 만든 소비의 흐름이 큰 힘을 발휘하기도 한다. 소비자의 선택이 생산 단계에 미치는 영향력 또한 점차 커지고 있다. 소비는 사소한 듯 보이지만, 우리의 삶과 사회를 변화시키는 중요한 선택이며, 힘이 된다.

유해한 화학물질이 들어 있다는 걸 알면서도 상품을 판매한 기업, 대리점에 갑의 횡포를 부린 기업, 아동 노동을 착취하여 생산된 상품을 판매한 기업 등 불공정한 문제를 일으킨 기업에 대해 소비자들의 힘을 보여준 일들을 우리는 종종 보아왔다. 화학물질을 넣으면 우리의 입맛을 쉽게 만족시키는 음식을 만들 수 있고, 농약을 사용하면 더 탐스러워 보이는 농산물을 수확할 수 있다. GMO 농산물을 원료로 사용하면 제품의 가격이 저렴해져 기업은 이윤을, 소비자는 조금 더 싼 가격에 물품을 구매할 수 있다. 하지만 소비자가 저렴한 가격을 선택의 기준으로 삼게 되면 건강에 해로운 먹거리를 소비하게 될 가능

캠페인 축제

성이 커지는 것은 당연하다. GMO 농산물을 원료로 만들어진 식품은 아닌지, 인체에 유해한 화학첨가물이 들어가지는 않았는지, 사람과 노동에 중심 가치를 두고 생산한 물품인지, 생산자에게 공정한 가격을 치르고 거래한 물품인지 등, 윤리적 소비의 중요성을 아는 소비자라면 이러한 사항들을 꼼꼼히 따져보아야 한다.

아이쿱생협 조합원들은 이런 소비의 중요성을 잘 알고 있다. 조합원이 바로 협동조합의 주체이자 주인이기 때문이다. 단순히 예쁘게 포장된 물품을 값을 지불하고 소유하는 것이 주인이 아니라 그것이 태어나서 성장하는 곳, 그것을 기르는 사람의 마음과 노동, 그리고 소비자에게 오기까지 거치게 되는 과정을 아는 것이 주인이다. 조합원들은 우리 사회의 많은 이들이 더 나은 환경에서 살 수 있기를 바라며, 여럿이 협동하면 더 큰 힘을 발휘한다는 것을 알고 있다. 그래서 조합원들은 이윤이 아니라 사람이 먼저고 중심이라는 가치로 생산한 먹거리, 우리 농업을 지키고 환경을 살리는 가치로 생산한 건강한 먹거리를 선택하며, 노동의 차별을 반대하고 공정무역을 통한 저개발국 생산자들의 자립과 국제 연대를 지원한다. 우리는 이미 윤리적 소비자이며, 건강한 소비로 건강한 세상을 만들고자 한다. 우리의 쇼핑이 세상을 바꾼다.

한 개인의 삶은 타인의 삶과 그 삶의 터전이 되는 자연, 그리고 우리 사회와 촘촘한 그물망처럼 연결되어 있다. 세상의 모든 것들은 우리가 알게 모르게 긴밀한 관계를 맺고 있다. 협동조합의 주인으로 참여하는 조합원 개인은 협동의 가치를 몸에 간직하고 있는 공동체의 일원이다. 지역사회에 협동조합 조합원이 한 명 더 늘어난다는 것은 그만큼 더 살기 좋은 사회로 바뀔 수 있는 가능성이 커졌다는 걸 의미한다. 조합원 한 사람 한 사람의 소비와 참여, 그리고 협동은 지역과 사회를 변화시키는 작지만 큰 힘이다. 협동과 나눔을 최우선 가치로 두고 있는 아이쿱생협, 그 주인인 조합원이 더 많이 늘어서 다 함께 행복한 세상, 더 나은 세상이 훌쩍 앞당겨져 다가오길 바란다.

—— 좌담

조합원의 활동과 성장

—— **참석**

강옥현 울주아이쿱생협 이사

박성순 수원미래아이쿱생협 전(前) 이사장

소미영 부천아이쿱생협 이사

정은주 양천아이쿱생협 이사장

조영숙 대구정다운아이쿱생협 이사장

최종예 청주YWCA아이쿱생협 이사장

허경림 남부산아이쿱생협 이사

—— **사회·정리**

정설경 아이쿱소비자활동연합회 정책소통국 팀장

—— **때** 2017년 7월 7일(금)
—— **곳** 아이쿱생협 서대전 회의실

참석 조합원

강옥현
2004년 친구가 소개한
자연드림의 열무김치가 입맛에
꼭 맞아 가입하게 되었다.
먹거리나 사회에 대해서 관심이
없었다. 그냥 마트라 여기고
이용했다. 조합에서 모임을
권유하는 전화가 오면
극도의 거부감을 표현했다.
그런데 친구와 함께 마을모임에
갔다가 활동가의 생협 안내가
호의적으로 다가왔다.
2008년 마을지기로 시작하여
식품활동위원으로 활동했다.
식품활동위원장을 하다보니
지금은 울주아이쿱 이사로
있다.

박성순
2011년 가입하여,
조합원 활동 연차가 짧은 편이다.
해외에서 생활하다가 돌아왔는데
자연드림 매장에서 매니저가
우산을 빌려 주는가 하면
마을모임도 소개해주었다.
외국의 유기농식품은 가격이
비싼데 자연드림은 저렴했다.
활동은 활동연합회의 공정무역
캠페이너로 시작했다.
그러고서 수원미래아이쿱의
교육팀장-이사-이사장으로
활동했는데, 이사장 임기를
마치고 성공회대학교
협동조합대학원에서 협동조합을
공부하고 있다.

소미영
1994년부터 매장을 이용했고,
1997년에는 부천생협
운영위원장으로 활동했다.
마을모임위원장을 할 때는
마을모임 25개에 더하기 활동을
지원했다. 콩국수 삶기,
김치 담그기 등 안 해본 것이
없을 정도로 모임에서 지원 활동은
중요한 역할을 했다.
2013년 부천아이쿱 20주년
기념행사를 이사장을 하면서
치렀다. 생협 활동이 가능했던 것은
취미가 많아서 그것을 생협에서
풀었기 때문이다.
생활이 곧 생협으로 이어져
활동을 지속할 수 있었다.

내가 참여한 '모임'이 오늘의 아이쿱이 되다

아이쿱에서 '모임'은 큰 의미를 가진다. 중요한 관계 형성이 마을모
임이나 소모임을 통해 시작되는 경우가 많기 때문이다. 단절되었던
사회생활이 동네에서 소박하게 다시 시작되기도 하고, 조합원 교류의

아이쿱생협 20년사

정은주
1998년 가입하여
올해 20년차이며, 지금은
양천아이쿱 이사장으로 일한다.
이웃의 소개로 생협을 접했다.
21세기생협연대와
부산지역 조합 설립을
지켜보았다. 조합 실무,
논습지 활동, 매장 설립,
카페문화위원회 등
다양하게 활동했다.

조영숙
2009년 먹거리에 대한 관심으로
대구녹색살림생협에 가입했다.
대구행복아이쿱의
두 번째 매장을 준비할 때
본격적으로 활동했고,
지금은 대구정다운아이쿱
이사장으로 활동한다.

최종예
2004년 가입하여,
식품안전위원회 활동을 했고
지금은 청주YWCA아이쿱
이사장으로 일한다.
반GMO 충북행동을 통해
먹거리 운동으로
지역사회와 소통하고 있다.
후쿠시마 사고 이후 방사능식품
급식을 제한해야 한다는
조례 제정을 촉구하기 위해
피케팅 시위를 계속했다.

허경림
2003년 가입하여,
강서양천아이쿱에서 활동을
시작했고 지금은 남부산아이쿱
이사로 일한다. 새내기 교육을
받으러 생협에 갔는데 당시
강서양천아이쿱 운영위원장이
독수리타법으로 타이핑하는 것을
보고 문서 작성을 도와주며
활동을 시작했다. 소식지 제작을
도와주다가 소식지편집위원회를
맡게 되었고, 연합회 편집위원
활동도 하게 되었다.
강서양천아이쿱에서 강서아이쿱이
분리할 때 주요 역할을 하게 됐다.
2004년 제1회 순천 우리밀
축제에 참여한 것이 좋은
기억으로 남아 있다.

장이자 활동 '데뷔'의 공간이 되기도 한다. 조합원 활동과 성장의 시작
점이라고 해도 과언이 아니다. 그런데 이런 모임들이 점점 어려움을 겪
고 있다. 조합원 활동이 시작되는 모임에 대해 이야기를 나눴다.

조영숙 제가 활동하던 초기에는 모임을 대부분 조합원 집에서 했어요. 모르는 사람의 집이 궁금해서 가기도 했죠. 조합원 몇 명이 모여 이야기를 나누는데 그동안 만나왔던 아줌마들의 수다와 너무 달랐어요. 이야깃거리가 남편이나 자녀가 아니라는 것에 너무 놀랐고, 배울 게 많다고 여겼어요. 마을모임 성원들이 늘어나고 함께 밥 먹는 시간이 너무 좋았고, 색다른 수다에 나도 모르게 빠져들었죠. 요즘은 모임 공간으로 집을 제공하기를 꺼리는 경향이 있어서 대부분의 모임이 동네 카페에서 이뤄지고 있어요.

강옥현　울주아이쿱생협은 마을모임이 60개 정도 됩니다. 조합원 가입이 많아져 마을지기 혼자서 연락해야 할 인원이 많아졌는데 조합원들의 이동거리를 고려해서 가까운 모임을 소개하는 역할을 하고 있어요. 하지만 조합의 활동 거점이 가까운 곳에서는 모임 참여가 저조한 반면, 오히려 먼 지역에서 모임에 대한 욕구가 높더라고요. 그런 곳이 모임도 잘되고요. 오히려 매장이나 활동 거점이 가까운 곳의 참여는 낮은 편입니다.

정은주　지방에서 활동해보니 서울 이외 지역에서 대체로 모임이 잘되는 편이었어요. 서울에 있는 모임이 더 어렵더라고요. 특히 조합원 집에서 모이는 경우는 거의 없어졌다고 해도 과언이 아니죠. 조합원들 사이의 친밀도가 높은 모임도 있지만, 갈수록 생협에 대한 친밀도를 높이기가 어려워요. 그런데 '지역사회 나눔'을 소재로 하는 모임은 조합원들의 관심도 높고 활발하게 움직입니다. 자원봉사를 하는 모임은 성원들 사이도 더 돈독하더라고요.

박성순 세월호 유가족 치유 공간에서 이루어진 봉사활동이 어떤 조합원에게는 생협 활동의 매개가 되고 활동의 의미를 찾는 계기였던 것 같아요. 무엇인가에 참여하고픈 정서는 바뀔 수 있어도 '자원봉사'에 대한 욕구는 잠재해 있어요. 스토리가 있는 자원봉사 아이템은 모임으로 연결하는 데 중요한 역할을 하는 것 같습니다.

총회로 성장한 우리, 민주주의는 참여다

아이쿱생협의 총회는 조합원이면 누구나 참여할 수 있지만, 특히 총회를 준비하는 조합원 활동가들에겐 성장의 기폭제가 되고 있다. 아이쿱 모임을 총화하는 조합원 총회가 아니었다면 우리에게 '민주주의'는 이렇게 가까이 오지 않았을 것이다. 매번 변화를 시도하는 총회에 대해서 참가자들은 풍부한 이야기를 나누었다.

소미영 식순을 손글씨로 써놓고 맞이했던 추억도 떠오르고, 야외에서 총회를 치른 기억도 있어요. 아이쿱생협 초창기에 총회는 법적 의미보다 임의단체에서 연례 의식으로 치루는 행사였어요.

조영숙 저희 조합 초창기엔 총회 참석만 해달라고 간청했는데 창립총회 이후 대의원으로서 소속감을 부여하기 위해서 사전에 '모집 설명회'를 가졌어요. 왜 대의원이 필요한지 설명하고 나니 오히려 부담을 느끼는 경우도 생기더라고요. 그런데도 설명회에 온 조합원들이 자천도 하고, 서로 추천을 하는 방식도 택했어요. 선출 방식도 의견 수렴을 통해서 결정했고, 최종 대의원을 선출하는 과정을 거쳤습니다.

박성순 활동을 하기 전에 조합원으로 총회에 참석해보니 '법인'에 맞게 하는 걸 보고 신뢰가 높아졌어요. 아마추어 같지 않게 노력하는 모습이 인상적이었거든요. 총회자료집을 만들어가는 과정에서도 그동안의 활동 노하우가 반영되고 있는 듯해요. 아이쿱의 대의원 총회는 다른 어떤 조직의 총회보다 충실한 편입니다. 총회준비위원회가 구성되어 활동하는 것이 그 바탕이 되지 않을까 생각해요.

조영숙 주먹구구라는 평가를 듣지 않기 위해서 무척 노력하고 있습니다. 대의원 모집 설명회를 통해 대의원을 모집하고 총회준비위원회를 꾸리고 함께 총회를 준비하는 과정이 총회가 어떻게 보이는가를 좌우하더라고요. 총회준비위원 모두가 작은 역할이라도 가질 수 있도록 역할을 분담하는 것이 좋은 결과를 낳았습니다. 2017년 상반기 '대의원 놀이터'를 준비하는데 대의원 참여 인원이 너무 많을까봐 걱정할 정도로 참여 열기가 아주 높았어요.

강옥현 총회에 임하는 대의원들의 역할 분담이 소소하게 진행되고 있어서 오히려 조합원들의 자발성을 높이는 경험을 했습니다. 예를 들어 사과 담당이나 떡 나눠 주기 같은 아주 작은 일도 임무를 나누면 역할이 되고, 역할을 한 번이라도 수행하면 대의원들은 보람을 느끼더라고요.

박성순 우리 조합은 임원의 문제가 생겨서 임시총회를 한 경험이 있는데 임원의 자질과 조합 경영에서 발생한 문제여서 이 경험은 후배 활동가들에게 좋은 자산이 된 것 같아요. 조합을 운영할 때 약점이 무엇이고, 무엇을 보완해야 하는지 경험하는 계기가 되었어요.

강옥현 총회자료집은 꼭 두꺼워야 하는가 하는 문제의식을 갖고서 총회자료집을 간소하게 바꾼 계기가 있었어요. 연차보고서처럼 총회자료집을 만들고 있는데 사진과 내용을 간결하게 넣어서 컬러로 제작하고, 자세한 내용들은 인터넷에 공지하고 있어요.

정은주 총회자료집에 대한 고민을 훌훌 털 수 있었던 것도 세대가 바뀐 것을 반영해요. 연차보고서처럼 만드는 형식도 있고, 1년 동안의 이슈 열 가지를 소식으로 표현한 것도 중요한 변화가 됐습니다. 총회자료집 팀을 별도로 구성해서 제작했는데 실제로 읽게 되고 보게 되는 총회자료집으로 바뀌었어요.

조영숙 대구행복아이쿱생협에서 총회자료집 혁신이 먼저 이뤄졌지요. 형식보다는 내용에, 그리고 조합원이 쉽게 접근할 수 있는 총회자료집을 만들어보자는 취지였어요. 자세한 데이터를 볼 수 있는 별도 자료를 10부 정도 비치하면 필요한 조합원들은 보더라고요.

허경림 상반기 '대의원 놀이터' 신청자가 80여 명이었습니다. 재작년부터 대의원 놀이터를 해왔기 때문에 반응이 높은 편이고, 대접받는 느낌을 갖게 함으로써 대의원에 대한 책임감이 높아지게 된 것 같아요. 총회에도 대의원 출석률이 매우 높아졌어요. 대의원으로서 자긍심을 갖게 하면 참석률이 높아지는 것 같아요. 사은품 증정 등으로 참석을 유도하기보다 '대의원'으로서 책임감을 평소에 느끼게 하는 계기가 중요한 것 같아요.

강옥현 대의원의 날을 미리 갖고 총회 당일은 총회를 간편하고 즐겁게 진행하는 편입니다. 마을별로 '대의원'이 되고 싶어하는 편차도 있더라고요. 자천으로 대의원 희망자를 받아보니 120명가량 모였고, 총회 당일 참석 인원은 90명 정도였어요. '대의원'이 되고자 하는 자발성은 어느 정도 높아진 것 같아요.

조합원 자부심의 원천 : 자연드림과 자연드림파크

조합원들의 이야깃거리가 되는 건 많은 부분 아이쿱 물품이다. 물품을 직접 구매하기 때문이다. 그렇다고 이야기가 물품의 쓰임새에만 머물지 않는다. 물품이 담아야 할 가치, 소비자가 생각하는 취향, 시대적 변화를 담아온 물품에 대해 이야기한다. 물품은 변한다. 조합원의 요구에 따라 변하고, 물품으로 인해서 조합원의 생각도 변한다. 조합원들의 이야기에는 앞으로 물품이 변해야 할 점이 각양각색으로 흘러나왔다. 그리고 아이쿱 조합원들의 '자본 참여'로 이룬 자연드림파크에 대해서 남다른 자긍심을 공유했다.

조영숙　물품에 대한 관심이 많고 새로운 물품이 나오면 다 섭렵해보는 편인데요. 물품이 다양하게 갖춰져 지금은 동네 마트에 가지 않아도 대부분 해결이 되고 있어요. 가공품에 대해서도 인식이 바뀌었어요. 오래된 조합원은 가공품의 다양성에 대해서 불만이 있는 반면, 새로운 세대의 조합원들은 안심할 수 있고 편리한 가공품이 있다는 것에 만족하는 편입니다. 가공 양념류는 다양하게 응용할 수 있어 애용하는 편이죠.

정은주　생협 초창기에 생선이 반모임으로 공급되어 오면 가정별로 나눠 가져갔던 시절이 생생하게 떠오르네요. 가정공급 이전에는 소비자들끼리 소분해서 가져갔는데 그때 생선이 더 맛있었던 것 같아요. (웃음) 지금은 일하는 여성을 배려해서 가공품이 많지만 그때는 선택할 수 있는 것이 제한적이었어요. 지금은 가족 구성원이 줄어서 가공품 요구가 더 많아졌습니다. 그런데 이 가공품으로 다양한 취향을 충족하기는 어려워요. 시중에서 반찬을 사기도 하는데요, 자연드림파크의 자공장에서 취향의 다양성을 반영해서 제조하면 좋겠어요.

박성순　가공품 생산에 대한 논란도 많았지만, 이 과정에서 아이쿱생협이 민주적으로 의사를 수렴하고, 조합원의 심의와 리뉴얼을 통

해 개선해나가는 것을 보면서 큰 자부심을 갖게 되었습니다. 자연
드림파크는 먹거리 운동에 대해서 불신하거나 미적거리던 당사자,
가족에게 신뢰를 주는 상징이 되었고요. 남편이 자연드림파크를
보더니 신뢰를 보내며 활동도 적극 응원하게 됐어요. 눈으로 확인
할 수 있는 증표, 인증센터의 시스템은 자연드림을 받쳐주는 중요
한 장치죠.

최종예 온라인 구매를 하다가 매장이 생기면서 물품이 이렇게 많아도
되는지 의구심이 들었습니다. 콜라, 생수, 햅쌀밥 등이 나오면서
이런 물품들이 생협의 가치에 맞는지도 생각하게 되었고요. 그런
데 조합원의 욕구가 있으니 생협이 해결해주는 것이 당연하다는
쪽으로 생각이 바뀌었어요. 이런 의구심이 해결될 수 있도록 하는
원천이 자연드림파크인 것 같아요. 외부 자본 없이 조합원의 힘으
로 만들어진 자연드림파크는 아이쿱의 상징이 되었습니다. 조합
원들은 평소 물품만 보다가 자연드림파크 이야기를 하면 공감대
를 보여주더라고요. 우리의 자부심인 것은 분명해요.

정은주 구례자연드림파크를 보고서는 가족들이 신뢰를 보내기 시작
했습니다. 조합원뿐만 아니라 조합원 가족들이 신뢰하도록 만드
는 증표가 되었어요. 활동 열심히 하라고 격려하더라고요.

조영숙 2012년 구례에서 친환경 우리밀 라면 공장 준공식이 열렸는데
요, 당시 공장에 출자할 때 좀 망설였습니다. 투자해서 망하면 어

떡하지, 의구심이 들어서 적게 출자했습니다. 그런데 지금 그것이 효자 역할을 할 줄 꿈에도 몰랐어요. 자연드림 라면을 칭송하는 조합원이 되었습니다. (웃음) 매장위생점검단에 참여하며 매장 운영에 관여하게 됐는데 소비자의 눈높이에서 조언을 해주며 저도 많이 성장했습니다. 베이커리 기름의 산도 관리도 꼼꼼하게 하면서 소비자 조합원의 노력이 매장을 함께 운영하게 하는 경영 사례가 되었죠.

조합원 성장의 원동력 : 활동하며 배우고, 배우며 성장하다

우연히 아이쿱에 가입했지만, 조합원 활동가로 성장할 수밖에 없는 필연적 요소는 교육과 훈련의 힘이다. 학력과 경력을 묻지 않는 것은 조합원을 차별 없이 대하는 증거이기도 하다. 인문학부터 협동조합의 이해에 이르기까지 수준별 맞춤 교육, 단계별 임원 교육은 아이쿱 조합원이 일궈온 성장의 증거다. 새로운 사회화 교육 시스템이라고 자랑하고 싶다. 가랑비에 옷 젖듯이 시작된 교육은 때로는 소나기를 맞은 것처럼 나를 큰 세상으로 안내했고, 사회의 일원으로, 그리고 지역사회의 리더로 성장할 수 있게 했다.

소미영 물품만 이용하기보다는 교육이 동반되어야 협동조합과 자연드림에 대해서 제대로 이해하고 지역사회에서도 왜곡되게 발언하지 않아요. 대기업이나 협동조합에 대해 왜곡되게 발언하는 조합원이 있는가 하면, 그것을 올바르게 정정하는 조합원도 있습니다. 그 차이는 평소 '교육의 유무'가 좌우하는 것 같아요. 조합원의 협동조합과 아이쿱에 대한 인식이 매우 중요합니다.

정은주 아이쿱의 일상적인 교육과 훈련이 조합원을 만나도록 단련해 주었어요. 꾸준하게 이어온 활동의 결과로 리더가 되지 않았을까 생각하는데요. 조합원을 만나는 힘을 일상적으로 길러온 것이 리더로 자연스럽게 성장하게 한 것 같아요.

조영숙 이사 코스는 아이쿱에 대한 이해의 폭을 높여주는 중요한 교육의 계기였습니다. 더 열심히 하고픈 동기 제공도 이사 코스가 결정적이었고, 바라보는 곳이 비슷해진 계기가 되었어요. 우리 이사 중에 한 분이 '많은 사람들이 저렴한 비용으로 친환경 물품을 이용하면 좋겠다는 바람'을 표현하기에 놀랐어요. 아이쿱 조합원 활동의 대단한 힘은 학습과 교육이라고 할 수밖에 없어요.

소미영 부천아이쿱생협은 경제학자 우석훈 선생님이 하는 인문학 강좌가 17년째 매주 이어지고 있어요. 생협이 어려울 때나 이사장을 할 때 어려운 점을 토로하면 조언을 해주었어요. 결국 꾸준한 배움이 있어 생협 활동이 지속 가능하지 않았을까 생각하게 됩니다.

정은주 의무교육, 공교육보다 생협에서 내가 인생에서 배워야 할 것을 다 배웠다고 얘기하고 싶어요. 시민으로서 성장하고 알아야 할 것, 30대 이후의 삶에서 필요한 배움이 대부분 생협에서 이뤄졌어요. 이런 배움으로 리더가 됐죠. 공짜로 배우는 장이 생협이었고 배움과 꿈이 실현되는 장이 생협이었죠. 내가 하고 싶던 기획도 생협 활동의 장에서 펼칠 수 있었거든요.

강옥현 교육은 사람이 변화하는 표면적인 계기를 주지만, 나를 자극하고 성장하게 하는 동력은 훌륭한 동료들과 사람들이었어요. 내 주변에서 쉽게 보지 못하는 사람들이 생협에는 많이 있었어요. 나태하다가도 열심히 활동하는 동료들을 보면 자극이 되는데 활동을 지속할 수 있게 하는 힘도 동료에게서 나오더라고요. 생협 활동을 하는 사람이 내 주변에 많아지면 생협에 대한 우리의 대화가 보편적으로 되지 않을까 생각해보기도 해요. 내 인생에서 가장 오랫동안 하고 있는 활동이 바로 생협 활동입니다.

최종예 아이쿱 교육의 품질은 어디에 내놓아도 최고라고 자부합니다. 협동조합 관계자들끼리 함께 다른 강의를 들을 기회가 있었는데 아이쿱 수준에 훨씬 미치지 못했어요. 아이쿱의 조합원 활동가들은 교육에 대한 욕구와 수준이 매우 높은 편입니다. 갈수록 수준이 높아요.

박성순 건강한 사회가 가능하도록 우리 사회가 나아가는 방향을 실천하는 곳이 생협입니다. 활동은 공정무역에 대한 관심에서 시작했는데 이것을 실천하는 것도 협동조합이었고, 매우 건강한 조직이었습니다. 이 건강한 조직을 지키는 것이 중요하다고 생각되어 이사장을 하게 됐어요. 중요하고 좋은 것을 지키는 미션을 수행하고, 좋은 에너지를 쓰고 있는 보람이 있습니다. 모범 사례가 많은 아이쿱이 있어서 활동할 수 있었고, 긍정의 에너지를 발산할 수 있었어요.

아이쿱 캠페인은 세상을 바꾸고 있을까

우리 농업을 살리자는 표어가 구태의연할지 모르지만 그 가치에 동의하고 동참했던 그 시절 조합원들은 새로운 사회적 가치와 과제에 대해서 크게 공감한다. 남보다 앞서 소비자의 임무와 역할을 깨달은 아이쿱은 소비자 알권리에 주목하고 있다. 의제를 주도하고 조합원과 공유하며, 사회적으로 알리는 운동을 하고 있다.

소미영 우리밀은 살리고 우리쌀은 지키자는 2005년 소비자 1만인 대회에 소달구지를 끌고 다닌 전국 순례를 경험했는데, 그런 힘들이 오늘날 생협을 지탱하게 했고 친환경 식품의 저변을 넓히지 않았을까 생각합니다. 조합원들이 밥을 해 나르며 순례를 지원하는 모습이 기억에 남아요.

박성순 아이쿱 조합원들이 지난 대선 개표장에서 참관하는 모습이 많았어요. 정치, 사회 이슈에 결합하는 조합원들이 부쩍 많아졌고요. 학교급식 검수에도 참여하고 있고, '윤리적 소비'만 검색해봐도 청소년 세대에게 이 이슈는 많이 확산되어 있습니다. 이렇게 아이쿱의 활동은 알려지고 있는 것 같아요.

강옥현 시중의 친환경 매장이 많아진 것을 보면, 생협이 먹거리의 기준을 높이는 데 많은 기여를 하지 않았나 생각해요. '친환경'이라는 용어도 일상화되었잖아요.

정은주 양천구에서 어린이집 방사능 식품 급식을 반대하는 서명을 했는데 구의회에서 조례안을 통과시키지 않는 모습을 보면서 풀뿌리 정치나 풀뿌리 살림꾼을 바꿔야 한다는 필요성을 절감했어요. GMO 캠페인이나 방사능 급식에 대한 문제의식이 지역에서 많이 확산된 것 같아요.

박성순 식품완전표시제에 대한 이슈가 소개될 때 아이쿱 조합원이 인터뷰를 하거나 관련 단체로 아이쿱이 나올 때 우리도 성과를 이뤘다고 느껴요. 우리의 활동과 행동이 소비자의 기준을 높인 것으로 보이거든요. GMO 표시를 요구하는 서명을 통해 이슈가 사회적으로 확산되고 법안을 구성하는 데 기여한 것 같아요.

최종예 시의원 등 지역사회에 참여 제안이 오는데 지역사회 풀뿌리 정치인으로 나갈 기회가 온다면 기꺼이 하고 싶어요. 아이쿱의 활동이 지역과 연계되다보니 이런 필요성을 많이 느껴요. 저는 이사장

임기를 마치면 지역사회에 참여하고픈 욕구가 있고, 그럴 필요성을 크게 느낍니다.

정은주 지금 지역사회에서 공립어린이집을 위탁 운영하고 있는데, 지역사회에서 오해도 받고 있지만 진행하는 중입니다. 아직 시작이지만 급식과 긴밀한 기관이어서 사회적경제 기관이 이 사업을 운영하는 것은 큰 의미가 있어요. 우리 물품 소비를 위해서 위탁 운영한다고 볼 수도 있으나, 돌봄을 통해 사회적 과제를 해결해가는 임무를 맡고 있는 거죠.

소미영 경기도가 공정무역도시 선포를 준비하고 있는데, 이는 부천아이쿱에서 공정무역 활동을 높이는 계기가 되고 있습니다. 지자체의 의미도 여러 가지 사회적 이슈를 끌어가는 데 중요한 것 같아요.

조영숙 바디버든 줄이기 캠페인을 해보니 조합원들에게는 쉬운 이슈였으나, 사회적으로 아직 대중적이지 않아 확산의 필요성을 더 느낍니다. 지자체와 연계해서 이런 이슈를 공유하고 공론화하면 좋겠어요.

지속가능한 지역사회를 준비하는 준비된 리더

건강한 리더가 건강한 조직을 만들고, 건강한 조직은 또 건강한 리더를 재생산한다. 기꺼이 지역사회의 생협에서 활동하며 성장한 조합원들이 리더로 성장하여 좋은 가치를 확산했으면 좋겠다고 밝히고 있다. 아직 여력이 닿지 않거나 능력이 빼어나지 않아도 건강한 가치를 지키고자 에너지를 쏟는 조합원이 있어 생협은 중요한 가교 역할을 할 수 있지 않을까. 지속가능한 지역사회를 만드는 데 아이쿱 활동가들의 역량이 발휘되고 자기주도성을 높일 것을 요구하고 있다. 어쩌면 나 스스로 다짐을 하는 것인지도 모르겠다.

조영숙   활동가를 배출하는 인원에 비해서 그들이 생협에서 오래 활동하지 못하는 경우도 있습니다. 특히 본업이 있는 분들이 활동으로 지속되지 못하는 것이 안타까워요. 교육과 훈련으로 배출된 인원들이 지역사회와 연계하는 다리가 되거나 중심이 되면 좋겠는데 아직 그런 모습이 많지 않아요. 아직 아이쿱에서 역할하기도 버겁고 바쁜 편입니다. 지역사회로 좀 더 깊어지면 좋겠어요.

박성순   정치 관련 소모임을 해봤는데 정치 의제가 조심스러웠어요. 지역의 다른 단체에 묻어서 가기보다는 아이쿱이 주도해서 가는 것이 중요하다는 것을 경험했습니다. 아이쿱이 다른 단체의 활동을 보조하는 데 머무른다는 한계를 느꼈거든요.

강옥현   마사지업을 하는 조합원이 있는데 고객에게 마사지를 하면서 자연드림과 아이쿱 얘기를 해요. 각자의 방식으로 자연드림과 아이쿱은 지역사회에서 재생산되고 있어요. 생협 활동을 하다가 그만두더라도 지역사회에서 뭔가 하려고 하는 모습을 볼 때 아이쿱에서 배출된 활동가들은 다르다, 큰 역할을 하고 있는 경계의 선상에서 있다고 느껴요.

정은주 지역사회에서 네트워크 활동을 하고 싶지만, 아이쿱 의제만으로도 벅차서 겸하거나 연대가 현실적으로 어려운 경우가 있어요. 그러다 보니 지역사회에서 아이쿱은 연대하지 않는다는 오해도 해요. 지역사회와 연계할 수 있을 만큼, 물리적으로 시간이 여유로우면 좋겠어요.

강옥현 아이쿱에 대한 오해와 불식을 지우려면 우리가 주도적으로 네트워크 사업을 추진하고, 우리를 적극적으로 소개하고 홍보할 필요가 있어요. 미션은 큰데 바쁘다는 이유로 미루고 있어서 전담할 활동가가 있으면 좋겠어요.

소미영 친환경 학교급식 활동을 하고 있는데 그동안 배운 것들을 실천하고 지역사회에서 풀어내는 것이 매우 중요하죠.

강옥현 지역사회에서 탈핵연대 활동을 하고 있어요. 인원 참여는 많은데 주도하거나 발언하는 데 소극적이어서 우리가 주도해야 할 필요를 많이 느껴요. 우리가 마이크를 집어 들어야 하고 역할이 커져야 합니다. 용기가 필요하고 주도할 만큼 커야 합니다.

조영숙 시간을 내는 것이 쉽지 않지만 지역사회와 연계하며 지역 문제를 함께 해결할 필요성을 강하게 느껴요. 활동 연차가 오르면 지역 의제에 참여하는 선배 활동가의 모습이 필요해요. 이것도 활동가의 성장을 보여주는 것이죠.

최종예 생협은 인재양성소라고 해도 과언이 아닙니다. 지역사회에서도 일정한 역할을 할 것으로 기대합니다.

강옥현 생협의 운동성은 울산에서 시민단체가 하지 않는 상징적인 역할을 수행하고 있어요. 지역의 미션을 수행하며 지역사회에 긴장감을 주고 있어 운동과 사업의 경계적인 역할을 수행하고 있습니다. 정치와 사회에 관심 없는 사람들에게 중요한 감성을 심어주고 있지요.

나에게 아이쿱은 심청이 같아요.
나 자신에, 사회에, 사람에 대해
눈뜨게 해준 심청이 같아요~
앞으로 또 무엇에 눈뜨게 될지,
심장이 뜁니다.

김성미 (울산시민아이쿱생협 조합원)

단 한순간도 성장을 멈추지 않고
혁신을 통해 이 자리까지 온 아이쿱생협!
조합원과 선배 활동가들이 있었기에
아이쿱 역사가 만들어졌습니다.
20년이 된 청년 아이쿱!
우리가 함께 만들어갑니다.

이은희(군산아이쿱생협 조합원)

취재 · 아이쿱기자단

227

iCOOP
아이쿱생협 20
1997
2017

3부

혁신을 실천한 경영

아이쿱 경영을 해석하다

김형미
지민진

1. 소비자협동조합에서 경영의 역할

경영사의 고전 중 하나인 앨프리드 챈들러(Alfred D. Chandler Jr)의 『보이는 손 : 미국 기업의 경영 혁명』[1]은 '경영'이라는 관리적 조율(administrative coordination)에 주목한 것으로 유명하다. "신기술과 시장의 팽창이 생산 및 유통 과정에서 역사상 유례없는 고속 대용량의 처리를 가능하게 했던 분야와 시기에, 경영이라는 보이는 손은 시장이라는 보이지 않는 손을 대체했다. 따라서 근대적 대기업은 19세기 후반 미국

---

[1] 앨프리드 챈들러(1977), 『보이는 손』 1·2(*The Visible Hand : The Managerial Revolution in American Business*), 김두얼·신해경·임효정 옮김, 지식을만드는지식, 2014. 이 책은 1840~1917년까지 미국에서 근대적 대기업이 탄생한 과정을 경영자 층의 역할을 중심으로 탐구했다. 독립 후 미국 기업들은 르네상스 이래 상공업에서 앞섰던 유럽 기업들의 방식(조합 중심, 복식부기, 점재하는 소기업 중심)을 대체로 모방했다. 그런데 1840년 이후에 미국에서 여러 사업 단위를 설치하여 기업 내부 구조를 위계화하고 많은 경영자, 중간관리자 층의 역할을 증대하는 근대적 대기업이 탄생했다. 이들은 수평결합에서 수직결합으로 과열 경쟁을 통제하면서 불안정한 시장에 대응해 나갔으며 그 과정에서 관리적인 조율(administrative coordination)을 행하는 경영자 층의 존재와 역할이 두드러지는 현상이 나타나, 확립되었다는 것이 챈들러의 분석이다.

에서 나타난 급속한 기술 혁신, 그리고 증가하는 소비자 수요에 대한 제도적 반응"이라는 주장은 눈여겨볼 만하다. 19세기 중반부터 20세기 초까지 소위 '로치데일 시스템'을 복제한 소비자협동조합(이하 생협)들이 유럽 각지로, 아메리카 대륙과 아시아, 호주로 전파되었고 이들은 독점자본주의라는 험악한 시대를 헤쳐가야 했다. 챈들러가 말한 "급속한 기술 혁신, 증가하는 소비자 수요에 대한 제도적인 반응"을 성공적으로 수행했던 생협들이 장기적으로 조합원의 생활에 봉사하고 있다.

19~20세기 초에 탄생했던 생협들은, 처음에는 상업 이윤을 철폐하기 위해 생필품을 공급하는 유통 분야를 조직했고, 곧이어 도매사업(물류)과 생산사업에도 뛰어들어 직접 조합원의 필요에 부응하는 수직통합을 이루었다. 샤를 지드(Charles Gide)는 생협을 "이용자들 스스로 이용자들의 필요를 충족하기 위해 결속하여 생산"[2]을 하는 경제 조직으로 정의했는데 사실상 그랬다. 예를 들어 1950년대까지만 해도 북유럽 생협 매장에서 취급하는 상품의 상당 부분을 생협이 직접 소유한 기업에서 제조했다. 그 후 1980년대까지 이들 생협이 소유한 생산 시설들은 팔리거나 문을 닫았으나, 서비스업 확산이라는 시장 변화에 대응하여 조합원 생활과 밀접한 서비스 영역으로 진출한 북유럽 생협들은 레스토랑, 주유소, 호텔 등을 소유하고 직접 경영하고 있다.[3]

노르웨이 연구자 에크버그(Espen Ekberg)는 초기에 탄생했던 생협들의 생존은 식품유통업계가 "세 개의 혁명"에 직면했을 때 이에 응전하는 역량과 관련 있다고 보았다. 세 개의 혁명은 각각 '슈퍼마켓 혁

---

2 Charles Gide(1921), *Consumers' Co-operative Societies*, p. 17.
3 Ekberg, E. (2017), Against the Tide: Understanding the Commercial Success of Nordic Consumer Co-operatives, 1950-2010, *A Global History of Consumer Co-operation since 1850 : Movements and Businesses*, Edited by Mary Hilson, Silke Neunsinger and Greg Patmore, Brill, pp. 698-702. 이에 따르면 1950년대 노르웨이 생협은 취급 상품의 1/3 이상이 노르웨이 생협이 소유한 공장에서 생산되었다.

명'(1950년대), '체인스토어 혁명'(1970년대), '소비자 혁명'이다. 첫 번째 혁명은 셀프서비스 매대 채용과 매장 면적 증가에 대처하기 위한 자본조달 문제를 생협들에게 제기했다. 가장 성공적인 사례는 이탈리아 생협으로, 이들은 주로 조합원 차입을 활용했다. 2002년까지 이탈리아 생협(레가협동조합Lega Coop 소속) 총자산의 55%는 조합원 차입으로 구성되었다.[4] 한편, 오스트리아, 독일의 생협들은 효과적인 자본조달에 실패했다. 두 번째 혁명은 생협으로 하여금, 독립적으로 운영하던 수천여 개 매장사업을 체인스토어 방식으로 전환하기 위해 지역조합과 연합조직 사이의 '연합 관계'에 큰 변화를 가져왔다. 예컨대 노르웨이 생협은 지역조합이 매장을 소유하되 연합회가 구매 집중화만 담당하는 방식을 설계한 반면 스웨덴 생협은 작은 지역조합들이 합병하는 방식으로 대응했다. 마지막으로, 소비자 혁명은 노동자층 가계의 구매력을 보호하기 위한 염가 판매에서 나아가 환경 보전과 소비자 건강(식품 안전), 소비자 보호를 위한 제도 개선으로 요구가 전환되던 것으로[5] 새로운 생산-소비 가치사슬을 만들어내는 도전이었다. 시기적으론 1980년대 후반부터 두드러진 소비자 혁명의 흐름에 적극 대응한 대표적인 사례는 일본의 생협들이다. 1980년대 후반부터 일본 생협과의 교류 속에서 현대 한국 생협의 선발주자들은 소비자의 잠재 욕구(유기농 직거래)와 사업 방식(두레 중심의 무점포 공급)을 벤치마킹했다.

협동조합에서 사업 방식의 전환은 결국 조합원들이 선택하지만 그 과정에서 소비자들의 필요를 충족하는 유통시장 환경과 업태의 변화, 소비자들의 소비행태 변화에 대응하여 적극적으로 조직구조와 사업

---

4 Silke Neunsinger and Greg Patmore(2017), Conclusion : Consumer Co-operatives Past, Present and Future, *A Global History of Consumer Co-operation since 1850 : Movements and Businesses,* p.746.

5 Ekberg, E. (2012), "Confronting Three Revolutions : Western European Co-operatives and Their Divergent Development, 1950-2008", *Business History* 54, no.6(2012) : 1004-21. 위의 책, pp.745-749에서 재인용.

방식을 바꾸면서 시장과 조합원들의 생활에 영향을 미치려는 경영의 역할은 상당히 중요했을 것이다.[6]

다른 생협에 비해 뒤늦은 태동에도 최대 사업 규모 생협으로 성장하기까지의 여정은 늘 새로운 시도와 물음 자체였다. 이 글은 아이쿱의 지난 20년 궤적을 더듬어 이런 시도들의 경영적 의미를 정리하고 해석해보고자 한다. 아이쿱의 20년에서 협동조합기업으로서 '경영'이라는 관리 조율이 어떻게 작동했는지를 살펴본다면 협동조합 경영에 관한 이해의 폭을 조금이나마 넓힐 수 있으리라 기대한다.

2. 아이쿱의 성과와 경영 기조

아이쿱의 성과

아이쿱은 1997년 9월 6개 지역생협(부평생협(현 인천아이쿱생협), 부천생협, 별내생협(현 강서아이쿱생협), 양천아이쿱생협), 수원생협, 안산생협, 한밭생협)이 '경인지역생협연대 준비위원회' 발족을 시작으로 공동사업 활동에 착수한 이래, 2017년 8월 90개 회원조합으로 20년을 맞이했다. '21세기생협연대' 법인을 창립한 첫 해인 1998년 6개 회원조합, 663명 조합원, 20억 원 사업금액 규모에서, 2016년 90개 회원조합, 250,980명 조합원, 5,523억 원 사업금액으로 성장했다.

초기 사업은 조합원들이 물품 취급기준에 따라 선정한 물품을 조합원 가정에 공급하는 가정공급(무점포 판매) 사업이었고 사업부서도 자

---

6 가령 핀란드에서 시장점유율 45.7%(2015년 S그룹 발표)를 차지하는 소비자협동조합 S그룹의 조직 구조와 사업 방식의 변천에 대해서는 이경수, 『아이쿱 해외 협동조합 동향 모음집 : 핀란드 S그룹』(아이쿱협동조합연구소, 2016)을 참조함.

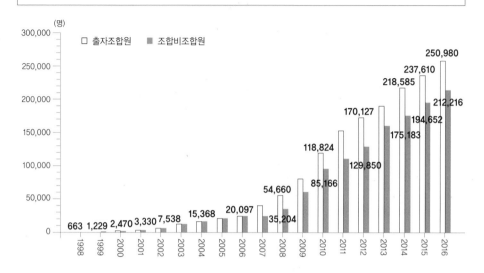

〈그림1〉 조합원 수 추이

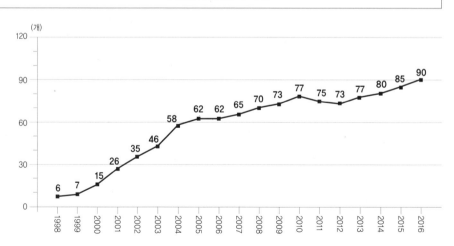

〈그림2〉 회원조합 수 추이

〈그림3〉 연도별 매출액 추이

(10억 원)

주 : 매장 공급액 및 가정 공급액은 자료 집계된 2010년 이후부터 도식화함.

산도 단출했다. 수도권물류센터 화재 복구 직후인 2001년 당시 사업현황을 보면 사업금액은 80억 원, 회원생협 26개 조합, 생산자회원은 6개 단체(원주생협, 풀무생협, 남농영농조합법인, 제주생협, 상주땅지기, 21세기영농조합)와 34명의 개인 생산자였으며 직원 53명, 사업소는 부천본부(사무국 및 생협연구소, 조합지원센터), 수도권물류센터, 중부물류센터, 호남물류센터 4곳이었다.[7] 사업부서는 생산개발부, 물류관리부로 단순했고 총무부가 탄생한 것도 2003년이었다. 즉, 2002년까지는 사업부서의 분화, 체계화도 어려웠던 시절이었다.

20년이 지난 2016년 12월, 아이쿱은 1차 생산자들의 사회적협동조합 아이쿱생산자회 회원 314명, 계약 생산자 2,397명, 가공 생산자

7 (사)한국생협연대, 『제7차 정기총회 자료집』, 2002.

iCOOP
아이쿱생협 20년사

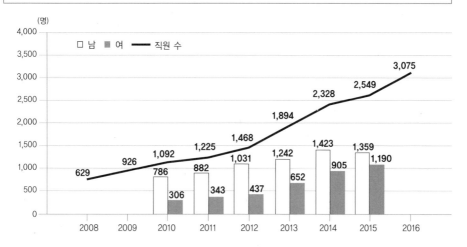

〈그림4〉 성별 직원 수 추이

(명)

- □ 남 ■ 여 ━ 직원 수

연도	남	여	직원 수
2008			629
2009			926
2010	786	306	1,092
2011	882	343	1,225
2012	1,031	437	1,468
2013	1,242	652	1,894
2014	1,423	905	2,328
2015	1,359	1,190	2,549
2016			3,075

주1 : 연합회와 연합조직(지역조합의 공동이익을 위해 연합회 차원에서 설립한 조직)의 직원 수(지역조합 직원 제외)
로 협력조직의 직원도 포함되었다(협동의 일원으로서 이해연동 강화를 위한 정책 변화(오너십 경영, 출자 통한
협력생산 등) 등으로 연합조직(지역조합의 공동이익을 위해 연합회 차원에서 설립한 조직) 일부가 독립적인 협
력 조직으로 분화하는 변화도 있었다).
주2 : 2016년 매장 운영 정책 변화로 기존 지역조합 운영 중심에서 권역공동사업법인 운영 기조가 되어, 지역조합의
직접고용은 대폭 줄고 연합조직(자회사)으로 흡수된 직원이 대폭 증가했다. 연합조직 직원 531명 증가, 지역조
합 직원 623명 감소(2015년 1,164명, 2016년 541명)

262개 단체와 공급-소비의 거래 관계를 형성하고, 주요 법인 및 협력
기업은 50여 개로 확대되었으며, 직원은 3,075명[8]에 이르렀다. 2001
년도 3,330명, 2억 4,500만 원이었던 조합원과 출자금 규모는[9] 2016
년도 250,980명, 520억 원으로 조합원은 75배, 출자금 규모는 약
212배로 증가했다.

공급 방식은 2006년에 다시 한 번 변화했다. 6개 지역생협이 경영
난 타개를 위한 연대를 모색하던 초기, 지역생협들은 각각 매장을 운

8　협력업체의 직원 수 포함(협동의 일원으로서 주체성 강화를 위한 정책 변화—오너십 경영, 출자 통
한 협력 생산 등—로 연합조직이 독립적인 협력 조직으로 분화하고 있다). 지역조합의 직원도 포
함하면 3,616명에 이른다.
9　(사)한국생협연대, 「2001년 결산보고」, 『제7차 정기총회 자료집』, 2002.

영했다. 물류를 통합하며 경영을 효율화하는 과정에서 2000년부터 매장사업이 아닌 가정공급으로 전환을 이루었다. 일부 단체급식 및 예외적인 판매장 사업을 제외하고 '자연드림' 브랜드로 다시 매장사업을 시작했던 것은 2006년이었다. 이후 2010년에는 가정공급사업 규모를 매장사업 규모가 뛰어넘었으며 전국의 자연드림 매장이 소비자, 조합원을 만나는 주요 사업 거점이 되었다.

<표1> 연도별 자연드림 매장 추이

	2006	2007	2008	2009	2010	2011	2012	2013	2014	2015	2016	2017
전국	5	23	37	63	90	110	127	139	158	178	192	211
서울	2	5	8	10	10	13	15	16	18	22	23	24
부산 경남	–	1	3	9	20	24	29	32	38	44	47	52
인천 경기	1	8	12	19	26	30	32	37	42	46	50	56
대구 경북	–	–	–	2	5	7	10	10	11	14	17	18
대전 충남	1	4	6	7	9	10	12	13	13	14	14	15
광주 전남	1	2	4	10	11	15	16	17	21	23	24	26
충북	–	–	1	1	2	2	4	4	4	4	5	5
전북	–	2	2	3	4	6	6	7	7	7	8	10
강원	–	1	1	1	1	1	1	1	1	1	1	2
제주	–	–	1	1	2	2	2	2	2	3	3	3

주1 : 매년 말 기준(2017년은 8월 말 기준).
주2 : 조합원의 이용이 가능한 전국 자연드림 매장 수. 구례자연드림파크 내 판매장 포함, 국외 캄보디아 매장 1곳 제외 (현지 생산자협동조합의 생산품 판로 개발을 위해 생협 매장 개설 지원 차원에서 설립).

아이쿱의 경영 기조

지난 20년 동안 아이쿱의 경영은 좌충우돌하며 많은 실패를 겪었으나, 그 과정에서 형성된 일정한 기조를 찾을 수 있다. 필자들이 발견한 기조는 다음 세 가지다.

첫째, 기존 현실에서 충족되기 어려운 조합원의 요구·바람을 실현하기 위한 경영

아이쿱 경영의 첫 번째 특징은, 현실에는 없는(또는 없었던) 조합원의 요구와 바람을 충족하기 위해 기업을 경영한다는 것이다. 이는 협동조합 경영의 특징이라 해도 무방하다. 이 때 기업의 목표는 협동조합 조합원들이 설정하고, 경영은 그 목표를 실행하기 위해 효율적이고 효과적으로 제 자원을 동원, 결합하여 투입하고 그 과정을 통제하면서 목표 달성을 관리, 조율하는 행위가 된다.

1988년(한밭생협(현 한밭아이쿱생협) 설립), 1992년(부평생협(현 인천아이쿱생협) 설립) 무렵부터 현실에 없는 사업을 바라는 지역생협과 조합원의 요구가 있었으나, 1997년 아시아 통화위기 시절 적자에 허덕이던 6개의 생협은 이를 충족하기 어려웠다. 이들 생협이 생존을 위해서 연합했을 때 기존과는 다른 사업 방식을 도모해야 했다.[10] 창의적이어야 살아남을 수 있었고 그 과정에서 조합비제도와 같은 새로운 방식이 생겨났다.

둘째, '조합원 중심주의' 실현으로 작동되는 사업 방식

아이쿱 경영은 '조합원 중심주의'를 실현하는 방향으로 작동된다.

---

10 매장을 없애고 물류사업을 통합하고 조합원 회비로 운영하고 원가로 물품을 공급하는 방식으로의 사업방식의 개혁이 1998년 법인 창립부터 2000년 사이에 이루어졌다. iCOOP생협연대, 『협동, 생활의 윤리』, 푸른나무, 2008년, 38쪽.

조합원을 중심에 두고 생각하고 실행한다. 이때 조합원 중심이라는 용어 자체에만 주목하여 직원, 생산자, 지역 주민은 제쳐두고 조합원만 중요하게 여긴다고 오해하면 곤란하다. 사람 중심 경제가 사람만을 생각하며 타 생명체를 배제하는 게 아닌 것처럼 조합원 중심주의는 협동조합을 소유하고 운영하며 이용하는 조합원들의 관여와 결합을 강력하고 높게 유인하면 할수록 협동조합 사업이 강해지고 의의가 있다는 원리다.

> 협동조합에서 펼치는 어떤 사업이든 필수 조건은 조합원을 만족시키는 결실을 얻고 공동체 조직을 통해 공동체가 실현하려는 목적을 충족하는 것이다.
> —아너스 오르네(Anders Orne)[11]

아이쿱은 조합원이 협동조합 사업의 방향을 결정하고 조합원이 바라는 시장 사회 규범[12]을 사업을 통해 구현함으로써 조합원 생활에 더 나은 편익, 혜택, 가치를 제공하는 것이 경영의 목적임을 강조해왔다. 어렵고 힘든 상황에 부딪힐 때마다 직원들에게 '조합원의 입장에서 생각하라'고 강조하고 조합원의 입장에서 문제와 갈등을 해결하고자 했다. 매뉴얼에 따라 정해진 해결 방법이 있었던 것이 아니라 상황에 따라 판단해야 하지만, 그 판단은 '조합원의 입장에서'였다. 직원들 입장에선 불편하기 짝이 없고 실패도 적지 않았고 좋지 않은 결과를 감수하기도 했다.

그럼에도 조합원 중심주의는 아이쿱 경영이 어디로 향해야 할지 방

---

11 아너스 오르네(Anders Orne, 1937), 『스웨덴에서 협동조합을 배우다』(Co-Operative Ideals and Problems), 이수경 옮김, 그물코, 2015년, 100쪽.
12 이는 소비자주권과도 통하는 개념으로 소비자 한 사람 한 사람이 원하는 상품을 구매할 수 있고 관련 정보는 투명하게 공개되며 생산과 제조, 유통에 관여한 이들은 공정한 이익을 분배받고 소비자 이용 가격은 적정해야 한다는 발상이 규범적 가치로 존중되고 실현되는 경제, 시장 사회를 말한다. 김형미, 「소비자주권 시대를 여는 생협 : 생협의 역할과 비전」, 『월간 아젠다』 9월호, 2013.

향을 설정할 때 가장 먼저 고려해야 할 원칙으로 자리 잡고 있다. 2017년 3월 아이쿱생협사업연합회 총회에서 채택한 '아이쿱 사명선언문'에는 "협동조합의 상품과 서비스를 이용하는 소비자 한 사람 한 사람의 필요와 행복을 위해 행동"하겠다고 선언하고 있다. 다시 말하면 아이쿱 경영 20년은 협동조합기업으로서 아이쿱은 누구를 위해 존재하는지, 어떻게 해야 조합원의 생활 향상이란 목적을 제대로 실행할지, 이 질문에 대한 대응력을 높여오는 과정이었다.

셋째, 구성원 간 합의 형성과 결의를 높이기 위한 조율

아이쿱 경영의 표면적 성과는 이 글에서 요약한 수치가 어느 정도는 보여주고 있다. 이러한 성취를 만들어온 숨은 원리는 아이쿱의 주요 구성원인 소비자조합원, 생산자, 직원들의 이익을 같은 방향으로 정렬시켜, 원심력을 최대한 줄이려고 애쓴 것이었다. 이 과정에서 이견 분출이나 일부 구성원의 탈퇴와 제명 등 의사결정 비용이 상당히 수반되었지만 한번 결정하고 나면 자원 동원의 정당성과 구성원들의 관여 의지가 높아지고, 구심력의 지속성 확보로 이어지게 된다.

아이쿱은 자원 동원이나 조율을 위해서 인적 결합체인 협동조합답게 합의 형성을 통해 추진하고자 노력했다. 각 법인이사회 등 법적 책임을 지는 공식기관의 의사결정 외에도 경영합의기구 설치(2007년 이후), 아이쿱 주요 법인 대표와 실무 책임자들의 협력 회의, 회원조합 대표들의 소통과 의견 조율을 위한 권역 대표자회의, 직원 그룹의 정책 소통을 위한 전국 팀장워크숍, 토론회나 간담회 등을 통해 경영 자원 조율에 관한 합의 형성 역량을 축적해왔다.

예컨대, 일반적인 유형화로 보면 (생협) 친환경 유기농 매장으로 분류되는 자연드림 매장사업은 초기엔 연합회가 설립한 자회사(쿱스토어)와 지역조합을 프랜차이즈 형식으로 연결하여 운영했다. 각 지역조합에서 매장 개설의 자본을 조합원 차입을 통해 마련한 것도 자원 조율을 위한 합의 형성 없이는 불가능한 일이었다.

그런데 2013년부터 지역조합과 쿱스토어가 권역별로 뭉쳐서 지역 내 공동 대응력·경영자 육성·규모의 효과를 높이는 실험을 시작했다. 자연드림 매장은 2006년 5개 점포가 문을 연 후 2009년 63개 점포, 2011년엔 전국 110개 점포를 넘으면서 필연적으로 매장 내 인력 운영의 한계를 노정하고 있었다.[13] 특히 2014년 이후 적정 매장 입지 부족, 임대료 상승에 따른 개설비용 증가, 이용 조합원 정체를 겪으면서 2016년 아이쿱은 '권역공동사업법인'이란 사업 방식을 도입했다.[14]

기존에 지역조합들이 직영했던 자연드림 매장을 권역별로 묶어서 공동 출자·공동 경영하는 사업체제로 전환한 것이다. 만약 대기업 프랜차이즈 사업이었다면 이런 변화는 신속하게 본부 결정에 따라 진행되었겠지만 아이쿱에서 이러한 변화를 진행하기까지 사실상 걸린 시간은 약 2년이었다. 그동안 권역별로 이사, 직원, 생산자 회원이 참석하는 토론회만 해도 15회 이상 열렸다.

이런 특성에 비추어 지난 20년 동안 일궈온 아이쿱 경영을 협동조합기업의 경쟁력 창출 기제에 비추어 살펴보았다. 이때 지난 20년간의 시도들이 모여 협동조합기업으로서 차별성을 만들어내는 과정으로 서로 연계되어왔음을 알 수 있었다(<그림5>).[15]

---

13 2015년 말 전국 178개 점포 자연드림 매장 직원 수는 2,344명으로 전년 대비 300명이 증가했으나 직원 퇴사율은 낮지 않았다. 베이커리, 정육 담당 직원의 퇴사율은 동일 업종의 업계와 비슷한 수준이긴 하지만 높은 편이어서 인력 운영에 대한 새로운 방안이 요구된다고 보고하고 있다. 『아이쿱소비자생활협동조합사업연합회 제18차 대의원 정기총회』, 129쪽.
14 농·수협에는 지역조합이 연합조직과 함께 공동출자로 사업을 운영하는 조합공동사업법인이 제도적으로 마련되어 있다.

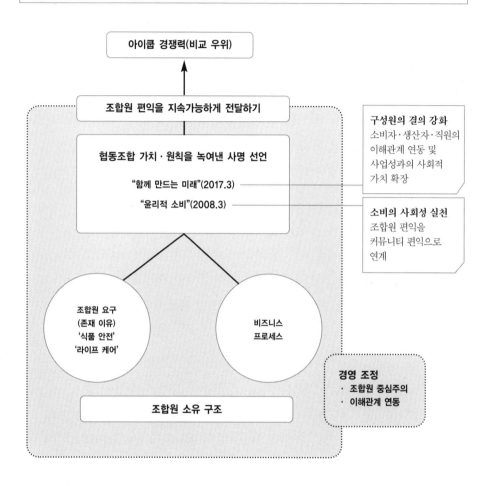

〈그림5〉 아이쿱 경영과 협동조합기업으로서의 경쟁력 창출 기제

15 McDonnell, Macknight and Donnelly(2012), *Democratic Enterprise : Ethical business for the 21st century*을 참고하여 재정리.

3. 아이쿱 성과의 출발점, '조합원 중심주의'

'윤리적 소비'
: 조직 정체성 재확인과 책임 설계 공고화의 시발점

아이쿱의 20년은 조합원의 요구를 일상 운영을 통해 풀어내는 생협의 실천을 '윤리적 소비'로 엮어낸 과정으로 볼 수 있다. 이 과정에서 경영 조율은 변화에 기민하게 대응하여 식품안전체계와 책임 설계를 공고히 해왔다. 고정된 것은 없었다. 경영 조율의 초점도 시간의 흐름에 따라 변화했다. 그 초점 변화에 따라 아이쿱의 20년은 크게 세 시기로 나누어 볼 수 있다. 이것은 사실상 중심 요구를 실현하는 데 필요한 것들을 하나씩 깨닫고 보완해가며 힘을 싣는 과정이었다.

그리고 2008년 윤리적 소비 사명 선언은 이 깨달음과 보완의 과정을 관통한다. 윤리적 소비 선언은, 1997년 '21세기생협연대'로 지역의 생협들이 연대한 이래 생협의 실천이 사회적으로 바람직한 소비를 확산하는 것이었다는 깨달음이었다. 사회에서 충족될 수 없었던 '식품안전'에 대한 요구는 애초에 사회적 필요가 반영된 것이었고, 사업과 활동을 톱니바퀴로 엮어 윤리적 생산과 소비의 식품체계를 만들어온 10년을 '윤리적 소비'로 회고한 것이었다.

나아가 식품 안전에 대한 개개인의 필요가 안전한 식품 생산을 이끌어낸다는 '소비의 사회성'에 대한 재인식이었다. 이 인식은 조합원의 요구와 협동의 가치 그리고 협동조합 조직과 사업의 일상 운영을 이어주었다. 식품안전체계를 보다 탄탄히 해가는 동력이 되고, 조합원의 참여 의지를 일깨웠다. 여기에서 조합원에게 계속해서 편익을 제공할 수 있는 힘이 생겨났다.

지속가능하기 위한 집중
: 조합원의 요구(1997~2003년 중심)[16]

지역의 생협들이 경영난을 겪고 '21세기생협연대'로 연대하는 과정은, 협동조합은 혼자서는 지속할 수 없으며 함께 가기 위해서는 조합원의 요구에 집중해야 한다는 깨달음의 과정이었다.

1990년대에는 물품이 산지에서 조합원에게 공급되기까지, 생협 사업 전반을 각 지역생협이 개별 운영하는 것이 일반적이었다. 이런 상황에서 지역의 생협들은 매장까지 운영하고 있었기 때문에 실무자건 활동가건 매장 운영비를 충당할 수 있는 수익을 내고 조합이 생존하는 데 매몰될 수밖에 없었다. 이에 1997년 9월 경인지역 6개 생협이 '(가)경인지역생협연대'를 발족하여 꾀한 것이 물류사업의 통합이었다. 기존에 각 조합들이 개별적으로 짊어졌던 물류사업 부문을 분리시켜 연대사업으로 통합하고자 한 것이다. "기존의 '생산지 → 물류센터 → 지역조합 → 조합원'으로 이어지는 물류의 흐름을 '생산지 → 물류센터 → 조합원'으로 바꾸어 생산에서 소비까지의 유통과정을 한 단계 줄임으로써 원가를 줄이고 물류 작업을 효율화하는"[17] 혁신을 꾀했다. 물류 통합은 1997년 8월 시작하여 2000년 모든 회원조합의 구조조정 참여로 완료되었고, 2001년에는 전국 연결 물류망이 구축되어 1

---

16 기술된 경영 조정의 초점을 해당 시기의 중점 과제로 보았으며, 이 시기 이외에도 계속해서 적용되어 설계·실행이 이루어졌다는 점에서 '중심'이라 표현한다.

17 iCOOP생협연대, 앞의 책, 37쪽.

일 전국 물류망이 확보되었다. 2003년에는 전국 9대 도시(부천, 시흥, 금산, 담양, 순천, 울산, 대구, 제주, 천안)에 물류(배송)센터가 설치되었고, 전국 어디서나 조합원 공급과 생산물 집하가 가능하게 되었다.

물류 통합으로 사업이 안정되면서 각 지역조합은 매장 운영비 충당 과제에서 벗어나 조합원 확대를 위해 움직일 수 있었다. 물류를 중심으로 한 사업의 집중은 지역조합에는 활동력을 집중할 수 있는 토대가 되었고, 이는 2003년까지의 '사업의 집중과 조직의 분화' 기조에도 드러난다. 1998년 6개 생협, 663명의 연대체는 2003년 46개 지역조합, 1만 1,645명의 연대체로 확대되었다. 사업과 활동이 맞물려 조직 확대의 역동성을 키워내는 선순환을 이루어낼 수 있었던 결과라 하겠다.

이 경영 효율화 과정은 협동조합에 기본으로 요구되는 책무에 대해 시사하는 바가 크다. 새로운 지역운동 방식으로 생협 방식을 채택함으로써 태동되었다 해도 협동조합 존속의 과제는 여전하며, 조합원 없이는 존재할 수 없는 인적 결합체로서 협동조합은 조합원 요구를 풀어내는 것을 중심에 두어야 하고, 그러할 때 지속가능할 수 있다. 이를 아이쿱은 지역조합의 경영난으로 조직을 연대하고 물류 통합 등 경영을 효율화하는 과정에서 체화할 수 있었다. 이 효율화 과정은 물류의 흐름만이 아니라 소비자조합원이 생협 물품을 이용할 때 거쳐야 했던 불편 사항[18]을 덜어 조합원의 이용 참여를 높이고, 이용 조합원 층을 확대하는 바탕을 마련했다. 이것이 기틀이 되어 조합원들은 당시 사회에서 해결하기 어려웠던 '식품 안전(안전한 유기농산물)'에 대한 바람을 이루기 위해 모이기 시작했다고 볼 수 있다.

---

18 2000년대 초반까지의 경영 효율화 이전에는 조합원은 대개 물품을 다음 과정을 거쳐 이용할 수 있었다. 먼저 조합원이 지역조합에 주문을 하면 이를 수합한 조합이 생협연대에 전화나 팩스로 주문하고, 조합원이 물품을 가정에서 받을 때 공급자(배송자)에게 현금으로 대금을 지급했다.

'식품 안전' 필요에 안정적으로 응답하기

: 식품안전체계 구축(2004~2011년 중심)

2004년 (주)더불어식품(현 새롬식품)의 원산지 허위 표시 및 혼입 사건 (이하 더불어식품 사건)은 '식품 안전'에 대한 관점 재정립으로 이어진다. 당시 한국생협연대(현 아이쿱생협사업연합회)는 기본 방향을 "서민에게 안전한 농산물을"로 잡고 있었다. 그런데 이 사건을 통해 기존의 생산자와 소비자의 신뢰를 바탕으로 실천해온 직거래 사업운동의 맹점을 깨닫고, 신뢰라는 무형의 자산을 유형의 시스템으로 설계해야 할 필요성을 절감하게 되었다. 이에 생산정책, 물품정책, 생산·물품 관리정책 전반에 대한 재검토[19]가 이뤄졌고, 이것이 현재 생산·물품·관리 범주를 아우르는 식품안전체계로서의 '아이쿱인증'으로 이어졌다.

인증센터는 조합원 중심주의가 강하게 적용되는 배경 속에서 설립되었습니다. 식품사고를 예방하기 위한 조직인 인증센터는 조합원이 내는 회비로 운영되며, 그 바탕은 조합원 중심주의에서 출발합니다. 인증센터의 업무시간 대부분은 생산자를 만나는 데 쓰입니다. 조합원이 인증센터에 부여한 권한으로 인증센터가 조합원을 대신하여 생산자를 만나 점검하는 시간인데, 그래서 인증센터의 역할 중에는 조합원과 소통하는 역할도 큰 비중을 차지합니다. 조합원은 내가 먹는 식품을 아이쿱이 어떻게 점검하는지 알고 싶어하므로 인증센터가 어떻게 하는지 관심을 가질 수밖에 없습니다. 여기서 인증센터가 현실에 안주하지 않고, 그 자리에 머물러 있으면 안 되는 이유가 생깁니다. (신신일, 아이쿱인증센터 사무국장)

---

19 검토 내용에 대한 자세한 사항은 후술. (4장 〈표5〉, 255쪽 참조)

\<표2\> 아이쿱인증 체계 구축 과정	
연도	시행 내용
2003년	· 6월, 원주(잡곡상 구입 납품), 의성(양파 혼입) 사고 발생
2004년	· 2월, 유통인증 사업계획 확정(생협연대 정기총회) · 2~10월, '유통인증제 도입 및 활용' 프로젝트 발주 및 발표(성공회대학교) · 6월, 더불어식품 부재료 혼입사건 발생
2005년	· 4~5월, '친환경유기식품 유통인증협회(이하 인증협회)' 설립 준비위원회 구성, 창립총회 개최 · 10월, 인증스티커 원격 통제시스템 시범실시
2006년	· 8월, 생협의 생산인증기준 방향 검토(축산정책위원회 토론) · 11월, 유통인증라벨 원격관리 프로그램에 의한 유통인증시스템 가동
2007년	· 1월, 생협 장보기 게시판에 인증품목 재배 정보 제공 시작, 새로운 생산인증 기준 초안에 의해 시범농가에 대한 평가 실시 · 11월, (주)한국친환경유기인증센터(이하 유기인증센터) 설립 · 12월, 한국생협연대·충북도·괴산군 친환경식품 클러스터 MOU 체결
2008년	· 2월, 유기인증센터, 민간 친환경인증기관 지정 · 8월, '친환경 농축산물 혼입 방지 관리 방법' 특허 등록(제851180호)
2009년	· 쇠고기 이력제(6월), 축산(유정란)유통인증(10월) 실시 · 10월, 아이쿱생협 7만 조합원 특별 증자 운동 실시
2010년	· 유기인증센터, 수입자 인증기관(2월), 유기가공식품인증기관(11월) 지정 · 11월, A마크 자체 표시 시범실시(애호박)
2011년	· 8월, 인증협회 'iCOOP인증센터'(이하 인증센터)로 명칭 변경 · 9월, 유기인증센터 식품검사센터 농산물검정기관 지정 (국립농산물품질관리원 지정 제3호) · 12월, iCOOP생협 독자인증을 위한 공청회 개최
2012년	· 3월, 유기인증센터 식품검사센터 식품위생검사기관으로 지정 (식약청 지정 식품위생검사기관 제77호) · 4월, 독자인증 기준위원회/심의위원회 구성
2013년	· 1월, 독자인증 선포식, 독자인증 시작 · 12월, 인증센터 사고예방팀 신설
2014년	· 6월, '독자인증'을 '소비자독자인증'으로 명칭 변경
2015년	· 11월, '소비자독자인증'을 '아이쿱인증'으로 명칭 변경
2016년	· 4월, 아이쿱포럼 '세계 유기농업 동향과 아이쿱인증' 개최 · 12월, 유기인증센터 식품검사센터 방사능 공인검사기관 지정 (국립농산물품질관리원 지정)

이 과정에서 아이쿱은 기존 유기농산물 직거래 중심에서 전반적인 식품 안전 추구로 보다 확대된 조합원의 요구를 충족시킬 기틀을 마련하게 되었다. '무엇보다 식품 안전 사고는 소비자의 생명으로 직결될 수 있는 만큼, 식품 안전은 소비자 관점에서 관리·제어해야 한다. 그리고 소비자의 관점에서 식품 안전이 제어될 때 책임 있는 생산을 유도할 수 있고, 이것이 결국 생산자의 역량을 높여 농업 생산을 위한 길이 된다'는 사실에 바탕을 두고 소비자 관점의 식품안전체계를 구축했다. 더불어 식품 사건을 해결해가며 확인한 이러한 관점은 현재까지 아이쿱의 주요 경영 과제의 기본 틀이 되고 있다.

한편 아이쿱은 연대 초기부터 사건이 발생했을 때 사건 관련 모든 사항을 조합원에게 공개함을 원칙으로 해왔다. 공개 당시에는 신랄한 질책과 조합원 이탈로 인한 충격이 크지만, 조합원의 공통된 요구를 실현하기 위해 연대한 조직으로서 이러한 원칙이 조직의 존재 이유를 지켜내는 힘이 되고 있다.

변화하는 멤버십
: 지속가능한 참여 설계(2012~2017년 중심)

조직의 빠른 규모화는 어떤 조직에게든 새로운 과제를 안겨준다. 아이쿱은 2010년 조합원 10만 명(2010년 말 회원조합 77개, 조합원 11만 8,814명)을 넘어서게 되었다. 연대 초기 물류 통합을 통한 경영 효율화 이후 2004년부터 '물품의 신뢰 시스템 구축'의 기조로 사업 활동을 해온 결과, 2006년 말에는 회원조합 62개, 조합원 2만 97명 규모였다. 조합원 스스로가 운영할 수 있는 정도의 규모로 지역조합을 분화[20]해왔음에도 각 조합의 조합원 규모는 나날이 커졌고, 생협의 정책과 활동에 관심을 갖는 조합원 층의 구성비는 상대적으로 줄어들 수밖에 없었다. 물품을 이용하는 소비자 정체성이 더욱 커지는 현실에서, 소비자에게 매력적인 물품과 브랜드를 만들어내는 것은 앞서 시작한 생산·물품 관리 정책의 흐름을 이어서 기본으로 해야 할 일이었다. 이 외에도 지속적으로 아이쿱에 관여할 수 있는 기회를 높여 조합원이 진정한 협동조합의 주인으로 서게 하는 참여정책 설계의 필요성이 더욱 커질 수밖에 없었다.

이 시기에 설계되어 정착한 정책으로는 책임출자금제도, 수매선수금제도 등을 꼽을 수 있다. 이 제도들은 각각의 취지와 목적에 따라 '달리' 설계되었지만, 모두 조합원의 관여를 이끌어내는 협동 경제로 기능하여 조합원 소유구조를 다지는 공통점을 지닌다. 이들은 조합원 소유구조를 다지는 한 방식으로 볼 수 있다.

연대 초기 직거래사업에서 필요한 자본 수준과, 물품의 신뢰 시스템 전반을 구축할 때 소요되는 자본의 수준은 다를 수밖에 없다. 책임출자금 제도는 자본 필요 증대에 따라 협동조합의 주인으로서 조합원이 사업과 기본 인프라에 쓰이는 기초 자본에 대한 최소한의 책임을 지자는 취지로 가입·이용출자 외에 증자를 독려하도록 설계되었다. 시행 시작 3년 남짓인 2017년 8월 기준으로 전체 조합비 조합원의 2.6% 정도가 이 증자에 참여하고 있는데, 느리지만 서서히 참여 조합원이 늘어가는 추세이다.

이에 앞서 2011년 5월 수매선수금제도는 생산·수매 등에 필요한

---

20 지역조합이 일정 조합원 규모에 이르면, 활동력의 응집을 위해 새로운 조합으로 분리해내는 방식. 초기(1997~2003년)에는 이것이 사업 기조("사업의 집중과 조직의 분화")로 표방되기도 했는데, 이는 물류 통합으로 지역조합의 사업 부담을 줄이고 활동에 집중할 수 있게 함과 동시에 활동력의 응집을 이룰 만한 규모로 지역조합을 유지하여 소비자조합원 층을 확대하고자 한 정책 기조로 볼 수 있다.

자금을 생산자에게 미리 지급하여 생산이 원활히 이뤄질 수 있도록 하자는 운동으로 시범 시행되어 2012년부터 전면적으로 확대되었다. 조합원은 물품 구매에 앞서 일정액을 미리 예치해두고[21] 물품 구매 시 결제 수단으로 사용한다. 최근 간편결제 시장이 발달하여 결제 편의성이 소비 행태에 많은 영향을 끼친다는 점을 생각할 때, 수매선수금 제도는 생산을 돕자는 본래의 취지 외에도 결제 편의성을 높여 생협 이용의 집중을 일궈내는 기능을 할 수 있다.

〈표3〉 수매선수금 및 책임출자금 제도 개황

제도	성격과 기능	실시 연도	참여 현황 (2017년 8월 말 기준)
수매선수금	· 조합원이 물품 이용 전에 미리 납부하는 일정액의 물품대금 · 계약생산 및 수매에 필요한 생산계약금, 수매자금 등으로 사용 · 아이쿱의 유동성을 높여 경영 안정에도 기여 · 조합원에게는 e-세츠 적립 혜택	2011년 5월	67,639명 (조합비 조합원의 30.8%)
책임출자금	· 생협의 사업과 인프라 구축에 필요한 기초 자본은 조합원이 책임지자는 것 · 1인당 100만 원 이상의 출자금 납입을 장려 · 이용출자금 납부 면제 등 참여 조합원에게 혜택 제공	2014년 11월	5,723명 (조합비 조합원의 2.6%)

협동 경제의 초석이 될 조합원의 자본참여제도가 이 시기에서야 시행되었던 것은 아니다. 지난 20년간 아이쿱은 조합원의 다양한 경제

21　일시납·월정액 등의 납부 방식이 있다.

적 참여 방법을 모색했고, '조합비제도'가 가장 대표적인 정책으로 꼽힌다. 이 제도는 조합원이 자신의 지역조합 운영비 충당을 위해 매월 일정 회비를 납부하는 것으로, 조합비는 기본적으로 각종 활동과 조직화를 위한 지역조합의 재원이 되고 일정 부분은 연합회비로서 공통의 사업 활동을 위한 인프라 구축에 쓰인다.

조합원은 조합비 납부에 따라 물품을 원가로 구매할 수 있다는 점에서 조합원의 물품 이용 집중을 유도하는 효과를 지닌다고 평가되는데, 설계 초기에는 이러한 이용 집중 효과를 소비를 부추기는 기제로만 바라보는 비판적인 시각도 있었다. 그러나 조합원이 필요로 하는 물품을 생협 안에서 이용할 수 있도록 조합원의 필요를 담아내는 사업 설계가 얼마나 뒷받침되는가에 따라 그러한 시각은 힘을 잃을 수 있다. 조합비제도는 생협 물품을 이용하게 하는 점(물품 이용의 집중) 외에, 가입 시기에 따라 생협 자산 축적에 기여가 상이한 조합원들의 격차를 어느 정도 해소시켜주는 측면, 그리고 무엇보다 이를 재원으로 생협이 추구하는 다양한 활동을 전개할 수 있게 한다는 면에서 중요한 정책 설계로 평가받을 만하다. 내부의 각종 협동연대기금도 조합비를 재원으로 조성·운영되어, 조합비는 사업과 활동 각각의 원활한 운영뿐 아니라 그 사업과 활동이 연동되도록 하는 윤활유가 되고 있다. 한편 조합원 증가와 조합 운영능력의 개선에 따라 조합비는 매년 하락하는 추세이며, 지역조합의 조합원 규모에 따라 차이는 있지만 초기 최대 3만 원에서 현재 월 1만 원 수준으로 수렴하고 있다.

[표4] 1인당 조합비 인하 현황(매년 12월 기준)					
연도	월 평균 조합비	연도	월 평균 조합비	연도	월 평균 조합비
2002년	–	2007년	20,218원	2012년	12,539원
2003년	19,537원	2008년	17,574원	2013년	12,315원
2004년	20,850원	2009년	15,214원	2014년	12,055원
2005년	20,474원	2010년	13,481원	2015년	10,711원
2006년	20,439원	2011년	12,732원	2016년	10,591원

주 : 조합비 조합원 수 대비 단순 평균 산출로, 실제 조합별 조합비와 다름.
　　'–'는 자료 미집계.

4. 아이쿱 경영의 도전
: 클러스터 주체와 직원의 주인 되기, 새로운 관계

2004년 6월에 더불어식품 사건이 발생한 이후 현재까지 아이쿱의 사업 과제는 더불어식품 사건을 해결하는 것, 즉 조합원에게 신뢰받는 안전한 식품체계(food system)를 실현하는 것에 온전히 집중되고 있다고 해도 과언이 아니다. 더불어식품 사건은 적은 규모에 낮은 유기농 기술 수준을 지닌 생산자, 영세한 가공 생산자, 높은 생협 물품 가격, 그러나 까다롭고 기대 수준이 높은 조합원들의 식품 안전 요구에 생협의 직거래사업이 어떻게 부응해야 하는지, 어떻게 새로운 식품체계를 설계하고 실행할 것이지 등의 경영 과제를 아이쿱에 던져주었다.

식품체계는 식량의 생산과 유통, 소비, 폐기에 이르는 과정을 강물의 흐름처럼 인식한다. 강 상류에는 식품의 원재료를 생산하는 1차 생산자, 그 바로 밑에는 식품가공업, 물류 및 유통업체가 있고, 식품을 구매하여 이용하는 소비자는 강의 맨 하류에 위치하고 있다. 이 때 식품의 오염과 혼입 관리는 강 하류에 자리한 소비자들의 기준에 따라야 할 것이다. 한편 소비자들이 안전하고 양질의 식생활을 하려면 그러한 식품을 생산하는 1차 생산자, 가공생산자, 유통업체들이 가뭄시에 바닥을 드러내는 옅은 개울 정도가 아니라 충분한 유량을 지닌 강을 형성해야 한다. 아이쿱생협은 2008년 윤리적 소비를 정체성으로 선언했는데 이는 곧 윤리적 생산과 소비의 식품체계를 만들어내겠다는 주장이기도 했다. 구체적으로는 안전한 식품체계를 만들기 위한 물품정책 마련과 클러스터 구상으로 드러났다.

안전한 식품체계를 만들기 위한 클러스터 전략

2004년 7월 27일 열린 한국생협연대(현 아이쿱생협사업연합회) 임시총회에서 '생산정책과 물품정책에 대한 재검토와 보완'이 채택되었다. 같은 해 6월 9일 생산자 회원으로 우리밀 가공식품을 공급하던 더불어식품 사건이 검찰 보도자료로 알려진 후 숨 가쁘게 조사 및 대책을 마련하던 시기였다. 당시 한국생협연대의 농업정책은 ▶한국 농업과 농업 환경을 보호하고 발전시킨다. ▶유기농업을 지지하고 적극 지원한다. ▶조합원들이 신뢰할 수 있는 정직하고 투명한 생산지를 발굴한다는 것이었고 기본 방향은 "서민에게 안전한 유기농산물을"이었다. 그 방도를 찾기 위한 기본 사업 전략이 제안되었고, 현재까지도 사실상 이 전략이 계승되고 있다. 〈표5〉는 당시 제안된 사업 전략과 그 후 마련된 정책들을 정리한 것이다.

〈표5〉 2004년 재검토한 생산 · 물품 정책과 그 후의 전개		
생산 정책	물품 정책	생산·상품 관리 정책
(1) 소비자가 책임지는 농업 　–식품 안전, 친환경을 　　바라는 소비자 수요에 　　부응하는 고품질 농업으로 (2) 생산·유통·소비 밀착을 　통한 경쟁력 확보 　–생산·유통·소비 간극을 　　최소화한 공급 사슬 관리 (3) 생산과 가공을 포함한 　농업 소득 확보 　–가공사업 지분 참여를 　　통해 식품 가공 부가가치로 　　얻은 소득을 공유함 　–클러스터 사업체 지분 　　출자에 참여	(1) 어머니의 눈으로 선택 　–조합원 물품 선택권 강화 　–지역조합별 물품 선정 (2) 투명한 정보 공개가 우선 　–리스크 제로가 아닌, 　　리스크 커뮤니케이션 　　(물품 사건사고 일상적인 　　공개) 　–조합원 알권리 강화 (3) 생협연대 브랜드로 　사회적 기준 높여나감 　–식품 안전 수준을 높인 　　독자 브랜드를 통해 　　시장을 변화 　–친환경유기식품 시장 확대 (4) 가격 결정 : 계약생산에 　기초하되 도매 기능을 　활성화하여 소비자 가격을 　낮춤 　–가격안정기금, 판매대행제 　　등 시장변동 충격완화 　　정책 모색 　–구매 후 수급 조절 기능 　　강화	(1) 위험 최소화 방침 　–독자 브랜드 개발 관리 　　(자연드림)로 (2) 단체 가입 의무화 　–친환경유기농 생산의 　　집단화 　–생산자 단체의 책임성 강화 (3) 약속 위반, 중대과실 책임 　의무화 　–원부재료 수급을 생협과 　　공동계약으로 　–교차점검 강화 　–부정한 차익 이상의 　　배상책임 명시 　–생산 현장 체계 관리 (4) 유통인증제 도입 　–생산·수확·유통 과정에서의 　　혼입 방지 및 이력추적 　　시스템 개발 　–인증 단체의 전천후 관리, 　　인증 단체 책임제 　– 아이쿱인증으로 발전

　'윤리적 소비와 생산'이라는 식품 체계에서 본다면, 기존 시장과는 다른 가치를 담은 상품의 생산-유통-소비 과정에서 공유 가치 창출(CSV)를 위한 수직 통합은 필수라고 할 수 있다. 일반적으로 기업이 공유 가치를 창출하는 방식은 제품과 시장에 대한 재구상, 가치사슬의

생산성 재정의, 지역 클러스터 구축이다. 아이쿱은 지역 클러스터를 '친환경유기식품 클러스터와 생협 밸리'라는 구상으로 구체화하고, 클러스터 구축을 위한 재원 조성을 '이해관계자들의 공정한 참여'라는 원칙에서 조합원, 생산자, 직원의 공동 참가 방식으로 풀어나가는 경영 계획을 세우고 실행했다. 유기식품산업단지와 발효식품농공단지가 들어서는 괴산 클러스터(괴산자연드림파크)는 2008~2019년에 이르는 13년간의 장기 계획으로[22] 총 투자금액은 2,000억 원, 예상 고용 규모 1,000명을 내다보며 진행 중이다. 구례자연드림파크는 2011~2013년 비교적 단기간에 투자금액 630억 원, 고용 규모 약 500명으로 조성된 식품 클러스터인데 2014년 4월 개장 이후 2017년 9월까지 유료 탐방객 46만 4,000명이 방문했으며, 인구 감소 경향이 멈추는 등 협동조합 경제의 영향력(임팩트)을 보여주었다.

클러스터 구상에서 핵심 주체는 클러스터에 입주하여 윤리적 생산을 담당할 가공 생산자들이다. 이들은 1차 생산자들에게 적정한 재료비를 보장하면서도 위해 요소가 차단되는 품질 좋은 식가공품을 생산하여 적정한 소비자가격으로 생협에 공급해야 한다. 다시 말하면 아이쿱생협의 통합된 가치사슬과 자연드림파크라는 공통의 자산에 입주하여 경영을 주도하는 주체로서 클러스터 입주 대표자들이 형성하는 정체성의 밀도와 협업 역량은 클러스터로서 효과를 발휘하는 데 핵심요소가 된다.

그런데 이 과정은 클러스터 계획이 착수된 지난 10여 년 동안 기대만큼 진행되지 못했다. 목표를 공유하고 실현할 수 있는 공간과 인프라를 구축하는 것에만 집중한다고 해서 여기에 참여하는 주체들의 결

---

22 원래는 2008~2017년까지 10년간 목표를 세웠으나, 초기 괴산군의 비협조로 인해 3년 동안 실질적으로 기반 조성 사업이 이루어지지 못했다.

의와 신뢰, 협업 능력, 핵심 역량이 향상되는 게 아니라는 것을 실감했던 10년이었다. 상대적으로 아이쿱생협의 조합원들은 2008년 윤리적 소비로 정체성을 내세운 다음 아이쿱의 구성원으로서의 책임과 혜택(benefit)을 강화하고 있었고 자치 역량이 증진되는 성과를 더욱 분명히 드러냈다. 클러스터 참여 주체들이 윤리적 소비−생산의 가치사슬 속에서의 주도적인 경영자 층으로서 그 결의와 신뢰, 협업 능력, 핵심 역량을 높이는 것이야말로 아이쿱의 새로운 20년을 위해 본격적으로 풀어야 할 경영 과제이다.

구매자들의 구매 욕구를 맞추는 건 가공 생산자들의 생리라 할 수 있죠. 아이쿱은 조합원들이 드라이브를 걸어 빈번하게 꾸준한 구매력을 발휘하기 때문에 타 친환경·유기농 전문점에 비해 우리 회사의 성장에도 큰 비중을 차지했습니다. 우리 회사는 연매출 35억 원, 직원 20명으로 식품업계에선 중소기업에 해당하지만 전원 정규직이고 최저임금 이상을 지불해요. 인간적인 갈등이나 타사에 비해 나쁜 조건 때문에 직원이 그만두는 일은 절대로 만들지 말자는 각오로 경영을 해왔고 이런 소신은 생협의 이념이 준 영향이기도 합니다. 생협의 가공 생산자들도 아이쿱 생태계 속의 주인입니다. 타 주체들과 이해관계를 조율하는 합리적 의사결정, 충분한 시간을 확보하여 의견을 모은다면 진로가 더 탄탄해지지 않을까요? (클러스터 입주, M 식품 대표)

직원의 비전 찾기, 주인 되기

아이쿱은 협동조합으로서 자본을 수단으로 활용하고 일하는 사람들이 능동적으로 사업 성과를 내어, 그 결실의 주인이 되는 환경 조성을 염두에 두고 경영했다. 생존에 올인하던 시기 임직원들의 노동과 급여 조건은 불안정했지만 사업 성장에 따라 꾸준히 개선되었다. 또한 경영자와 평직원의 급여 격차를 낮추어 설계하고 성별·학력·출신 지역 등의 사회적 차별을 배제했다. 아이쿱은 일찍이 호봉제를 철폐하고 급여 형태를 연봉직과 월급직, 시급직으로 구성했다. 아이쿱 내 가장 많은 직원들이 물류와 매장에서 월급직과 시급직으로 일하고 있는데, 매해 법정 최저임금보다 더 높은 아이쿱 시급 기준을 정하여 꾸준히 인상함으로써 가장 많은 구성비를 지닌 직원들의 급여 수준을 높이는 데 최우선의 노력을 경주해왔다.

2015년 12월 말 현재 90% 이상의 직원은 상용직으로 고용안정 수준도 높다. 이 효과는 아이쿱생협뿐만 아니라 관련 기업으로도 확산되어 아이쿱생협사업연합회 물류 자회사 쿱로지스틱스에서는 대부분이 정규직이며 내부 채용을 통해 아이쿱이나 관련 업체로 전직할 수 있는 경력 개발 기회가 있는 만큼 물류업계 일반에 비해 근속년수가 길고 장기근속자가 많아졌다. 힘든 육체노동과 저임금 구조로 인해 이직률이 높은 물류업계 현실에서 이 자회사의 중부·경남센터 직원 45명의 60%가 5년 이상 근속자들이다.[23]

아이쿱은 일찍부터 직원 스스로 성과를 만들어가고 성과를 분배하는 주인으로서 의사결정에 참여하는 방도를 고민했던 것으로 보인다. 거기에는 두 가지 이유가 있는데 첫째로, 협동조합의 속성 때문이다. 신성식은 그의 책에서 "협동조합은 자본 소유자가 없기 때문에 투자 이익을 더 갖기 위해 노동자와 대립하는 역학관계가 없다. 또한 협동

---

23 쿱로지스틱스 조용찬 상무와의 인터뷰(2017. 12. 18.)

〈표6〉 아이쿱 시급 추이			
연도	아이쿱 시급(a, 원)	최저임금(b, 원)	차이(a-b, 원)
2014년[24]	6,500	5,210	1,290
2015년	7,000	5,580	1,420
2016년	7,300	6,030	1,270
2017년	7,700	6,470	1,230
2018년	8,000~9,300(매장)	7,530	470~1,770

조합에서 노동자는 주요한 동반자로 자리 잡아야 한다."[25]고 강조했
는데 역사적으로도 협동조합 경영은 노동과 자본의 이해가 대치하지
않고 서로를 상호보완적으로 이해한 바탕에서 성립했다.[26] 둘째로,
조직 내 직원 성과에 대한 보상 원칙 때문이다. 일단 직원 처우에 대한
만족도는 최저 기준이 확립된 후에는 상대적이며, 직원에 대한 잉여 분
배는 조합원, 생산자와의 이익 균형, 사업 성과라는 제약 아래 이루어
진다. "열심히 했으므로 보상받는" 게 아니라 "잘해서 성과를 만들었
으므로 분배받는" 것이 기업에서 직원의 몫을 만들어내는 원칙이라는
점에 합의해야 한다.

직원들을 협동조합 사업의 주체로 세우는 고민은 2005년 직원생협
창립이란 형태로 첫 결실을 맺었다.[26] 일하는 사람들의 협동조합(직원협

---

24 같은 해 대형마트에선 가공일용 시급 홈플러스 5,450원, 이마트 5,670원, 롯데마트 5,500원으로
생활임금 보장을 요구하는 파업 등이 보도되었다. 「"10년 일해도 월급 100만 원" 대형마트 근로
자들 거리로」, 『한국일보』, 2014. 7. 16. 온라인 기사.

25 신성식, 『협동조합 다시 생각하기』, 알마, 2014, 173쪽.

26 노동운동과 협동조합운동이 비슷한 시가에 분출, 성장했던 스웨덴의 맥락에서 스웨덴생협의 리
더였던 아너스 오르네의 다음 입장도 공통된 인식을 지닌다. "결론적으로, 임금과 근로조건 때문
에 협동조합과 피고용인 사이에 큰 충돌이 일어날 일은 없다. 협동조합은 이익을 활동의 원동력
으로 삼지 않고, 구매자와 판매자의 적대심을 없앴으며, 게다가 노동 계급의 경제 수준을 가진
자들이 소유하기 때문에 협동조합과 피고용인 사이의 계급 전쟁은 없다. 협동조합운동은 존재를
정당화하기 위해 합당한 임금을 지급하고, 해당 지역의 관련 업계에서 얻는 혜택을 반드시 제공
해야 한다. 어느 분야에서 협동조합이 우세하여 민간 기업이 별 볼일 없다면, 비교 가능한 가장
가까운 지역의 노동자 소득 수준을 협동조합 급여정책의 공정한 기준으로 삼아야 한다." 아너스
오르네, 앞의 책, 158쪽.

동조합=노동자협동조합)이란 제도가 없는 상황에서 협동조합운동에 공감한 이들을 중심으로 직원생협이 창립되어 "구성원 일부가 아닌 주인으로서의 직원에 대한 위상 정립과 스스로 자금을 출자하여 노동과 경영에 책임을 지는 새로운 노동 양식을 마련"하고자 했다.[28] 새로운 노동 양식은 '소유노동'으로 불리며 꾸준히 직원들과의 관계의 화두로 제기되어 직원활동가제도—직원출자기업 CLC(Cooperative Life Care) 설립—직원협동조합과 오너십 사업장으로 모습을 바꾸며 확대되고 있다.

하지만 아이쿱생협의 사업 성장에 비해 직원들의 주인 되기 속도는 더뎠다. 직원 관련 각종 지표들이 일직선으로 올라가는 아름다운 모습을 보여준 것도 아니었다. 아이쿱생협은 2009년 공개채용제도 도입 후 중견 기업 정도의 인사제도를 갖추어나갔음에도 불구하고 직원 교육 훈련체계 미비, 인사제도의 허점, 인사평가제도의 공평성 부족, 업무 부서별 직무 만족도 편차 등이 자주 해결 과제로 지적되었다. 특히, 2014~2016년은 선배 직원들의 관리누수와 도덕 문제(2016. 11. 수산비리)로 인해 사업 성과에 큰 손실을 가져온 불미스런 사건들이 일어났고, 이를 계기로 인사관리 시스템의 허술함에 대한 불안이 고조되었다. 임노동 상태에서 관여도가 낮은 직원들도 적지 않으며 경영자층이 부족하다는 자조 섞인 주장들도 확산되었다. 직원들의 문제가 사건화되면 관리 시스템과 관리력이 소홀했다는 결과론적인 관점과 해석이 우세해지기 십상이다. 그런데 최상의 인사관리 정책은 직원들의 이익과 손해가 조직의 그것과 비례하여 움직이는 것으로 설계되고 작동하는 것이며, 무임승차에 대해서는 비용을 부담케 하는 공정한 인

---

27 그 고민은 훨씬 이전에도 있었던 것으로 보인다. 2001년도 직원 교육은 9회 강좌와 3회 숙박연수로 이루어졌는데 몬드라곤협동조합이 교육 주제에 포함되어 있었다. 신성식은 2001년에 전국물류네트워크를 착수하고 사업이 성장하면서 직원들이 생협 속에서도 비전을 찾으면 좋겠다고 여겼다고 했다. 1998년 입사했던 신향섭은 직원생협을 만들자는 이야기는 처음부터 있었다고 기억한다.
28 권익렬, 「[생협의 노동과 임금에 대하여]에 대한 직원으로서의 견해」, iCOOP생협연구소, 『제12회 포럼 자료집』, 2009, 14쪽.

	〈표7〉 직원 출자, 직원 협동조합 관련 아이쿱의 경영 조율	
년도	주요 내용	
2005년	직원생협 창립 정관 제2조 목적 : 본 조합은 서로 돕는 협동정신을 바탕으로 생활협동조합(이하 생협이라 한다)의 이념을 구현하며, 생협의 주체로서 직원의 위상을 높이며, 그 활동을 통해 생협의 사회적 가치를 높이는 데 그 목적으로 한다. 또한 이의 실현을 위한 직원의 복리 증진과 경영에도 적극적으로 참여한다. 일부 부서(물품 운영)에서 팀제 도입	"구성원 일부가 아닌 주인으로서의 직원에 대한 새로운 위상 정립과 스스로 자금을 출자하여 노동과 경영에 책임을 지는 새로운 노동 양식을 마련하기 위해서"[29]
2008년	전국 팀장회의에서 생협에서의 직원 노동에 관한 발제와 토론 실시 (1월) 생협 직원과 조합원 활동가가 '생협의 노동과 임금' 연구(아이쿱 생협연구소 주관)	
2009년	'생협의 임금과 노동' 주제로 iCOOP생협연구소 제12회 포럼 개최	직원 현황 841명 협동조합 임금 성격과 소유노동, 노동배당 다룸. 관료주의 회피를 위한 팀제 제안
2010년	직원복지위원회 (직원 근무조건 개선, 장기근무 유도 목적)에서 7차례 모임과 설문조사	11명의 직원으로 구성됨
2011년	직원협동조합 설립 논의, 인사체계 중 출자자(주인) 도입	㈜쿱스토어 고용 확대 100대 기업으로 선정, 대통령상 표창
2012년	㈜아이쿱라면에 직원 22명 출자자로 참여 'iCOOP생협 제4기 발전 계획'에서 노동자협동조합 구상 밝힘 6. 파트너십으로 만들어가는 협동조합의 주체 형성 　2) 직원협동조합을 통한 생산과 서비스 제공 　① 생산, 서비스 분야에서 생산, 서비스 노동자협동조합 구성 　② 직원들이 협동경제의 주체이자 주인으로서 협동조합기업에 　　참가할 수 있는 자격 부여 　③ 협동조합 경영리더 육성 　④ 지역조합 직원들의 주체적인 참가 유도 　⑤ 양질의 일자리 창출로 청년실업 해결에 기여	

29 권익렬, 위의 글, 14쪽.

2013년	직원생협 해산(2013. 3.) CLC(Cooperative Life Care) 설립(직원 92명 출자), 아이쿱 임직원의 차량 렌트사업 개시 사회적협동조합 아이쿱협동조합지원센터 설립(13명 직원, 2개 법인 출자)	노동자협동조합 첫 시도
2015년	오너십 사업장(아이쿱 임직원 출신인 대표직원이 최대 출자지분 을 지니고 경영하는 사업장)으로 유정란공방, 건강한 닭, 쿱 베 이커리 등이 생겨남 CLC 누적 렌트 차량 236대, 방제사업 등 순조롭게 활동	
2017년	오너십 사업장 11곳으로 확대 「아이쿱 새로운 20년을 향해」 정책 문서(신성식)에서 직원들의 협동조합 설립, 생산자협동조합, 소비자협동조합과 함께 협동조 합들의 계약을 통한 협동조합 생태계를 제안함	

출처 : 연도별 아이쿱생협사업연합회 총회자료집, 12회 포럼 자료집

사 보상체계와 조직 기풍이 작동하는 것이 아닐까.

아이쿱의 지난 10여 년은 직원의 주인 되기 차원에서는 이상적으로 제도를 설계하고 실행했으나, 성취도는 더디고 걸림돌에 넘어지는 과정을 계속해서 겪고 있는 것으로 보인다. 1세대 경영자 역할을 했던 이들은 신뢰하는 선배 직원들을 주요 관리자층으로 배치하고 팀제를 도입(2005년)하여, 팀장에게 강력한 인사권 및 결재권을 부여하고 해당 업무를 팀별로 추진해왔다. 팀이 자율적으로 결정하여 실행해야 한다는 점에서는 완결적이이지만, 어떤 팀도 관련 팀, 부서와 협력하거나 그들을 설득하지 못하면 수직·수평적으로 엮인 공급사슬의 어느 부분도 개선하기 어렵다. 이런 특징을 지닌 복잡한 생태계라는 점이 간부 직원들에게는 쉽지 않은 과제였다. 이 과정에서 각각의 점에 위치

한 직원들을 정교하게 관리하겠다는 생각은 희박했고, 직원들의 시행착오를 반복하지 않도록 관리하고 누수된 곳을 메우고 학습 조직화하려는 노력에 역량을 집중하지 못했다. 이러한 실패와 시행착오를 해결하는 것이 중요한 경영 과제로 남겨져 있다.

여기서 약간 갈라질 수 있는 것이, 규모가 커졌을 때 집중된 정교한 인사 시스템을 만들어내는 방식으로 갈 것인가, 기본 기조를 유지하고 운영하기 쉬운 규모로 각각 떼어낼 것인가, 두 방법이 있다고 생각해요. 두 방법의 공통된 과제는 '결국 누가 관리할 것인가'일 텐데…. 고도의 관리 시스템으로 가려면 그만큼 높은 관리 능력이 있어야 하고, 분화시켜서 각각 운영하는 방식도 마찬가지지만 더 높은 관리력을 가져야 하지요. 그런 측면에서 장기적 방향 설정을 '분화해내는 방식'으로 하자 했던 것 같습니다. 고도의 시스템은 우리에게 맞지 않을 것이고 관리 역량에서도 문제가 생길 것이라 판단했어요. 이 판단은 옳은데 분화의 속도에서 실패했던 것이 아닌가 곱씹고 있습니다. 최근 사건을 보면 조직을 분화했다고 해서 높은 관리 역량의 필요성이 줄어드는 것은 아니었어요. 조직은 분화했지만 각 조직의 코어를 잘 형성해내지 못한 것, 그런 곳에서 문제가 발생했다고 생각하게 됐습니다. (신성식, 전 아이쿱생협사업연합회 CEO)[30]

그러면 어떻게 부족한 경영자 층을 확보하고 직원들의 관리 역량을 높여나갈 것인가.

보통 전술을 정하고 거기에 합당한 인재를 끌어다 쓰는 방식이지만, 아이쿱

---

30 인터뷰(2017.10.27.)

은 오히려 선수에 따라 전술을 바꾸는 방식을 취했고 아직도 이 방식이 유효하다고 생각하고 있습니다. 그동안 아이쿱이 성장하면서 외부에서 인재를 끌어왔는데 기술 계통은 만족스럽게 적응하고 성과도 높은 반면 경영 계통 사람들은 적응도 하지 못하고 필요한 역량을 발휘하지 못했어요. 왜 그런가 보니, 아이쿱은 하나하나의 경영적 의사결정에서 고려해야 할 목표가 너무 많고(적정 사업가격, 품질, 포장, 상품에 담긴 가치와 이야기 등) 관계부서 협력을 통해서야 성과를 낼 수 있는데 다른 일반 기업에서는 훨씬 단순한 직무 중심으로 경력을 쌓아왔던 것이죠. 그래서 내부에서 성장, 육성한 인재들이 아니라면 끌어올 수 있는 잠재 경영자 후보군이 매우 좁습니다. 아이쿱을 비롯한 협동조합, 사회적경제 영역이 모두 이런 현실에 직면하고 있죠. 그래서 아이쿱의 직원, 경영자 후보들의 현장 문제 해결력을 뚫어보면서 향후 경영자를 할 만한 선수들이 될 수 있는 방식으로 조직을 분화하거나 역할을 부여하는 방식으로 해서, 결국 이들의 조율 능력을 키워가야 할 것 같습니다. (신성식)

새로운 20년을 향한 경영적 조율
: 소비자 · 직원 · 생산자의 협동조합 소유와 연결 강화

2017년 여름, 아이쿱 지역생협과 생산자회, 직원들은 '아이쿱생협의 새로운 20년을 향해 : 성찰, 분석과 대안, 전망'이라는 주제로 토론을 했다. 1인 가구가 늘어나고 집밥 시대가 지나가고 일자리가 사라지는 극적인 변화 시기에 아이쿱은 조합원의 생활 속 잠재적 필요인 '라이프 케어'[31]로 확장하여 조합원들의 필요와 편익을 더 적극적으로 담아낼 것을 다짐했다. 이를 통해 새로운 차원의 일자리를 만들고, 조

---

31 그동안 주력했던 식품뿐만 아니라 생활, 복지, 여가, 돌봄 등 포괄적인 분야에서 아이쿱의 가치를 담는 고품격 적정가격의 편익을 협동조합 경제를 통해 제공하는 것.

합원과 직원, 생산자 각자가 이러한 전망을 주인으로서 개척해나가자는 비전을 제안했다.

이 비전의 실행 계획은 조합원은 생협으로, 직원은 직원협동조합이나 직원소유기업으로, 생산자들은 생산자협동조합 또는 사업자협동조합으로 각각 참여하여 필요한 사업체의 주인이 되고 조합원의 신뢰를 받는 라이프 케어 상품과 서비스를 생산, 순환하자는 것이다. 협동조합 조합원은 협동조합기업의 주인이며, 주인은 기업의 리스크와 자본에 책임을 지는 이들이다. 실제로 손실과 이익의 행방을 결정하기 위해서는 주인으로서 책임을 지는 경영과 노동에 결속력 있게 참여하여 협동조합 경영의 담보자가 되어야 한다.

지난 20년간 아이쿱의 경영적 조율은 생협에 기반을 둔 생산자−소비자들의 가치사슬 통합을 이루어 식품안전과 윤리적 소비·생산의 식품 체계를 만들어오는 것에 몰입했다. 그리고 향후 20년은 생활 속에서 조합원들의 안심을 실현할 라이프 케어를 소비자들의 협동조합, 직원들의 협동조합, 생산자들의 협동조합이 실현하는 협동조합 간 네트워크가 작동하는 데 경영 조율이 집중될 것으로 보인다.

아이쿱 20년의 여정이 수많은 시도와 질문 자체였다 할 만큼 경영조율을 통해 다양한 설계가 이루어지고 기민하게 변화에 대응해나갔다. 그렇게 할 수 있었던 데에는 의사결정의 유연함과 조합원 대표들이 경영권을 존중하는 문화가 있었기에 가능했다. 생협의 후발주자로서 한살림과 두레생협연합, 일본 생협과 같은 생협들뿐 아니라 변화하는 시장 환경, 조합원 소비생활 등 생동하는 사업 환경을 탐구하면서 아이쿱에게 적합한 방식을 찾아내 응용하는 등 '우리의 방식'을 선

〈표8〉 iCOOP생협 주요 경영 지표

	항목	단위	2013년	2014년	전년비 (%)	2015년	전년비 (%)
규모	회원조합 수	개	77	80	103.9	85	106.3
	조합원 수(출자)	명	194,856	218,585	112.2	237,610	108.7
	조합원 수(조합비)[1]	명	156,666	175,183	111.8	194,652	111.1
	활동가 수	명	2,822	2,802	99.3	2,987	106.6
	직원 수(연합조직 및 협력업체)[2]	명	1,894	2,328	122.9	2,549	109.5
	상용직 직원 수[3]	명	1,837	2,249	122.4	2,413	107.3
	직원 수(지역조합 포함)[4]	명	–	–	–	3,713	–
	매출액(공급액)	원	427,865,660,288	483,355,213,697	113.0	525,604,081,755	108.7
	매장공급 매출액	원	350,288,707,596	410,111,857,038	117.1	453,231,446,711	110.5
	가정공급 매출액	원	71,503,419,222	59,857,504,738	83.7	55,349,809,403	92.5
	조합원출자금	원	26,267,518,362	35,973,225,472	136.9	44,487,731,342	123.7
	조합원출자금(계통)	원	12,000,000,000	17,060,000,000	142.2	23,924,300,000	140.2
	매장 수	개	139	158	113.7	178	112.7
	매장 면적	㎡	29,850	34,483	115.5	39,827	115.5
	연간 가정공급가구 수	가구	947,510	746,644	78.8	668,598	89.5
발전성	조합비 조합원 비율[5]	%	80.4	80.1	-0.3	81.9	1.8
	조합원 1인당 출자금	원	134,805	164,573	122.1	187,230	113.8
	조합원 1인당 월 이용액	원	248,890	242,759	97.5	236,864	97.6
	직원 1인당 월 매출액	원	21,210,870	19,080,815	90.0	17,962,001	94.1
	매장 1㎡당 월 공급액	원	1,037,244	1,064,456	102.6	1,021,666	96.0

주 : 집계 편의를 위해 2017년 포함 모든 연도 연말 기준 작성.
　'-'는 자료 미집계.
　1) 조합비가 부과되어 매월 조합비 납부 의무를 다하고 있는 조합원 수. 이는 특정 대상층에 대한 조합비 면제 등 실제
　　조합원가로 사업을 이용하는 조합원 수와는 다름. 조합비 면제자 포함 조합비조합원 수는 2015년 197,791명,
　　2016년 219,731명, 2017년 230,765명임.
　2) 협동의 일원으로서 이해 연동 강화를 위한 정책 변화(오너십 경영, 출자 통한 협력 생산 등)로 연합조직(지역조합의
　　공동 이익을 위해 연합회 차원에서 설립한 조직)이 독립적인 협력 조직으로 분화하는 등의 변화를 보임.
　3) 연합조직 및 협력부문 직원의 상용직 수이며, 2017년은 정규직 수로 정규직 비중은 94.2%(아이쿱), 93.5%(협력 부
　　문 포함)임.
　4) 아이쿱과 함께 일하는 사람의 전체상을 파악하기 위해 집계 가능한 연도부터 지역조합의 직원을 포함하여 집계함.
　5) 전체 조합원(출자조합원) 중 조합비조합원의 비중.

2016년	전년비 (%)	2017년	전년비 (%)
90	105.9	95	105.6
250,980	105.6	262,507	104.6
212,216	109.0	228,221	107.5
2,966	99.3	–	–
3,075	120.6	3,555	115.6
–	–	3,325	–
3,616	97.4	3,629	100.4
552,302,842,947	105.1	553,811,247,170	100.3
478,354,245,129	105.5	470,662,829,135	98.4
53,144,498,486	96.0	56,138,373,882	105.6
52,057,137,611	117.0	59,168,881,526	113.7
32,138,227,984	134.3	40,901,901,562	127.3
192	107.9	217	113.0
39,345	98.8	46,288	117.6
602,827	90.2	–	–
84.6	2.6	86.9	2.4
207,415	110.8	225,399	108.7
226,242	95.5	209,569	92.6
16,367,438	91.1	13,921,851	85.1
1,012,622	99.1	920,059	90.9

택하고 결정하는 의사결정의 유연함이 돋보였다. 후발주자로서 추격(catch-up)의 성격에서 일찌감치 벗어나 새로운 사업 방식을 창안하여 실행하는 데 주저함이 없었다. 신성식은 「아이쿱 경영 20년, 돌아봄과 내다봄」이라는 좌담회 발제문에서 자연드림 매장사업을 시작할 때 협동조합 본체가 아닌 (주)자연드림이라는 별도 독립 법인을 만들어 자원을 집중하고 경영권을 보장했던 조직 구조가 가파르게 성장하던 시기(2008~2013년)의 성공 요인으로서 중요했다고 평가한다.

향후 20년의 경영 조율 또한 이러한 문화의 뒷받침 없이는 불가능할 것이다. 저명한 협동조합 연구자 존스턴 버챌(Johnston Birchall)이 "모든 조직에서 경영자들은 조합원에게 책임을 져야 하지만, 동시에 그들에게는 어떠한 방해도 없이 자신들의 일을 처리하기 위한 자율성과 권한이 필요하다."[32]고 말했듯 말이다.

특히 그동안 성장해온 여러 이해관

---

32 존스턴 버챌(1997), 『21세기의 대안 협동조합운동』(The International Co-operative Movement), 장종익 옮김, 들녘, 2003, 330쪽.

계자들이 더 전진하고 탄탄해질 때 이전과는 더 다양해질 수 있는 구성원들의 이해를 연동해내는 데 있어서 경영 조율의 역할은 그 어느 때보다 긴요할 수 있다. 아이쿱의 조합비제도가 재정적 구조를 만드는 것이기도 했지만 조합원 거버넌스 형성과 활동, 사회 의제 캠페인을 뒷받침하는 경영 설계였듯이, 협동조합 경영은 조합원 활동을 지배하는 것이 아닌 조직 활동과 사업 활동이 연동되도록 해야 한다. 그리고 이 연동과 순환의 틀에서 상호 영역의 자율성 존중 원리, 자립과 자기 책임에 기반한 연대가 작동해야 함은 물론이다. 경영 조율의 중요성이 날로 커지는 때에 이러한 아이쿱의 의사결정의 유연함과 경영권 존중의 문화 또한 계속 뒷받침되어야 할 것이다.

2기 (2004~2006)
"물품의 신뢰 시스템 구축"

1기 (1997~2003)
"사업의 집중과 조직의 분화"

회원 46조합
조합원 11,645명

-

매출 287억 원

회원 62조합
조합원 20,097명

계통출자금 17.4억 원
매출 760억 원

생산자회 발기인 11명

매장 5개

1997	1998	1999	2000	2001	2002	2003	2004	2005	2006
경인지역 생협연대 발족 (6개 생협)	-물류 통합·경영 효율화 -조직 분화·조합원 활동 강화 -전국물류망 구축				인트라넷 구축		-직급제·부서제 → 팀제(2005.07) -가격보장 정책 → 소득보장 정책 (이중곡가제 도입) -유통인증시스템 (2005.04~) -자연드림 매장사업 착수(2006)		

〈그림6〉 시기별 아이쿱 경영 정책 및 성과

아이쿱은 정직과 신뢰의 협동조합 생태계를 바탕으로 노동을 존중하고 성과를 공유하는 사람중심경제를 만들어갑니다. (아이쿱 사명선언문)

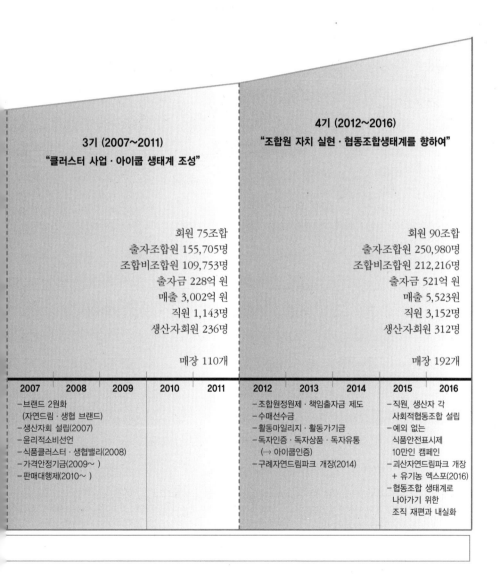

3기 (2007~2011)
"클러스터 사업 · 아이쿱 생태계 조성"

회원 75조합
출자조합원 155,705명
조합비조합원 109,753명
출자금 228억 원
매출 3,002억 원
직원 1,143명
생산자회원 236명

매장 110개

4기 (2012~2016)
"조합원 자치 실현 · 협동조합생태계를 향하여"

회원 90조합
출자조합원 250,980명
조합비조합원 212,216명
출자금 521억 원
매출 5,523원
직원 3,152명
생산자회원 312명

매장 192개

| 2007 | 2008 | 2009 | 2010 | 2011 | 2012 | 2013 | 2014 | 2015 | 2016 |

- 브랜드 2원화
 (자연드림 · 생협 브랜드)
- 생산자회 설립(2007)
- 윤리적소비선언
- 식품클러스터 · 생협밸리(2008)
- 가격안정기금(2009~)
- 판매대행제(2010~)

- 조합원정원제 · 책임출자금 제도
- 수매선수금
- 활동마일리지 · 활동가기금
- 독자인증 · 독자상품 · 독자유통
 (→ 아이쿱인증)
- 구례자연드림파크 개장(2014)

- 직원, 생산자 각
 사회적협동조합 설립
- 예외 없는
 식품안전표시제
 10만인 캠페인
- 괴산자연드림파크 개장
 + 유기농 엑스포(2016)
- 협동조합 생태계로
 나아가기 위한
 조직 재편과 내실화

아이쿱생협 경영 20년, 돌아봄과 내다봄

──── **참석**

신성식
아이쿱클러스터 CEO

박종현
경남과학기술대학교 교수

장승권
성공회대학교 교수

최동석
(주)블록체인OS 감사

──── **정리**

박종현

──── **때** 2017년 9월 1일(금)

──── **곳** 이화삼성교육문화관 메인홀

사회　오늘 아이쿱생협 경영 좌담회 "아이쿱생협 경영 20년, 돌아봄과 내다봄"에 많은 분들이 와주셨습니다. 고맙습니다. 신성식 경영대표의 발제를 먼저 듣고, 세 분 토론자의 말씀을 들어보겠습니다. 그리고 방청석에 와주신 분들의 의견과 질의도 청취해 다시 의견 나누는 시간도 가져보겠습니다. 발제부터 들어보겠습니다.

| 발제 | 신성식

얼마 전 아이쿱의 새로운 20년에 대한 글을 썼습니다. 최근에는 클러스터 오너십(cluster ownership)에 관한 글을 쓰고 있는 중인데, 한국 생협들이 어떻게 해서 일본이나 유럽과는 다른 방식으로 발전해왔는가에 관한 고민도 들어 있습니다. 한국의 생협들은 산지 직거래와 계약 생산을 기반으로 출발했고, 거기에 PB상품을 추가해 사업을 확장했습니다. 이러한 방식은 수요 변화에 능동적으로 대처하지 못한다는 단점과 함께 물품 부족 사태가 일어날 위험도 항상 안고 있습니다. 이런 태생적인 한계를 극복하기 위해 나름의 노력들을 했지만, 이 방식을 근본적으로 바꾸지는 못했습니다. 아이쿱이 채택한 클러스터는 이러한 한계를 근본적으로 돌파하려는 시도일 수 있습니다. 그런 배경들이 경영사에 보완이 되어야 하지 않을까 생각합니다.

위기에서 혁신의 실마리를 찾다

저는 아이쿱이 3차 혁신이 필요한, 아주 어려운 시기를 겪고 있다고 생각합니다. 1990년대 초반에 아주 힘든 첫 번째 위기가 있었고, 2003~2004년에도 큰 위기가 있었습니다. 2016년부터 세 번째로 큰 위기를 겪는 중입니다. 우리가 현재의 위기를 정면으로 돌파한다면 더 큰 발전을 기대할 수 있습니다. 아이쿱은 혁신의 실마리를 위기에서 찾아왔습니다. 저희들은 매 위기마다, 그 근본적인 어려움의 문제를 한 번도 회피한 적이 없었습니다. 위기에 정면으로 맞서고 계속 복기해가면서 어디서부터 잘못되었는지를 찾고 그 토대 위에서 최상의 결정을 내리려 노력했다고 생각합니다. 이 점에서 지금 아이쿱은 3차 혁신기를 만들어내는 과정 속에 있습니다. 2018년까지 그 혁신의 과제를 과연 끝낼 수 있을지 고민입니다.

우선, 1차 혁신기부터 돌아보겠습니다. 이때 우리는 연합조직의 기본 토대를 만들었습니다. 연합조직은 지역조합과는 별개 조직으로서, 지역생협들의 경영을 체계적으로 지원하는 것이 그 목적이었습니다. 이러한 연합조직은 일본이나 유럽 생협들은 물론 당시 국내의 다른 생협들에서도 찾아보기 어려운 생소한 조직으로, 그 성격이나 조직 방식에서 다른 생협들과 큰 차이가 있었지만 아이쿱의 발전을 이끄는 아주 중요한 초석이 되었습니다. 그 추진 과정에서 갈등도 있었습니다. 각 지역조합의 실무 책임자들을 다 빼서 연합조직으로 배치하기로 결정하는 과정에서, 실무 책임자까지 다 빼 가면 지역조합은 일을 어떻게 하느냐는 걱정과 반발이 많았습니다. 하지만 지금 복기해 보면, 역설

적이기는 하지만, 그 과정에서 조합원 자치가 높아질 수 있었습니다.

신뢰의 위기에서 클러스터를 구상하다

둘째, 2차 혁신기의 핵심은 클러스터였습니다. 클러스터는 2차 위기에 대한 혁신적 대응이었습니다. 2차 위기의 핵심은 신뢰의 위기였습니다. 저희들은 2003, 2004년도에 심각한 신뢰의 위기를 겪었습니다. 굵직한 혼입 사건들이[1] 다 몰려서 터졌습니다. 이 과정에서 아이쿱 인증 시스템을 만들었는데, 인증 시스템만으로는 충분치 않았습니다. 당시 생산량 대비 혼입량 규모를 정확하게 알아보려 했으나 쉽지 않았고, 생산자의 주장을 객관적으로 검증하는 것도 어려웠습니다. 저희들은 신뢰의 위기 문제를 어떻게 풀지 고민을 하다가, 이 문제를 근본적으로 막으려면 클러스터를 만들어야겠다는 판단을 하게 됩니다. 그런데 클러스터를 만들려면 대규모 자본이 들어가야 하고, 이렇게 투하된 대규모 자본을 안전하게 회수하려면 상당한 매출이 일어나야 합니다. 결국 이를 뒷받침하기 위한 일환으로 매장사업을 본격적으로 하게 됩니다. 이때, 어떤 식의 매장사업을 하는 게 맞겠느냐는 고민들이 있었고, 결국 오늘날의 자연드림 매장이 출현하게 됩니다. 이와 관련해 두 가지 말씀을 추가로 드리고 싶습니다. 하나는 저희들이 매장 사업을 하게 된 배경이 단순히 매출을 높이기 위한 게 아니었다는 점입니다. 즉, 자연드림 매장은 클러스터를 만들기 위한 전 단계의 과정으로 시작되었습니다. 다른 하나는 매장 사업을 처음 펼칠 때

---

1 편집자 주 : 2003년의 원주 혼입 사건과 2004년의 더불어 사건을 말한다. 원주 혼입 사건은, 2003년 6월 원주생협이 상회를 통해 잡곡을 매입해왔으며, 게다가 그 상회가 수입산 기장을 국산 기장에 혼입해서 판다는 사실을 원주생협이 알았으면서도 그 상회와 계속 거래를 해온 사건을 일컫는다. 그리고 더불어 사건은 아이쿱과 오랫동안 거래를 해왔고 동시에 생산자 회원으로 연대에 가입해있던 주식회사 더불어식품이 원재료에 수입 밀과 팥 등을 혼합하여 사용한 것이 검찰에 적발되면서 아이쿱이 알게 된 사건이다. (염찬희, 「iCOOP생협 10년의 역사와 활동」, 『협동, 생활의 윤리』, 55-56쪽 참조)

17억 원의 자본금을 까먹는 등 갖은 실패를 다 겪었는데, 그 실패의 경험이 이후 성공의 초석이 되었다는 점입니다. 그런데 당시 매장사업을 협동조합 방식으로 펼쳤다면, 시행착오의 경험 자체가 불가능했을지도 모릅니다. 이후 저는 사업을 하고 활동을 하는 데 협동조합을 모든 상황에 부합하는 유일한 선택지로 고집해서는 곤란하다고 생각하게 되었습니다. 아무튼 이 두 번째 혁신의 시기를 지나면서 우리는 2008년부터 2014년까지 급속한 성장을 하게 됩니다. 아이쿱이 꼴찌에서 일등이 되었던 시기입니다. 한편으로는 우리의 클러스터 '자연드림파크'를 준비했던 시기입니다.

급속한 성장 후 찾아온 복합적 위기에서 임노동을 재고하다

셋째, 지금 겪고 있는 3차 위기는 그동안의 급격한 성장에서 초래된 것으로 보입니다. 지금의 위기는 고속 성장의 과정에서 감춰졌던 여러 문제들이 한꺼번에 수면 위로 떠오른 복합 위기이기도 합니다. 우향우 사건으로[2] 표출된 신뢰의 위기, 내부의 수산 비리 사건으로[3] 표출된 경영 및 인사관리의 위기 그리고 협동조합의 정체성과 관련된 이념적인 위기 등이 모두 한꺼번에 분출된 결과로 보입니다. 아이쿱이 직면한 이러한 문제점들의 핵심은 결국 협동조합 근본의 문제, 곧 사람의 문제입니다. 현재의 위기를 이념의 위기라고 표현한 것도 이 때문입니다. 저는 지금의 아이쿱과 한국의 협동조합은 물론 전 세계 협동조합이 모두 이 근본적인 문제에 직면해 있다고 보고 있습니다. 그 문제가 드러나는 모습은 제각각 다양하겠지만 말입니다. 조금 부연해보

---

2 편집자 주 : 아이쿱과 오래 거래해온 주식회사 우향우가 무항생제 한우사골곰탕에 일반 한우뼈를 혼입하다가 2016년 11월에 적발된 사건이다.

3 편집자 주 : 아이쿱 물품운영본부장이 거래 수산업체 중 두 곳으로부터 뇌물을 받아왔다는 언론 보도가 2016년 11월 2일 터졌다. 아이쿱 내부의 조사 결과 뇌물 수수는 개인 친분을 이용한 개인 비리의 성격으로, 물품의 가격이나 품질에는 영향을 미치지 않은 것으로 파악되었다.

겠습니다. 협동조합은 기본적으로 맨파워, 곧 공동의 목적을 가진 사람과 사람의 결합을 통해 문제를 해결하려는 조직입니다. 그런데 최근의 사건들은 협동조합이 과연 공동의 목적을 공유한 사람들로만 모였는가라는 질문을 던지고 있는 것으로 보입니다. 우리는 소비자, 생산자, 직원이 아이쿱의 세 주체라고 당연시했는데 이게 과연 맞는가라는 고민이 든다는 거지요. 특히 직원들은 별도의 협동조합을 만들지 않고 소비자생협이나 생산자협동조합에서 지역조합이나 연합조직의 직원으로 근무합니다. 저는 이게 불과 물처럼 성격이 전혀 다른 두 가지 물질을 하나의 그릇에 담는 것과 같을지도 모른다는 생각을 해봅니다. 세 주체들 중 직원의 경우, 소비자 조합원이나 생산자 조합원과 같은 집에 있는 건 아니지 않나 하는 것이지요.

이러한 문제의식은 소비자협동조합이나 생산자협동조합 내에서 임노동이 과연 직원들의 적절한 존재 형태인가에 관한 질문으로 이어집니다. 그러니까 이런 거지요. '여러분'이라는 노래 기억나시지요? 저는 우리가 협동조합을 해가며 겪고 있는 문제의 핵심이 이 노래 가사 속에 있다고 생각합니다. "내가 외롭고 힘들 때 누가 나를 위로해주지"라고 물으면, "여러분" 이러잖아요. 그런데 협동조합에서 지금의 관계는 어떤가요? "내가 이렇게 힘들 때 누가 나를 위로해주지?"라고 질문을 했을 때, 돌아오는 대답은 "얼마 줄 건데?"로 들립니다. 오늘날 우리는 예전에 가족이든 공동체든 서로 관계를 맺고 품앗이를 통해 해결하던 문제들이 돈으로 해결되는 그런 세상에서 살고 있습니다. 그런데 협동조합은 돈의 힘으로 가려는 곳이 아닙니다. 그럼에도 협동조합을 하는 우리마저도, 우리에게 가장 중요한 관계를 돈의 힘으로 유지해가고 있다는 게 문제의 핵심이 아닐까 싶습니다. 작년에 유정란 사태가[4] 났을 때, 오랫동안 정회원으로 함께했던 생산자 회원이 더 비싼 값을 쳐주겠다는 빵집 프랜차이즈로 옮겨간 일이 있었습니다. 심지어 다른 생산자들까지 묶어서 가려고 했습니다. 조직을 파괴하는 행위를 했던 것이지요. 수산 비리 사건도 개인적 일탈에 더해 조직적 문제도 있었다고 생각합니다. 그동안 우리는 협동조합을 해나가면서 생산자끼리의 힘이나 소비자끼리의 힘으로 안 되는 부분에 대해서는 계약 관계, 특히 임노동 관계로 해결하려던 관행을 당연시했던 것 같습니다. 그건 저희뿐 아니라 협동조합 170년 역사도 크게 다르지 않았습니다. 이제는 이러한 방식에 대해 근본적인 문제 제기를 해야 할 시점입니다. 임노동을 끝낼 시기가 왔다는 게 제 결론입니다.

멤버십 문제를 해결할 조직 혁신이 필요하다

현재의 위기를 돌파할 3차 혁신의 논의는 이 고민을 기초로 해서 계속 해가야 한다고 생각합니다. 1차 위기는 연합조직 건설이라는 혁신을 통해 극복할 수 있었습니다. 이와 유사하게 이제는 멤버십 문제를 해결하는 새로운 조직 혁신이 필요합니다. 즉, 소비자들은 소비자생협으로, 생산자들은 생산자협동조합으로, 직원은 노동자협동조합으로 묶어서 각자 자신의 목적과 결의를 다지고, 각각의 협동조합 간에 협동하는 방식으로 아이쿱이 조직 구조가 다시 짜여야 한다는 말씀으로 경영 좌담회 발제를 마무리하겠습니다.

---

4 편집자 주 : 유정란에서 살충제 성분이 검출된 사건을 말한다. 2017년 달걀에서 살충제 성분이 발견되면서 위키피디아 백과사전에도 한 항목으로 올라갈 만큼 사회적으로 큰 파동이 있었다. "2017년 살충제 계란 파동(2017 Fipronil eggs contamination)은 유럽에서 피프로닐에 오염된 계란과 난제품이 유통된 사건이다. 2017년 8월 대한민국에서 생산된 계란에서도 피프로닐에 오염된 계란이 발견되었다."(출처 : 위키백과)

박종현   경남과학기술대학교에 있는 박종현입니다. 『생협평론』일도 거들고 있습니다. 어찌 보면 내부자일 수도 있어서 객관적 평가에 어려움이 있을 수 있겠습니다만, 그동안 아이쿱생협을 지켜보면서 들었던 생각들을 몇 가지 말씀드리겠습니다. 아이쿱생협의 20년은 일종의 기적처럼 보입니다. 정부도 대기업도 해내지 못했던 일을 외부 도움 없이 평범한 조합원들의 자체 힘으로 해냈기에 그렇습니다. 외환위기를 계기로 우리 한국 사회의 가치관이나 규범에도 많은 변화가 있었습니다. 사람들은 자신의 삶을 지키려면 믿을 게 돈밖에 없다는 생각을 부쩍 키웠고, 기업도 수익성 추구를 최고의 가치로 표방했습니다. 시장에 대한 사람들의 믿음이 커졌고, 윤리나 도덕의 가치는 땅에 떨어졌습니다. 이러한 시대적 상황에서 아이쿱생협은 자본이 아닌 사람의 연대에 기반하고 조합원의 필요와 충족, 더불어 사회 전체의 공동선에 관심을 두고 있습니다. 아이쿱생협은 이익과 가치의 균형, 조화를 추구하면서도 생존과 발전이 가능하다는 것을 현실로 입증한 대표적인 사례로 보입니다. 아이쿱의 이러한 성공을 가능케 한 핵심을 저는 조합원들의 적극적 참여 문화와 경영진들의 실사구시 경영 문화가 조화를 이뤘다는 점에서 찾고 싶습니다. 오늘의 주제가 '경영'인 만큼 주로 경영에 초점을 맞춰보겠습니다. 아이쿱생협의 경영진은 사업의 목적을 분명히 하고 거기에 부합하는 목표를 명확히 설정하여, 그 목표를 가장 잘 달성할 수단들을 구체적인 정책으로 채택했습니다. 그리고는 신속하고도 일관성 있게 실행에 옮기고, 그 과정에서 있을 수 있는 시행착오들을 철저한 피드백을 통해서 수정하고 개선하는 경영 문화를 일구었습니다. 이때 목적이란 사업을 '왜 하는지'를, 목표란 '무엇을 할지'를, 수단이란 '어떻게 할지'를 뜻하는 것이라고 이야기할 수 있을 듯합니다. 목적과 목표와 수단 그리고 정책의 유기적 결합이 바로 경영 전략이라고 이야기할 수도 있겠지요. 아이쿱의 목적은 안전하고 질 좋은 먹거리와 다양한 제품을 소비자 조합원들에게 저렴하게 제공하는 데 있습니다. 이때, 좋은 품질을 저렴하게 제공한다는 것은 대단히 어려운 과제가 됩니다. 이 두 마리 토끼를 동시에 잡기 위해 농산물과 제품에 대한 인증도 시작하고 물류 개선에도 나섰으며 규모의 경제도 추진했고 생산자와의 파트너십도 주도했습니다. 유통·생산·조직 등 사업 전반의 영역에서 대대적인 혁신을 이끌었고, 그것을 일관되게 기획하고 관리하는 총체적인 관리 시스템도 구축했습니다.

구례와 괴산의 자연드림파크 클러스터, 곧 생산·물류 복합단지도 이러한 총체적인 필요와 노력 속에서 선택된 경영 전략의 결과물이라고 평가할 수 있겠습니다. 이때 클러스터의 운영 속에서 내외부적 변화에 유연하고 능동적으로 적응하는 아이쿱 고유의 경영 기풍을 확인하게 됩니다. 클러스터는 일단 완성이 되고 본격적으로 가동이 되면 소비자 조합원들의 기존 수요를 뛰어넘는 물량의 제품들을 생산하게 되는데, 이 과정에서 조합원들의 기존 수요 이상으로 생산된 제품들을 소화할 판로를 새롭게 개척함으로써 클러스터의 가동률을 효과적으로 유지해야 하는 과제가 새롭게 대두됩니다. 아이쿱생협에서 끊임없이 식품 안전 의제들을 제기하고, 조합원의 숨겨진 필요를 충족할 새로운 제품들을 개발했던 것, 나아가 외부 시장이나 해외 시장 등 새로운 시장을 개척하는 데 적극적이었던 것은 이러한 클러스터의 효과적 활용과도 깊은 관련이 있는 듯합니다. 그 과정에서 협동조합의 조합원이 아닌 사람들에게까지 이런 제품들을 판매하는 것이 과연 맞는 것이냐는 반론도 가능하겠습니다만, 그 생산 및 판매가 윤리적 소비의 가치를 담아낼 수 있는 것이라면 아주 바람직한 일이라고 봅니다. 정리하자면, 사업의 목적을 제대로 이루려다보니 규모화와 다각화가 필요했고, 여기에 맞춰 경영의 집중과 조직의 분화도 하고 조합비 제도도 도입했으며, 수매선수금·책임출자금·조합원 차입금 등의 제도를 통해 자금 조달도 훌륭히 해냈고, 클러스터도 만들었고, 마침내는 사업복합체·기업집단·다중이해관계자협동조합의 형태로 진화를 했습니다. 이러한 것들이 성공적인 적응으로 보인다는 게 아이쿱의 경영에 관한 저의 개략적인 평가라고 할 수 있겠습니다.

그런데 사업복합체·다중이해관계자 협동조합으로서의 현재 모습은 아이쿱생협에 두 번째 단계의 적응이라는 새로운 과제를 던지고 있습니다. 첫째는 소비자협동조합으로서의 정체성과 다중이해관계자 협동조합으로서의 정체성 사이의 상충 가능성을 어떻게 슬기롭게 해결할 것인가의 문제입니다. 그동안 아이쿱은 전국에 있는 여러 지역의 조합원들이 함께 의미 있고 가치 있는 다양한 활동들을 주체적으로 펼치면서 관계망이나 신뢰와 같은 '사회적 자본'

을 만들어냈고, 조합원들에게 삶의 보람을 주었으며, 지역에서의 영향력도 키울 수 있었습니다. 앞으로 아이쿱이 사업복합체로서 그 규모를 더욱 확대하고, 생산자·직원 등 다양한 이해관계자들이 별도의 협동조합이나 자회사 등의 형태로 참여하게 될 경우, 소비자 조합원의 주도성이나 주체성이 약화될 위험이 있습니다. 이러한 상황에서 조합원들의 참여에 기반한 조합원 민주주의를 계속 가꾸고, 상이한 이해관계자들이 공동의 목표에 함께 매진할 수 있도록 하는 의식적인 노력이 필요해 보입니다.

다른 하나는 규모화·다각화·네트워크화에 따른 조정 문제를 해결해야 하는 과제가 있습니다. 사업의 규모가 커지고 사업의 종류가 늘어나면서 관련 사업 조직들의 관계가 한층 복잡해지면, 정보가 제대로 흐르지 않거나 사업 부서 간 갈등이 커지거나 관료주의가 창궐하면서 조정비용이 크게 늘어날 수 있기 때문입니다. 무엇보다도 민주적이고도 효과적인 의사결정이 어렵게 될 위험이 있습니다. 이러한 문제들은 물론 모든 대규모 사업복합체, 기업 집단들이 숙명처럼 안고 있는 과제이기도 합니다. 이러한 조직들로는 영리기업에서는 삼성그룹, 협동조합에서는 몬드라곤협동조합 복합체가 있습니다. 아이쿱이 삼성보다 더 효율적이고, 몬드라곤보다 더 민주적인 의사결정 구조를 어떻게 만들어낼 것인지가 앞으로의 중요한 과제라고 생각합니다.

장승권 성공회대학교 경영학부에 있는 장승권입니다. 협동조합경영학과 대학원에서도 강의를 하고 있습니다. 아이쿱과의 만남은

2002년으로 거슬러 올라갑니다. 옆에 계시는 신성식 대표 그리고 그때 같이 일했던 경영진들과 함께 아이쿱과 우리 대학의 교류·협력에 대해서 이야기했던 것이 첫 번째 만남이었어요. 벌써 15년 전의 일인데, 그때 아이쿱을 만났던 게 지금 협동조합을 공부하고 가르치는 출발점이 되었습니다. 저에게 협동조합은 아이쿱이 시작이었고 지금도 가장 중요한 협동조합으로 남아 있습니다. 여러 조합원들이 도와주신 덕분에 저희 대학원에서 많은 학생들이 공부를 마칠 수 있었고, 여러 좋은 논문도 나올 수 있었습니다. 본론으로 넘어가서, 저도 아이쿱이 성공했다고 생각합니다. 그리고 그 성공 요인을 '조합원 중심주의'에서 찾고 있는 신성식 대표의 오늘 발제나 아이쿱협동조합연구소의 분석에도 동의합니다. 이 점에 관해서는 다른 분들도 의견이 다르지 않을 것으로 보입니다. 몇 달 전(6월 20일)에 김대훈 아이쿱협동조합지원센터 센터장이 저성장기 생협의 경영환경 진단과 미래전략 토론회에서 혁신과 관련해 비슷한 발표를 했습니다. 그때 자료를 보니 아이쿱과 다른 생협들과의 차이가 두드러졌던 부분이 조합원 1인당 이용액이었습니다. 그러니까 한 조합원 혹은 한 가구가 생협을 실제로 얼마나 많이 이용했는지, 얼마나 구매했는지를 나타내는 지표가 월등히 높더군요. 대충 금액으로 보니 한 해 이용액이 다른 생협들의 경우 100만 원 미만이었던 데 비해, 아이쿱은 200만 원이 넘더군요. 그 얘기는 경제적 참여라는 측면에서 봤을 때, 아이쿱 조합원의 참여도가 대단히 높았다는 것을 뜻하고, 그 점이 조합원 중심주의 경영이나 전략의 가장 큰 성과였다고 이야기할 수 있겠습니다.

그런데, 아이쿱생협뿐 아니라 다른 생협들도 지난 20년 동안 유지되고 있고 성장을 했다는 점에 주목해야 합니다. 아이쿱의 성장 속도가 유독 빠르고 규모가 크게 커졌다는 것이지, 어려운 상황에서 아이쿱만 살아남은 건 아니라는 것입니다. 이 점에서, 지난 20년 동안 생협 모델이 한국에서 꽤 성공했고, 아이쿱의 경우에는 여기에 조합원들의 적극적 참여가 더해지면서 오늘날의 성장이 가능했다는 가설을 생각해봅니다. 여기 계신 분들이 잘했지만, 여러분 말고 다른 생협도 잘한 분들이 있다는 것, 생협의 보편성과 특수성에 대해서 한번 생각해볼 필요가 있겠다는 취지의 말씀입니다.

그런데 아이쿱에는 위기도 적지 않았습니다. 이와 관련해 질문을 던져봅니다. 대부분은 예전에도 던졌던 질문들이기도 합니다. 첫째, 2002년에 제가 처음 신성식 대표와 만났을 때 했던 질문입니다. "생협 거버넌스 어떻게 만들 생각이세요?" 둘째, 2007년경의 질문입니다. "후배 경영인들 어떻게 양성하실 거예요? 잘하실 수 있어요?" 셋째, 비슷한 시기의 질문입니다. "정보 시스템 제대로 만드셨어요? 잘 돌아가고 있나요? 앞으로 어떻게 개선할 건가요?" 넷째, 정보 공유에 관한 겁니다. 저희 성공회대학교 석·박사 학생들을 포함해 여러 연구자들이 아이쿱에 관해 논문을 쓰려면 제대로 된 정보를 확보하는 것이 대단히 중요합니다. "앞으로도 논문 쓸 수 있는 겁니까?" 다섯째, 제일 중요한 질문일 수 있습니다. 오늘 이 자리에서, 협동조합의 변화하는 모습, 아이쿱의 변화하는 모습, 소비자협동조합과 생산자협동조합과 노동자협동조합이 공동으로 운영하는 복합 협동조합에 관한 이야기가 있었습니다. 이

대목에서 2011년경 외국의 학자로부터 들었던 질문을 다시 전하고 싶어요. "이렇게 다양한 이해관계자들의 이해관계를 어떻게 조정하면서 끌고 갈 수 있죠?" 그 물음에 저는 "잘 모르겠어요. 그런데 잘 하더라고요"라고 말하고 넘어갔습니다만, 여전히 풀리지 않는 의문입니다. 그리고 마지막으로 최근 신 대표가 강조하는 소유노동에 대해서도 말씀 들어보고 싶습니다. 임노동도 아니고 자영업자도 아닌 소유노동은 어떤 형태여야 하는지, 어떤 실천을 해야 되는 건지, 한수 배워가고 싶습니다.

최동석 저는 블록체인 OS라는 회사의 감사를 맡고 있습니다. 그전에 한국은행에서 20년을 근무했고, 독일에 가서 경영학을 공부하면서 인간과 조직과 세상에 관해 전혀 다른 관점의 경영학이 있다는 것을 알게 되었습니다. 인사 조직 관련 공부를 하면서 큰 감명을 받았고, 공부를 마치고 돌아와서는 그런 사민주의적 경영 모델, 게르만 모델을 가르쳐왔습니다. 그리고 실제로 경영 실무를 하면서도 그 시스템을 구축하고 실행하도록 노력했습니다. 저는 협동조합 전문가가 아닙니다. 그런데도 협동조합에 대해 관심을 갖고 또 인연을 맺게 된 것은 제가 공부를 한 독일이 협동조합의 국가이기 때문입니다. 독일은 도회지에 가면 어느 곳에나 폴크스방크(Volksbank)가 있고, 농촌에 가면 라이파이젠방크(Raiffeisenbank)가 어느 마을에나 있습니다.[5] 이들이 바로 협동조합 은행입니다. 이들 은행의 전체 자산 규모가 우리나라 4대 메이저 은행의 자산을 합친 것보다 많습니다. 대다수 독일 국민들이 금융 거래를 협동조합 은

---

5 편집자 주 : Volks-Bank, 국민의 은행

행으로 한다는 말입니다. 독일에도 도이체방크(Deutsche Bank) 같은 큰 은행들이 있기는 한데, 그런 은행들은 도회지에서 글로벌하게, 그리고 월스트리트에서 사용되는 금융 기법들로 운영을 합니다. 협동조합 은행들은 그런 금융 기법과는 상관없이 조합원들과의 대차 관계에 직접적으로 관련되어 있어요. 2008년 월스트리트의 금융위기로 전 세계 금융시장이 붕괴하고 세계경제가 완전히 나락으로 떨어질 뻔한 상황에서 독일은 영향을 크게 받지 않습니다. 월스트리트 방식의 금융을 하지 않았기 때문입니다.

협동조합은 기본적으로 자본가들의 억압과 착취, 명령과 통제, 지배와 복종 체제를 근본적으로 혁파하는 모델입니다. 저는 우리나라 협동조합, 특히 생협이 먹거리를 안전하게 소비하는 데 집중하고 거기에 열정을 지나치게 쏟는 것에 대해 걱정하는 입장입니다. 협동조합은 그렇게 작은 사상이 아니기 때문이죠. 협동조합은 자본주의 착취 시스템에 저항하기 위해 만든 혁명적 사상입니다. 협동조합 조합원들이 연대하여 이 잘못된 사회 시스템을 뒤집어엎어야 합니다. 그런데 여기에서 말하는 혁명은 총칼이 오가고 피를 흘리는 혁명이 아닙니다. 자본가의 행태를 더 이상 못하게 하려면 협동조합밖에 다른 것이 없어요. 그래서 저는 우리나라도 독일, 스위스, 오스트리아, 네덜란드, 덴마크와 같이 사회민주주의 국가가 되어야 한다고 생각합니다. 사회민주주의 국가란 민주주의 국가인데 자본이 아닌 사회를 중심으로 하는 국가를 뜻합니다. 그렇다고 자본을 무시하는 것은 아닙니다. 자본도 존중하지만 자본을 위해서 살지는 말자는 겁니다. 앞에서 삼성 따라 갈 수 있느냐,

삼성 넘어설 수 있느냐는 말씀이 있었는데, 저는 견해가 달라요. 삼성은 이미 여러분들이 넘어섰어요. 아이쿱을 삼성의 방식으로 경영했다면 지금의 삼성보다 몇 배가 되었을 거라고 생각합니다.

사회 지정 토론자들의 이야기를 잘 들었습니다. 많은 분들이 오늘 좌담회에 관심을 가지고 와주셨습니다. 방청석에 계신 분들에게 제안이나 질문을 받아보겠습니다.

장종익 안녕하세요? 한신대학교 사회혁신경영대학원의 장종익입니다. 말씀 잘 들었습니다. 아이쿱의 최근 변화를 보면서 걱정을 많이 하고 있어요. 앞으로 또 다른 20년을 내다봐야 하는 시점, 20년 후의 아이쿱이 어떤 모습일지 그려보면서 그때는 어떤 문제에 직면할지를 고민해야 하는 시점이 아닐까 생각합니다. 두 가지 말씀을 드리려 합니다. 하나는 클러스터의 문제고, 다른 하나는 지역조합의 공동사업법인, 자회사 방식의 주식회사 문제입니다.

우선 클러스터는 일종의 수직 통합입니다. 유럽의 성공한 협동조합들에서도 볼 수 있는 현상이기도 합니다. 수직 통합은 경제학에서 오랫동안 중요한 쟁점이었고 지금도 조직경제학 분야를 중심으로 논쟁이 계속되는 주제이기도 합니다. 아이쿱은 경영상의 여러 문제점이나 파동을 수직 통합을 통해 해결했습니다. 그래서 수직 통합의 장점이 계속 부각되었습니다만, 실은 수직 통합의 비용도 적지 않습니다. 협동조합이라는 조직 형태 자체가 수직 통합을 체계적으로 관리하기가 쉽지 않습니다. 소비자가 주인일 때는 오너십을 갖고 있는 소비자가 이용을 하기 때문에 경영이 어떻게 되든 간에 사업이 잘된다는 장점이 있어요. 그런데 생산 및 제조가 이루어지는 괴산이나 구례는 일상적 거래의 공간은 아닙니다. 소비자 조합원이 그곳에 가서 물품을 사는 게 아닙니다. 이처럼 주인이 멀리 있는 곳에서 수행되는 경제활동의 비중이 아주 커지고 소비자 조합원과의 거리가 멀어지면 근본적인 문제가 발생합니다. 그 문제를 해결하려는 것이 바로 소유노동입니다. 소유노동의 핵심은 이니셔티브(initiative), 곧 주도성입니다. 그런데, 소비자 조합원에 더해 직원과 농민들도 자기 돈을 걸고 이니셔티브를 가지게 되면, 이니셔티브 간에 충돌이 일어날 수 있습니다. 이것은 아주 큰 문제라고 봐요. 전 세계 협동조합의 역사를 볼 때, 소비자협동조합에서 출발했든 농민이나 생산자협동조합에서 시작되었든 상인들이 협동조합을 만들었든, 그것들이 소유노동 형태로의 전환을 거치며 발전한 곳은 제가 알기론 없습니다. 바로 이러한 문제 때문이지요. 소유노동 문제는 보다 깊은 숙고가 필요할 것 같습니다.

둘째, 조합 공동사업 법인도 중요한 이슈로 보입니다. 이건 유럽하고 다르게 한국 고유의, 아이쿱 고유의 발전 경로입니다. 유럽은 합병을 통해서 조직과 사업과 경영의 자기 완결적 구조를 가져온 발전 경로입니다. 반면, 아이쿱은 경영 사업과 조합원 활동을 활성화하기 위해 경영의 집중과 조직의 분화라는 원리를 채택했습니다. 경영을 공동자회사 방식으로 했을 때, 각 조직에서 실무자를 어떻게 품고 그들과의 관계를 어떻게 맺을지, 서로 다른 사업 조직에 속한 실무자들의 관계를 어떻게 발전시킬지도 중요한 과제입니다. 아이쿱의 최근 실험들은 협동조합 현장과 연구 양쪽 모두에 아주 큰 두 가지 이슈를 던져주고 있습니다.

신철영 저는 아이쿱생협 고문입니다. 요즘 이야기되는 4차 산업혁명이 앞으로 우리 사회와 삶의 많은 부분에 큰 영향을 미치고 각종 관계에도 많은 변화를 야기할 것으로 보입니다. 아이쿱생협이 20년의 역사를 회고하고 평가하면서 앞으로 20년의 미래를 전망해야 하는 현 시점에서 우리 사회가 소위 4차 산업혁명에 대해 어떻게 사고하고 어떻게 준비해야 하는지에 관한 말씀을 들어보고 싶습니다.

정병호 (재)아이쿱협동조합연구소 고문입니다. 앞에서 사회적 자본 이야기가 나왔습니다. 사회적 자본이라는 것은 사람과 사람이 만나서 힘이 되는 것을 뜻합니다. 생협이나 협동조합은 사람들 사이에 신뢰와 믿음을 바탕으로 힘을 키우고, 그 힘으로 잘못된 사회와 경제를 바꿀 주체입니다. 역사학에서는 근대부터의 시기를 데카르트 이후의 히스토리 1시대, 그 뒤를 이은 포스트모더니즘의 히스토리 2시대로 구분하기도 했습니다. 지금 선생님들이 말하고 있는 4차 산업혁명이나 우리가 맞이할 세상은 히스토리 3시대입니다. 아이쿱 조합원 여러분이 히스토리 3시대의 역사적 주인이 되기를 희망합니다.

사회 방청석으로부터 많은 질문지들을 받았습니다. "아이쿱의 조합원 중심주의를 어떻게 제고할 수 있을지", "소유노동이 무엇이며 그것이 왜 필요한지", "활동가의 역량을 어떻게 제고할 수 있을 것인지" 등, 이외에도 흥미로운 질문들이 많습니다. 토론자들의 발언 그리고 방청석의 질문들을 염두에 두고 발제자부터 말씀해주시면 고맙겠습니다.

신성식   방청석에서 주신 질문들과 토론자들이 제기한 문제들에 대해 주어진 시간 한도 안에서 답변 드려보겠습니다. 질문지의 대부분은 소유노동에 관한 내용입니다. 소유노동이란 '주인으로서의 노동'을 의미합니다. 제가 소유노동이라는 의제를 제안하게 된 배경에는 협동조합이 본연의 목적을 달성하기 어려운 현실이 있습니다. 협동조합의 목적이 달성되려면 그 구성원들이 더 많은 가치 창출을 위해 힘써야 하는데, 그 가치 창출보다는 다른 구성원들과 조직이 만들어낸 가치의 탈취에 힘쓰는 사람들이 적지 않은 게 현실입니다. 따라서 구성원들의 '도둑질'을 방지하는 것이 대단히 중요합니다. 최근 아이쿱에서 불거진 문제들이 바로 각종 구성원들의 가치 탈취 현상입니다. 그런데 이는 우리들만의 문제는 아닙니다. 이러한 가치 탈취를 막기 위해 전 세계의 협동조합들이 많은 노력과 비용을 들이고 있습니다만, 그 효과는 크지 않습니다. 저는 감시나 처벌 또는 교육과 같은 방식 대신 구성원들을 소유자로, 주인으로 만듦으로써 이 문제를 해결하는 게 더 효과적이라고 봅니다. 자기 것을 자기가 도둑질하지는 않습니다. 왼쪽 주머니에서 오른쪽 주머니로 옮기는 것을 도둑질이라고 하지 않잖아요. 소유는 구성원들이 가치 탈취를 하지 않도록 하는 방지 장치이자, 보증금이자, 성과를 나누는 기준이 될 수 있다고 생각합니다. 물론 구성원들에게 적지 않은 자기 돈을 걸도록 함으로써 주인의식을 높이려는 시도에는 복잡한 여러 문제들이 따라올 겁니다. 소유를 하고 있더라도 주인의 역할에 적극 나서도록 하려면 별도의 보완장치도 병행되어야 합니다. 그래서 더 많은 논의가 필요합니다. 그럼에도 핵심이 주인에 관한 문제에 있다는 생각은 계속해서 하고 있습니다.

아까, 아이쿱이 혼자만 성공한 게 아니라는 말씀에는 전적으로 동의합니다. 아이쿱생협이 잘되었던 것들은 저희가 일을 기가 막히게 잘해서라기보다는 굉장히 좋은 순풍을 만났기 때문입니다. 한국 생협 전체가 그랬지요. 저희들은 2013, 2014년을 기점으로 한국 생협이 순풍 대신 역풍을 맞는 시기에 돌입했다고 보고 있습니다. 제가 생협을 시작했던 1990년대 초반에 세워졌던 생협의 60%가 사라졌습니다. 앞으로 그런 현상이 재현될 가능성이 높습니다. 역풍이 본격화되면 실력이 결국 드러날 것이고, 한국 생협의 역사와 운명이 결정될 것이기에 여기에 지혜롭게 대비하는 것이 대단히 중요합니다.

앞에서 두 분이 우려했던 아이쿱의 효과적인 의사결정 문제에 대해 말씀드리겠습니다. 협동조합은 총수가 소유권을 쥐고 일사분란하게 의사결정을 하는 삼성과 같은 체제가 아닙니다. 우리 아이쿱은 특히 1세대가 물러나고 2세대가 경영을 맡는 과정에서 이런 문제들이 본격화될 가능성이 높습니다. 일반적으로 충분한 성과가 있고 나눌 분배물이 크면, 이해관계의 다툼도 덜합니다.

앞으로 아이쿱은 첫째, 조합원 중심주의와 실적주의의 기조를 계속 유지하되, 이러한 전통과 문화와 기풍을 정관에 반영하는 등 제도와 시스템으로 확고하게 정착시킬 필요가 있습니다. 둘째, 농민 생산자·가공 생산자·직원 등 이해관계가 서로 다른 주체들이 별도의 조직을 만들어서 활동을 벌이고, 각각의 조직은 기본적으로 자기 성과에 기초해서 살아가도록 해야 한다고 봅니다. 이를 신자유주의라고 이야기할 수도 있겠지만, 기본적으로 자기 책임을 강화하고 이해관계의 싸움들을 덜하게 만드는 두 번째 원칙이라고 보고 있습니다. 셋째, 이러한 자기 책임 원칙을 보완하고 보강하는 연대주의가 들어가면 된다고 봅니다. 이 세 가지의 원칙을 문화적으로든 제도적으로든 하나의 일관된 원칙으로 만들어서 풀어갔을 때 다양한 이해관계의 문제를 해결하면서 여러 주체의 협업 효과를 향유할 수 있다고 봅니다.

장승권 아까 드렸던 말씀들 중 미진했던 이야기를 조금 더 해보겠습니다. 경영 전략을 공부하는 사람들은 지난 20년간 한국 생협의 성공을 대체로 산업적·환경적 측면과 내부 역량·자원 측면에서 설명합니다. 대부분의 생협은 환경적 측면이 양호했기에 앞으로 나아갈 수 있었다, 그들 사이의 차이는 내부 역량과 자원 측면에서 비롯되었다, 아이쿱은 내부 역량을 강화하고 자원을 동원하는 데 출중했다, 여기까지는 더 이상 논쟁의 여지가 없는 것 같아요. 워낙 탁월하게 성장해왔으니까. 그런데 앞으로도 계속 성장 엔진이 가동되고 성장 동력이 뒷받침될 수 있는지는 어떤 조직에게도 힘든 질문이라고 생각됩니다. 이건 아이쿱 경우에도 마찬가지입니다. 이 질문과 관련해 역시 수직 통합의 문제와 경영자 승계가 결정적인 문제가 될 수밖에 없을 겁니다.

수직 통합을 통해 규모화와 다각화를 이루고, 외부와의 거래 관계를 생협 내 이해관계자들 사이에 내부화하는 전략은 기본적으로 타당합니다. 이러한 거래 관계의 내부화나 수직 통합을 통해 전체 가치 사슬에서 문제가 되는 요소들을 제거하고 전체 가치 사슬에서 발생하는 가치들을 외부로 유출시키지 않고 생협 내부에서 모두 가져갈 수 있기 때문입니다. 즉, 사업에서 발생하는 잉여를 소비자 조합원이든 노동자 조합원이든 생산자 조합원이든 주인들이 더 가져갈 수 있게 됩니다. 그런데 클러스터를 통해 생산·물류·유통 등을 다 묶어내는 이러한 방식은 매출액이 1조 원 미만인 수준에서는 맞을지 모르지만 규모가 더 커지더라도 여전히 순기능이 더 큰지에 대해서는 따져봐야 한다고 생각합니다. 통합을 하고 규모가 커지게 되면 통제하고 조정하는 비용이 기하급수적으로 커질 수도 있기 때문입니다. 사업복합체나 기업집단의 경우 규모가 커지고 관련 사업체 수가 늘어날수록 효과적 경영 의사결정에 필요한 현장의 정보를 생산하고 수집하고 전달하는 데 어려움이 커진다는 점에 특히 주목할 필요가 있습니다. 이러한 문제들에 높은 역량과 주인의식을 가지고 능동적으로 대응할 수 있는 조합원으로서의 직원들이 얼마나 많이 준비되어 있는지, 이들을 어떠한 시스템과 투자를 통해 양성할 것인지가 앞으로 대단히 중요한 과제라고 생각됩니다. 그리고 아이쿱생협이 지난 20년 동안 보여준 혁신의 DNA가 계속되려면 2세대 경영진의 경영 역량 강화 및 성공적인 경영자 승계도 중요합니다.

박종현　저도 문화의 중요성에 대해 이야기하고 싶습니다. 신 대표님은 복합사업체, 수직 통합, 다중이해관계자 협동조합에서 발생하는 의사결정의 문제, 조정비용의 문제를 구성원들의 소유에 기초한 주인의식 강화를 통해 해결해야 한다고 보는 듯싶습니다. 논리적으로는 타당한 말씀인데, 점점 세상이 소유의 시대에서 접속의 시대로 옮겨가는 상황에서 소유를 강조하는 것이 과연 시대의 흐름에 부합하는 노선인지에 대해 약간의 의문이 들기도 합니다. 그리고 '도둑질'은 남의 것이라서 일어나기도 하지만 내 것인데도 당장의 욕심 때문에 미래를 내다보지 않고 소탐대실하는 상황에서도 일어날 수 있습니다. 이 점에서 저는 소유를 강화하는 것에 더해 아이쿱의 오랜 전통으로 거론했던 조합원 중심주의와 실적주의에 더 큰 의미를 부여할 필요가 있다고 생각합니다. 이때 '실적주의'는 '탁월성의 문화'로도 표현될 수 있겠습니다.

아이쿱의 목적은 좋은 제품을 저렴하게 이용하고 윤리적 소비를 통해 도농 상생을 지원하고 세상을 보다 아름답게 가꾸려는 데 있습니다. 조합원과 활동가와 경영진은 이 목적을 보다 효과적으로 달성하는 데 전력을 기울였습니다. 경영진은 목적을 가장 효과적으로 달성할 방도라고 판단이 되면 높은 위험을 기꺼이 감당하는 경영 전략을 제시했고, 조합원들은 경영진의 역량과 진정성, 탁월성을 신뢰하면서 그 제안에 동의를 해주었던 것으로 보입니다. 현장의 구체적 정보들과 암묵적 지식들을 소중히 여기고 디테일에 신경을 썼으며 피드백을 중시했습니다. 이 과정에서 모험적인 전략이 성과를 거두고 조합원들이 그 성취를 자랑스러워하는 일련의 경험이 반복되면서 조합원들의 충성도와 자부심도 커지고 실적주의나 탁월성의 문화가 뿌리를 내리게 되었습니다. 목적과 현장을 중시하고 문제 해결 능력을 높게 평가하며 사소해 보이는 일에서도 최상의 결과를 만들어내려는 탁월성의 문화를 앞으로도 계속 가꿔나갈 수 있느냐 여부가 향후 아이쿱의 미래를 결정할 것이라는 생각을 해봅니다.

최동석 이 이야기는 꼭 해야 되겠다 싶어서 한 번 더 말씀드립니다. 협동조합은 전혀 다른 이념 체계, 사상과 철학을 실현하는 기구입니다. 따라서 자본주의 세계에서 잘나가는 기업들을 벤치마킹하는 것은 협동조합을 죽이는 일입니다. 만약 협동조합의 경영이 잘 안 된다면, 영리기업들의 혁신 모델을 벤치마킹할 게 아니라 조합원들의 신념을 고양해야 합니다. 협동조합은 새로운 경제, 새로운 사회를 꿈꾸는 조직이므로 그러한 열망의 불꽃을 조합원들이 지피도록 하는 게 중요합니다. 그 원동력은 교육입니다. 협동조합이 살아남는 방식은 철저하게 교육에 의존하고, 철저하게 교육할 수 있는 인재를 육성해서 그 사람들이 협동조합의 복음을 땅 끝까지 전파하는 것, 이것이 협동조합이 살아남고 흥하는 유일한 길입니다.

사회 신성식 대표께 마무리 발언 부탁드리면서, 바쁘신 와중에도 시간을 내서 오늘 이 자리에 함께해주신 모든 분들께 다시 한 번 감사드립니다.

신성식 저희는 지난 20년 역사에서 전 세계 모든 소비자생협들과 비교해 가장 많은 활동가들이 가장 많은 활동 성과를 이룩했다고 생각합니다. 사업의 규모는 일본이나 유럽의 생협에 비해서 작을지 모르지만 그 내용은 세계 최고 수준이라고 자부합니다. 그런 자부심은 가지셔도 된다고 봅니다. 그런데 이러한 성취를 어떻게 지속하고 확대할 것이냐는 우리가 분명 풀어야 할 과제입니다. 이용만하는 조합원들을 어떻게 참여시킬 것이냐, 직원들의 주인의식을 어떻게 고취시킬 것이냐, 차세대 경영자들을 어떻게 양성할 것이냐는 앞으로 우리가 계속 고민해야 할 핵심 과제입니다. 이를 위해 '하루 여행' 프로그램도 구상 중이고, 소유노동에 대한 고민도 계속 이야기하고 있는 겁니다. 우리 직원들에게 초미의 관심사가 된 소유노동의 경우, 제가 말씀드리는 것은 기본 정책 기조이고, 이를 어떻게 구체적으로 실행에 옮기느냐 하는 것은 충분한 논의를 거쳐 자연스럽게 하는 것이 중요하다고 봅니다. 그리고 많은 분들이 중요한 문제로 거론한 경영자 승계 문제도 긴 안목 위에서 차근차근 풀어가는 중입니다. 10년 정도 길게 보고, 차세대 경영자들에게 교육과 훈련의 다양한 기회와 경험을 제공하면서 역량을 강화하고 있는 중입니다. 기대해주셔도 좋습니다. 열심히 하겠습니다. 감사합니다.

아이쿱 사명 선언문

함께 만드는 미래, 아이쿱

"아이쿱은 함께 행복한 삶을 만들어가는 협동조합입니다"

우리의 비전

생활의 안심   아이쿱은 윤리적 생산과 소비를 바탕으로 먹을거리, 돌봄, 교육, 주거, 의료 등 생활의 안심을 만들어갑니다.

사람 중심 경제   아이쿱은 정직과 신뢰의 협동조합 생태계를 바탕으로 노동을 존중하고 성과를 공유하는 사람 중심 경제를 만들어갑니다.

더 나은 미래   아이쿱은 협동조합의 가치를 바탕으로 사람과 자연이 공존하는 더 나은 미래를 만들어갑니다.

우리의 핵심 목표

생활의 안심
1. 식품 안전
2. 생활 속의 안심 실현
3. 세상을 바꾸는 윤리적 소비자 운동
4. 상상을 현실로 만드는 실천가

사람 중심 경제
1. 일하고 싶은 협동조합 기업
2. 이익을 공유하는 윤리 경영의 확산
3. 정직과 신뢰의 협동조합 생태계 조성
4. 서로를 지지하는 혁신가

더 나은 미래
1. 지속가능한 생산·소비 체계
2. 기후변화에 대처하는 생활운동
3. 협동조합 가치의 확산
4. 현재와 미래를 잇는 촉진자

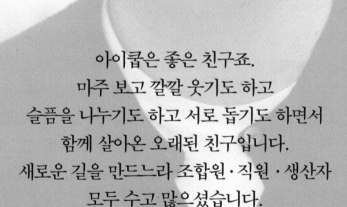

아이쿱은 좋은 친구죠.
마주 보고 깔깔 웃기도 하고
슬픔을 나누기도 하고 서로 돕기도 하면서
함께 살아온 오래된 친구입니다.
새로운 길을 만드느라 조합원·직원·생산자
모두 수고 많으셨습니다.

김여경 (아이쿱클러스터 제조분과 대표)

벌써 스무 살이 되었어요, 아이쿱이!
많은 어려움을 겪으면서도 건강하게 잘 자랐지요.
앞으로 더욱 성숙하고 발전하려면
자기와의 싸움을 이겨내야겠지요.
승리하리라 믿습니다.

김홍범(아이쿱생협사업연합회 상무)

편집
후기

2017년으로 아이쿱생협은 스무 살이 되었다. 스무 살을 축하하는 데에서 나아가 그 시간 속 사건들, 그 시간에 함께한 사람들, 그 사람들의 헌신, 그리고 헌신하면서 느낀 감정들을 기록하고자 했다. 과거 역사는 현재의 내가 나가야 할 방향을 일러주는 나침반이다. 아이쿱 20년사는 다음 10년, 또 다음 10년으로 나아가면서 간혹 길을 잃거나 잃을지도 모르겠다 싶을 때 뒤적여보고 방향을 잡도록 돕는, 그런 기록이고 싶었다.

2017년 봄 햇살이 따뜻하게 내리쬐던 신길센터, 아이쿱 20년 역사를 만드는 데 한몫을 담당했던 여러 어른들을 모시고 이야기를 듣는 일로부터 20년사 편집을 시작했다. 강석호, 김아영, 박인자, 신복수, 신철영, 오미예, 이정주, 정원각, 진경희 님이 "아이쿱 20년사 사전 간담회"에 한달음에 와주었다. 그리고 아이쿱 20년을 기록할 때 담겨야 할 것들을 자신의 체감 언어로 표현해주었다. 개인적으로는 그날이 생전 뵙기로 마지막일 줄 몰랐던 신복수 씨앗재단 전 이사장의 말씀이 새삼 귀하다.

생산자들이 아이쿱이 선택한 길, 과정을 함께 거쳐 왔다는 사실이 함께 담겨야 해요. 그리고 매장을 처음 시작했을 때의 감동이 아이쿱 역사 속에서 느껴져야 한다고 생각합니다.

이날 아이쿱 어른들은 2008년부터 2017년까지의 두 번째 10년을 설명하는 주제어로 '조합원' '매장사업' '민주주의' '혁신' '지역생협 활동' 등을 제시하면서 그것들을 객관적으로 기록해달라고 주문했다. 이 주문은 편집기획회의에서뿐 아니라 그 이후 책이 완성될 때까지 간혹 발생했던 우왕좌왕하는 상황에서 편집자에게 귀중한 나침반이 되어주었다.

이어 4월 17일에 김아영(전주아이쿱생협 이사장), 정원각(씨앗재단 사무국장), 최은주(성공회대학교 경영학부 겸임교수) 님을 모시고 편집기획회의를 열었다. 간담회에서 나왔던 제안을 검토하면서 밀도와 정도를 조정하고 구체적인 틀을 만들어 필자를 선정했다. 총론 형식의 역사와 각론 형식의 활동과 사업이라는 틀을 만들었다. 활동 부문은 조합원 활동, 지역조합과 연합회의 거버넌스, 연합회의 사회활동으로 미시부터 거시까지로 층위를 나누어 담으려 했고, 사업 부문은 경영 평가와 경영 좌담을 통해서 설명하고자 했다.

9월 1일에 연 좌담회 "아이쿱생협 경영 20년, 돌아봄과 내다봄"은 전문가가 아닌 이들도 경영을 쉽게 이해하고 판단할 수 있도록 글이 아닌 말이라는 형식으로 접근을 시도해보자는 제안에서 비롯되었다. 아이쿱 경영진 중에서 좌담회를 위한 발제를 신성식 CEO에게 요청했고, 아이쿱 외부의 경영 경제 전문가들을 모시고 객석을 열어놓는 공개 좌담회 형식으로 기획했던 것이다.

경계인으로 10여 년간 아이쿱을 보아온 내게 아이쿱생협은 '들끓음'이었다. 그래서 감히 그 들끓음, 사람을 품은 그 들끓음을 역사에 담을 수 있기를 꿈꿨다. 그러나 그것을 차분하고 심지어 냉정하기까지 한 '글'이라는 매체로는 온전히 재현하기 어렵다는 것을 다시 확인했다고 고백한다. 그러나 그 결과를 앞에 두고 좌절하기보다는 독자들이 행간에서 그 들끓음을 읽어주기를 바라는 뻔뻔함을 보이기로 한다.

마지막으로 이 자리를 빌려 편집간사 신효진 님에게 고맙다는 말을 전하고 싶다. 이 책의 어디에서도 흔적을 찾을 수 없지만, 신효진 간사는 이 책이 나오는 데 필요한 거의 모든 일을 떠맡아 깔끔하게 진행해주었다. 이 책에서 발견되는 허술함이나 어설픔이 있다면 오롯이 편집자를 책망해주기 바란다.

2018년 2월 아이쿱생협 20년사 편집위원장 **염찬희**